市場経済移行期のロシア企業

―ゴルバチョフ、エリツィン、プーチンの時代―

加藤志津子著

【明治大学社会科学研究所叢書】

文眞堂

まえがき

　私事から筆を起こして恐縮であるが、私は1955年生まれである。翌年の1956年はソ連でスターリン批判が行われた年である。資本主義に対する有力なオルタナティヴと見られていたソ連社会主義に重大な問題があることがだれの目にも明らかになり、社会主義の改革が現実的な課題として意識されるようになった。1972年浅間山荘事件が起こり、日本の社会主義運動の一部のあまりにも深刻な実態も明白になった。したがって、1974年に私が大学に入学したころ、社会主義の威信は大きく傷ついており、大学紛争もほぼ収束していた。私のような、ごく普通の学生たちの間には、「社会主義がだめだとすれば、ほかにどのようなオルタナティヴがあるのだろうか？資本主義に対するオルタナティヴがないとすれば、歴史はもう終着点に至ったのか？だとすれば、これから何を目指していけばよいのだろうか？」というような、漠然とした疑問・不安があった。

　私は、それほど意識的にではなかったが、おそらくこのような疑問・不安から出発して、「だめらしいけど社会主義といわれているソ連」のことを「とりあえず」勉強し始めたような気がする。そのさい、大所高所に立って理論、思想、政治過程、マクロ経済などを論ずるのではなく、できるだけ普通の市民の目線でソ連のことを明らかにしたいと思った。私はまず初めに労働組合史、次に労働者史、そして企業を研究対象とするようになった。

　私がそのように関心を持ったソ連社会主義は1991年末にあっけなく終焉を迎えた。1992年末、ロシアに行った私は、統計的には破局的経済状況の中で、多くの市民がきわめて精力的に大小のビジネスに進出している姿を眼にした。そして、モスクワの大きな書店で『百万長者になる方法』という薄い本を手にした。その本の中には、資本主義のエートスが驚くほどあからさまに表現されており、実際に見聞した新しいビジネスの状況とこの本の内容

は、資本主義化を目指す抗しがたい流れがロシア社会の中に形成されていることを私に確信させた（加藤、1993d）。そして実際に、それから短期間の間に世界的大富豪もいれば、物乞いもいる、資本主義ロシアが成立した。

現在、ロシア経済はBRICsの一国として数えられ、少なくとも統計上、高い成長を記録している。有望な製品市場、生産拠点のひとつとして、日本企業の進出も活発である。

このようにして、私が大学時代に「とりあえず」勉強し始めたソ連・ロシアは、社会主義から資本主義へと大きく変貌した。ソ連社会主義とは何だったのか？驚くほどの速さで形成されたロシア資本主義とは何なのか？本書はこれらの問題を、ロシア企業の分析に基づいて検討したものである。

「謎に包まれた謎の中の謎」と今もなおいわれるロシアという国の企業（エフグラフォワ、2006）を本質的に理解しようとする読者、ならびに、社会主義体制崩壊後の経済社会の将来展望に関心を持つ読者に、本書がいくらかの示唆を与えることができれば、私としては大きな喜びである。

目　　次

まえがき
図表目次……………………………………………………………………vii

序　論―課題の設定―………………………………………………… 1

第 1 章　ソ連社会主義企業システムとその改革 ………………10

1 － 1　ソ連社会主義企業システムの基本的特徴 ………………10
1 － 2　1930 年代型システム …………………………………………14
　1 － 2 － 1　システムの成立 ………………………………………14
　1 － 2 － 2　システムの強みと弱み、パターナリズムの形成 ………23
1 － 3　1965 年改革 ……………………………………………………28
　1 － 3 － 1　経済管理における「経済的方法」の利用 ……………28
　1 － 3 － 2　管理の「民主主義」原則 ……………………………35
　1 － 3 － 3　「社会主義国有生産企業規定」 ……………………37
1 － 4　「停滞」の時代 …………………………………………………40
　1 － 4 － 1　1977 年憲法 ………………………………………………40
　1 － 4 － 2　「停滞」の時代、「交渉」の慣習化、「闇経済」の成長 …43
1 － 5　ゴルバチョフ改革前夜 ………………………………………50
1 － 6　まとめ―ゴルバチョフ改革に向かって― …………………52

第 2 章　ゴルバチョフ時代のソ連企業 ………………………………56

2 － 1　ペレストロイカの経済政策と経済崩壊 ……………………56
　2 － 1 － 1　「加速化」期（1985 － 1987）……………………………58
　2 － 1 － 2　「国有企業法」体制期（1988 － 1989）………………68
　2 － 1 － 3　市場経済移行期（1990 － 1991）………………………84

2－2　「加速化」政策と企業 …………………………………106
  2－3　「国有企業法」体制のなかでの国有企業の「自立」と民間
  　　　企業の発生 ………………………………………………109
  2－4　国有企業「脱国有化」の開始と民間セクターの成長 ……122
  2－5　まとめ―社会主義国有企業体制崩壊― ……………131

第3章　エリツィン時代のロシア企業 ……………………135

  3－1　急進的市場経済化政策と移行不況 ……………………135
  　　3－1－1　経済自由化期（1992－1994）………………135
  　　3－1－2　安定化期（1995－1998）……………………157
  　　3－1－3　金融危機とその後 ………………………………163
  3－2　財閥の形成と発展 ………………………………………164
  3－3　国有企業の民営化と、民営化企業の市場経済への適応 …168
  　　3－3－1　国有企業の民営化 ………………………………168
  　　3－3－2　民営化企業の市場経済への適応 ………………174
  3－4　中小企業の発展 …………………………………………180
  3－5　コーポレート・ガヴァナンスの特徴 …………………182
  3－6　「ノーメンクラツーラ・マフィア資本主義」…………185
  3－7　まとめ―「ノーメンクラツーラ・マフィア資本主義」の
  　　　企業システム― ………………………………………187

第4章　プーチン政権下のロシア企業 ……………………190

  4－1　「ノーメンクラツーラ・マフィア資本主義」の企業システ
  　　　ムの持続可能性 …………………………………………190
  　　4－1－1　「ノーメンクラツーラ・マフィア資本主義」の企業
  　　　　　　　システムの特徴 …………………………………190
  　　4－1－2　「ノーメンクラツーラ・マフィア資本主義」の企業
  　　　　　　　システムの経済的・社会的帰結 …………………191
  4－2　マクロ経済状況の好転 …………………………………197

4－3　政権・財閥関係の変化 …………………………………201
　　4－3－1　エリツィン政権下の財閥 …………………………201
　　4－3－2　プーチン政権初期の政権・財閥関係 ……………202
4－4　財閥の変化 ……………………………………………………210
　　4－4－1　「新財閥」実業家リスト ……………………………210
　　4－4－2　有力実業家の退場、滞留、登場 …………………216
　　4－4－3　「旧財閥」と「新財閥」 ……………………………220
　　4－4－4　「新財閥」と企業倫理 ………………………………222
　　4－4－5　プーチン政権初期の「新財閥」 …………………223
4－5　WTO加盟準備と企業 ………………………………………224
　　4－5－1　移行経済諸国にとってのWTO …………………224
　　4－5－2　加盟交渉の現状 ………………………………………225
　　4－5－3　加盟交渉の主要分野 …………………………………227
　　4－5－4　加盟に向けた国家機関の国内的取り組み ………229
　　4－5－5　加盟効果の予測 ………………………………………231
　　4－5－6　加盟問題に関する諸見解 ……………………………232
　　4－5－7　加盟問題とロシア自動車業界 ………………………236
　　4－5－8　WTO加盟とロシア企業 ……………………………238
4－6　中小企業発展の足踏み ………………………………………240
　　　　　―中東欧、中国との比較において―
　　4－6－1　はじめに ………………………………………………240
　　4－6－2　移行経済における中小企業の意義 ………………241
　　4－6－3　ロシア、中東欧、中国の中小企業発展の量的比較 ……244
　　4－6－4　ロシア、中東欧、中国の中小企業発展の特徴 ………246
　　4－6－5　移行経済における中小企業の比較 ………………261
4－7　ユーコス事件 …………………………………………………263
4－8　まとめ―再び国家への依存か？― ………………………265

結　論 ……………………………………………………………………268

資料 …………………………………………………… 276
ソ連邦・ロシア略年表 ………………………………… 292
引用文献 ………………………………………………… 296

あとがき ………………………………………………… 309
索引 ……………………………………………………… 310

図表目次

図目次

序-1	旧ソ連諸国	2
序-2	ロシアのGDP年成長率	6
1-1	企業システム	12
1-2	市場経済下の企業の基本活動	12
1-3	市場経済下の企業	20
1-4	社会主義企業	20
1-5	ソ連企業のパターナリズム	27
1-6	市場社会主義の経済モデル	31
1-7	ソ連1965年改革後の利潤配分方式	35
1-8	ソ連の企業管理システム（1965）	39
1-9	ソ連の行政機構	46
2-1	原油の国際市場価格（1969－2002）	67
2-2	ソ連国有企業法における独立採算制の第1形態	70
2-3	ソ連国有企業法における独立採算制の第2形態	71
2-4	ソ連の企業管理システム（1988）	71
2-5	ソ連の企業管理システム（1991）	90
2-6	ロシアの企業管理システム（1991）	99
3-1	日・米・独の株式会社管理機関の構成	159

表目次

序-1	ロシアの主要社会経済指標（1992-2002、対前年比増加率）	4
序-1a	ソ連とロシア（1991）	4
1-1	ソ連の経済成長率（1913－1984）	25
1-2	ソ連閣僚会議の構成（1986年11月20日現在）	44
1-3	ソ連の生産国民所得の年平均成長率（1961－1985）	47
1-4	社会主義計画経済体制下での闇経済の諸類型	48
1-5	ソ連の主要社会経済指標（1985－1991、実数）	49
2-1	ソ連の生産国民所得の部門別構成（1985－1990）	57
2-2	ソ連の部門別工業生産高の推移	60

2-3	ソ連の工業生産総額に占める各部門生産額の比率	60
2-4	ソ連の主要社会経済指標（1985－1990、年増加率）	61
2-5	ソ連の通貨供給と信用の年増加率	62
2-5a	ソ連の通貨供給	62
2-6	ソ連の国家歳出（1985－1990）	63
2-7	ソ連の国家歳入（1985－1990）	63
2-8	ソ連の財政赤字と国家国内債務（1985－1990）	64
2-9	ソ連の交換性通貨での対外債務と利払い	64
2-10	ソ連の貿易額（1980－1990）	64
2-11	ソ連の貿易額（1990－1991）	64
2-12	ソ連の輸出品構成	65
2-13	ソ連の輸入品構成	65
2-14	ソ連の地域別貿易額	66
2-15	ソ連の西側諸国（OECD諸国）との貿易	66
2-16	ソ連の西側先進諸国向け石炭・石油・天然ガス輸出（1984－1989）	66
2-17	ソ連の石油生産	66
2-18	原油の国際市場価格（1969－2002）	67
2-19	ソ連・ロシアのルーブルの対米ドル為替レート（1985－2003）	78
2-20	ソ連国家管理機関の働き手の数	79
2-21	ソ連の物価年上昇率	83
2-22	ソ連の経済セクター別就業者、生産額、固定生産ファンドの分布	93
2-23	ソ連工業における連邦管轄と共和国管轄の比率（1990）	95
2-24	ソ連の工業の主要指標（1985－1990）	106
2-25	ソ連の国民経済各部門の赤字の企業・組織	111
2-26	ソ連の企業・経済組織の利潤（所得）の配分	112
2-27	ソ連の工業企業の利潤（所得）の配分	112
2-28	ソ連の労働集団評議会の社会構成	114
2-29	ソ連の労働集団評議会議長の構成	114
2-30	ソ連国民経済各部門の生産総額に占める独立採算制で活動している合同・企業・組織の比率	115
2-31	完全独立採算制と資金自己調達制の条件下にある工業合同・企業の主要活動指標（1989）	115
2-32	ソ連の活動中の協同組合の業種別内訳	117
2-33	ソ連の労働者・職員の賃金	119
2-34	ソ連・ロシアの民営化戦略	121
2-35	ソ連の賃借企業の活動の主要指標（1990）	123
2-36	ソ連工業の賃借合同・企業の活動の主要指標	124
2-37	ソ連の賃借建設組織の活動の主要指標（1990）	124
2-38	ソ連の国有・協同組合商業の賃借企業・組織の小売流通高	124

2-39	ソ連の諸共和国の日常生活サービス省の賃借企業による生活サービス販売高	125
2-40	ソ連の経済セクター・経営形態別就業人口（1990－1991）	125
2-41	ソ連の協同組合活動の主要指標	125
2-42	ソ連の協同組合の業種別主要活動指標（1991.1.1）	126
2-43	ロシアの総固定資本の所有形態別分布	128
2-44	ソ連・CIS の合弁企業数	129
2-45	ソ連の合弁企業の貿易活動	129
2-46	ロシアの取引所（商品、商品－原料、商品－証券、証券）活動指標（1991）	130
3-1	ロシア連邦政府の構成	136
3-2	ロシアの GDP の生産構成（1990－2003）	140
3-3	ロシアの工業の主要指標（1990－2003）	140
3-4	ロシアの部門別工業生産高指数（対前年比）	141
3-5	ロシアの部門別生産勘定（1989－1991）	142
3-6	ロシアの部門別生産勘定（1992－1994）	143
3-7	ロシアの部門別生産勘定（1995－2003）	144
3-8	ロシアの主要工業部門別生産高構成（1999 年価格）	145
3-9	ロシアにおける最低生活費以下の所得の住民の人口比（1992－2002）	145
3-10	ソ連・ロシアの貨幣所得総額の分配（1985－2002）	145
3-11	ロシアの民営化国有・公有資産の所有形態、民営化方法別の構成(1993－1997)	149
3-12	ロシアの民営化国有・公有資産の所有形態、民営化方法別の構成(1998－2002)	150
3-13	ロシアの所有形態別経済従事者数	151
3-14	ロシアの民営化された国有・公有資産の経済部門別構成（1993－2002）	151
3-15	ロシアの主要経済指標（1991－2003、実数）	153
3-16	ロシアの連邦連結財政（1992－1994）	154
3-17	ロシアの連邦連結財政（1995－2002）	155
3-18	ロシア連邦予算への税債務（1995－2001）	156
3-19	ロシア工業における決済構造（1992－2000）	156
3-20	ロシア連邦財政赤字の補填源（1994）	157
3-21	ロシアの組織的・法的形態別組織数	158
3-22	ロシア連邦財政赤字の補填源（1995－2001）	162
3-23	ロシアの小民営化企業数の方法別内訳	169
3-24	ロシアの小民営化企業の所有者別内訳	169
3-25	ロシア民営化企業の株式資本の株主グループ別構造 (1994.4)	171
3-26	ロシアの株式資本の株主グループ別構造（1995－1998）	172
3-27	ロシア工業における株式所有分布（1995－2003）	172
3-28	ロシアの工業企業の活動状況（1991－2003）	175
3-29	ロシア工業における生産設備の年齢構成	175
3-30	ロシアの赤字企業・組織の割合（1992－2000）	176
3-31	ロシアの企業破産件数（1993－2000）	176

3-32	ロシアの失業率（1992-2003）………………………………………	177
3-33	ロシアの生産部門に提供された補助金（対GDP比）…………	178
3-34	ロシアにおける企業の見方の変化 …………………………………	179
3-35	各国の中小企業定義 ……………………………………………………	181
4-1	ロシアの貿易商品構成 …………………………………………………	192
4-2	東欧27カ国の事業環境のスコアとランキング……………………	194
4-3	東欧諸国への外国直接投資の流入 …………………………………	195
4-4	ロシアの事業環境 ………………………………………………………	196
4-5	ロシアのエリツィン時代とプーチン時代の主要経済指標……	198
4-5a	ロシアの経済部門別組織数 …………………………………………	200
4-5b	ロシアの所有形態別組織数 …………………………………………	201
4-6	ロシア大統領と実業家の会談（2001）……………………………	207
4-7	ロシア政府付属「企業活動会議」名簿 …………………………	209
4-8	ロシア政府付属「企業活動会議」の会合 ………………………	210
4-9	ロシア企業家ランキング（2001）…………………………………	212
4-10	ロシア企業家政治力ランキング（2001 第4四半期）…………	213
4-11	ロシア工業家・企業家同盟常任理事会名簿（2002）…………	214
4-11a	ロシアの貿易額 ………………………………………………………	231
4-12	EU諸国の民間中小企業（2000）…………………………………	249

序　論
―課題の設定―

　本書の主要課題は、社会主義計画経済体制から市場経済体制への移行期において、ソ連・ロシア（図序-1、表序-1、序-1a）の企業がどのように変化してきたかを全体的に明らかにすることである。

　周知のように、社会主義計画経済体制は、市場経済体制へのアンチテーゼとして形成されたものである。

　市場経済（market economy）とは、市場機構が経済活動の調整において支配的であるような経済である。市場機構は、自由意志に基づく売買の仕組みであり、財のほかに資本ならびに労働力も売買の対象とし、価格による需給調整を促す。19世紀後半のイギリスにおいて初めて成立した市場経済は経済活動を非常に活性化させたが、他面では著しい非人間性と不安定性を人間社会にもたらした。とりわけ労働力を売って生活するほかない労働者たちの労働生活の過酷さは社会問題化し、社会主義思想の隆盛をもたらした。そこで社会主義の理論家たちは、市場経済を批判の対象とし、市場経済とは別の経済体制を構想した。このようにして生まれた市場経済への有力なオルタナティヴが、20世紀初めにソ連において現実化した社会主義計画経済体制であった。

　なお、「市場経済」はしばしば「資本主義経済」（capitalist economy）の同義語とみなされるが、本書ではそれらを区別し、主として「市場経済」のほうを用いる。それは、「資本主義」という用語が元来、市場機構よりむしろ私的富のほうと強く関連しているからである。19世紀後半から20世紀前半の市場経済と「資本主義」とは不可分に結びついているが、20世紀後半以後の市場経済、さらには将来の市場経済を視野に入れるとき、それらは「資本主義」の本来の含意と必ずしも一致しない[1]。

2　序　　論—課題の設定—

図序-1　旧

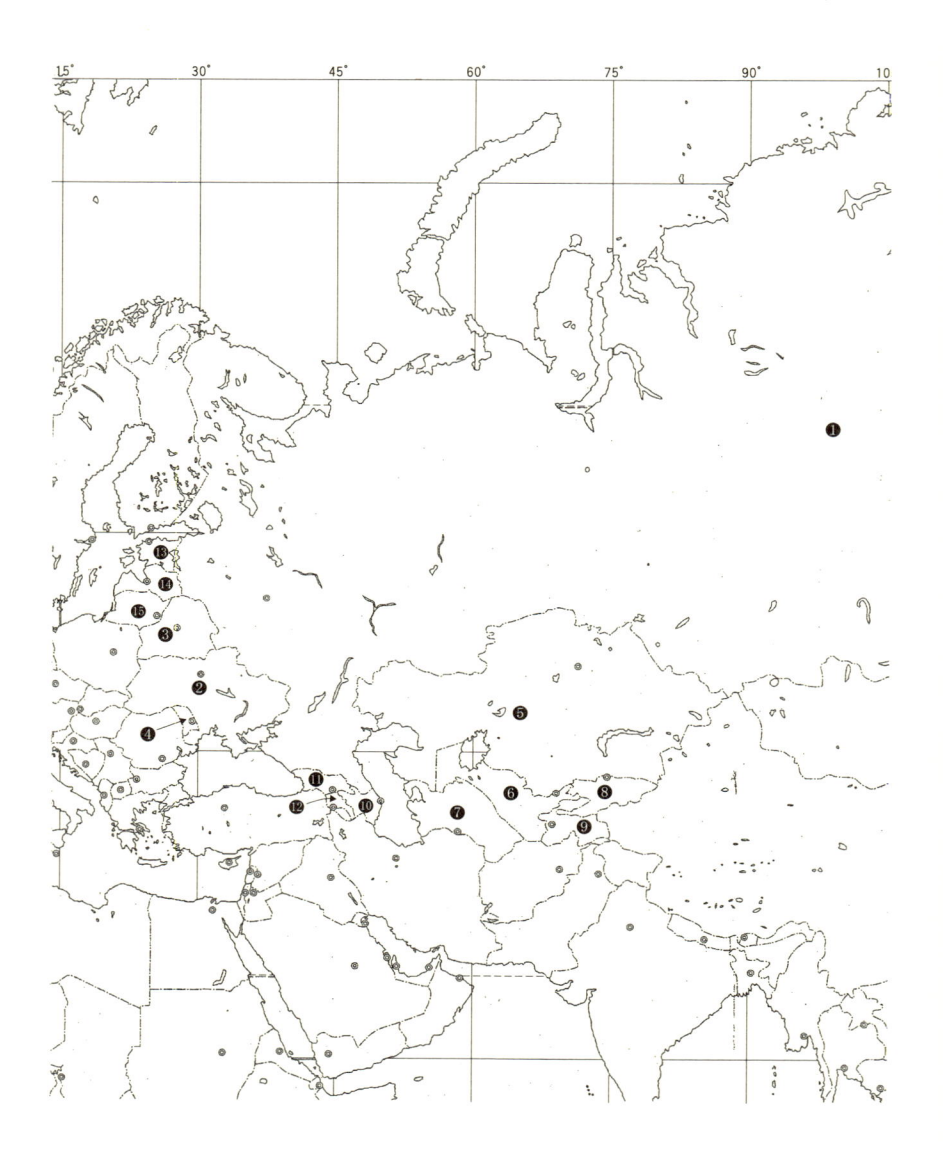

ソ連諸国

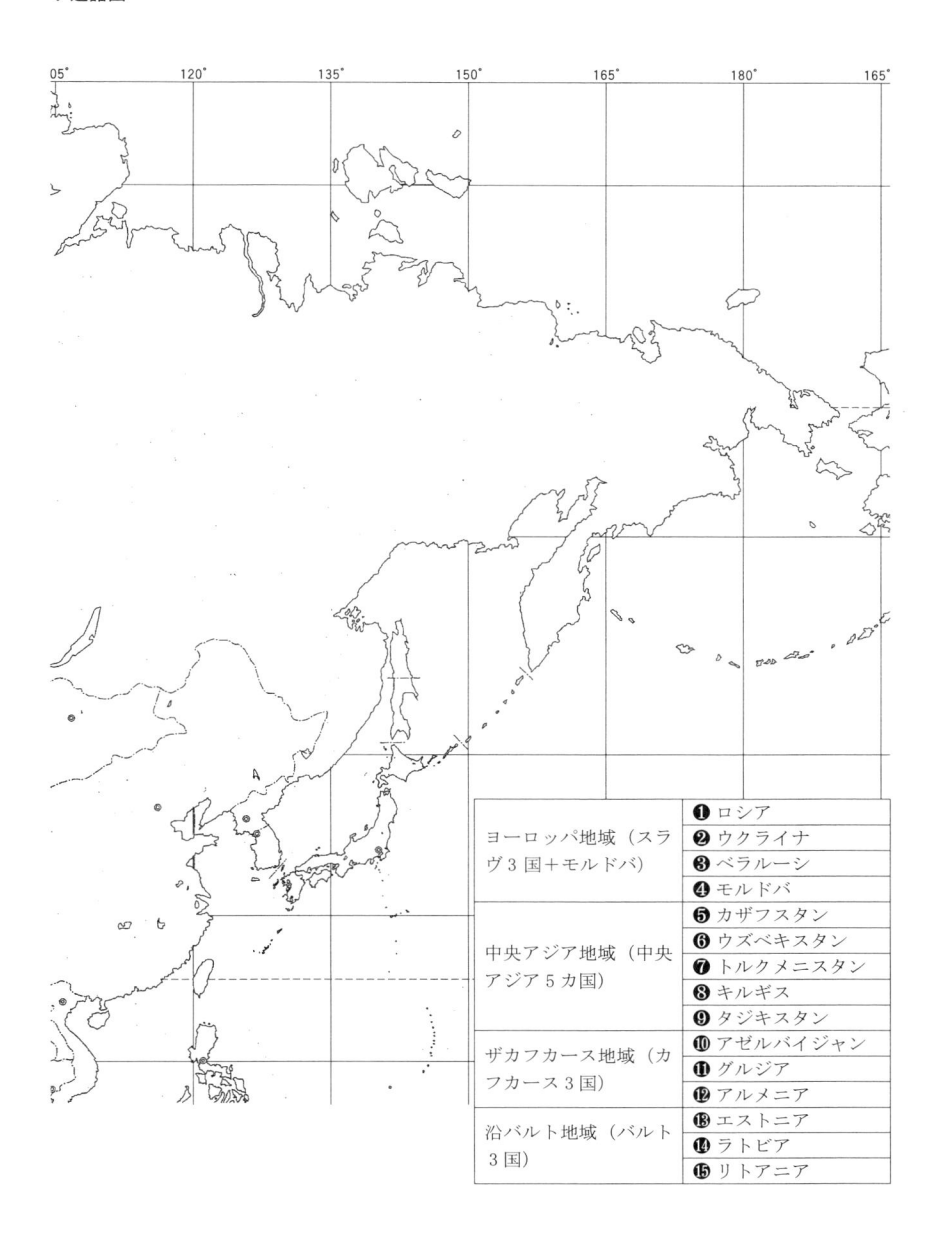

ヨーロッパ地域（スラヴ3国＋モルドバ）	❶ ロシア
	❷ ウクライナ
	❸ ベラルーシ
	❹ モルドバ
中央アジア地域（中央アジア5カ国）	❺ カザフスタン
	❻ ウズベキスタン
	❼ トルクメニスタン
	❽ キルギス
	❾ タジキスタン
ザカフカース地域（カフカース3国）	❿ アゼルバイジャン
	⓫ グルジア
	⓬ アルメニア
沿バルト地域（バルト3国）	⓭ エストニア
	⓮ ラトビア
	⓯ リトアニア

4　　序　　論―課題の設定―

表序-1　ロシアの主要社会経済指標（1992－2002、対前年比増加率、対比価格での価値指標）

	1992年	1993年	1994年	1995年	1996年	1997年	1998年	1999年	2000年	2001年	2002年
人口（年末）	0.10	−0.02	−0.20	−0.20	−0.30	−0.30	−0.30	−0.50	−0.50	−0.60	−0.60
経済就業者数	−2.0	−2.0	−2.0	−3.0	−0.7	−1.9	−1.2	0.2	0.6	0.6	1.0
失業者数（年末）	−	16	32	18	0	20	10	2	−23	−10	−2
平均賃金（小売価格指数を考慮）	−33.0	0.4	−8.0	−28.0	6.0	5.0	−13.0	−22.0	21.0	20.0	16.0
GDP	−14.5	−8.7	−12.7	−4.1	−3.4	0.9	−4.9	5.4	10.0	5.0	4.3
工業総生産高	−18.0	−14.0	−21.0	−3.0	−5.0	2.0	−5.0	11.0	12.0	5.0	4.0
農業総生産高	−9.0	−4.0	−12.0	−8.0	−5.1	1.5	−13.2	4.1	7.7	7.5	1.5
小売上高	−3.0	2.0	0.1	−6.2	0.3	4.9	−3.4	−5.9	9.0	10.9	9.2
固定資本投資	−40.0	−12.0	−24.0	−10.0	−18.0	−5.0	−12.0	5.0	17.4	10.0	2.6

（出典）　Госкомстат России, «Российский статистический ежегодник» 1996, стр.30; 2002, стр.38; 2003, стр.32.

表序-1a　ソ連とロシア（1991）

	人口		生産国民所得	
	人（100万人）	比率（％）	金額（10億ルーブル）	比率（％）
ソ連	278.1	100.0	1288.5	100.0
ロシア	148.7	53.5	810.4	62.9

（出典）　Статистический комитет СНГ, 1992, стр.5, 10, 328-329.

　いずれにせよ、19世紀後半の市場経済（資本主義）へのオルタナティヴとしての由来を持つ社会主義計画経済体制が、1980年代末から市場経済体

1　「資本主義」（capitalism）という言葉が最初に文献に現れるのは1850年前後のことであり、「資本」（capital）、「資本家」、「資本の排他的専有」、「ブルジョア的気分」などを示す用語として作られ、使われた（重田、2002、87頁）。1867年にはマルクスが『資本論』において「資本家的生産様式（capitalist form of production）」という表現を用いたが、「資本主義」という言葉は使用していない。
　"capital"という言葉の語源をさかのぼると、「頭」に行き着くが、1611年の辞典ではすでに「富、価値。人の主要な財産」と説明されており（Oxford English Dictionary）、私的富と結びついている。「家畜の頭数」→「家畜」→「富」と意味を転じていったとする説もある（http://en.wikipedia.org/wiki/Capitalism）。
　「資本主義」という言葉が広く普及したのは、マルクス『資本論』の影響を受けたシェフレ（A. E. F Schaffle）が『資本主義と社会主義』（1870年）を出版してからのことである。この書物で、「資本主義」という言葉が近代社会の（市場経済を含む）経済構造を意味するものとして用いられ、そしてそれを批判する思想としての社会主義の理論が検討された（重田、2002、166頁）。

制へと移行しつつある。そのことが意味するものについて、すでに多くの論者によってさまざまな観点から論じられてきているが、本書では移行期のソ連・ロシア企業の具体的な変化を詳細に跡付けることにより、次の3つの問題について検討してみたい。

　第1は、もはや歴史となったソ連社会主義企業はどのような構造と機能を持っていたのか、とりわけ労働疎外の克服との関連でどのような機能を果たしたのかということである。かつてマルクスは、労働疎外こそ資本主義的生産様式の根本的な矛盾だと指摘した（望月他、1982）。19世紀後半のヨーロッパ諸国における労働のあり方と現代の先進諸国におけるそれが同じでないことはいうまでもないが、たとえば、中高年労働者が失業の恐怖にさらされ、若年者が正規雇用の職を求めて得られず、「使い捨て労働者」が増大し、過労死・過労自殺が社会問題となる現状は、労働疎外の克服が依然としてわれわれにとって重要な課題であることを示している（玄田、2001。原田、2000。大野、2003）。そこで、ソ連社会主義企業は、とりわけ労働疎外の問題をどのように克服しようとし、そしてどの程度、克服できたのか、あるいはできなかったのか、その原因は何であったのかを明らかにしておくことは、企業社会の未来を構想する上で一助となるであろう。

　第2は、市場経済化はロシア企業の効率化を保障したのかということである。ここでいう効率化とは個別企業ならびに社会全体からみた、経済的ならびに社会的観点からの効率化である。社会主義諸国において企業活動の経済的非効率性は早くから問題視されてきており、さらに、勤労者の職場における勤労意欲の低さと市民としての社会的な消極性という形で現れる社会的非効率性も問題視されていた。これらの問題はソ連に先駆けて東欧諸国において克服の道が探られたのであるが、ソ連においても、1960年代半ば以降は主として経済的非効率性を克服するための方法の模索として度重なる経済改革が行われたし、1970年代半ば以降は社会的非効率性克服を課題として労働者自主管理への道が模索された。これらの模索の延長線上で、1990年代初めに多くの社会主義諸国が市場経済化に向けて舵を切り、企業は民営化され、そのさい労働者自主管理は放棄された（加藤、2001c）。ところが市場経

済化は初期において、どの国においても経済的にも社会的にも困難をもたらした。特にロシアや旧ソ連諸国においては、全社会的には長く深い不況（図序-2）と社会不安が広がり、個別企業レベルでは暴利をむさぼる企業と国家の保護に依存する企業、巨富を蓄える企業家・資本家と貧困と将来への不安にあえぐ勤労者という異常な二極化現象が現れ、経済的にも社会的にも効率的といいがたい企業システムが生まれた。このような現象には、過渡期の混乱という側面もあるが、市場経済化を効率化の万能薬と考えることはできないということを示唆しているように思われる。

第3は、ロシア企業の現状と展望はどうなのかということである。ロシアの企業システムは、その歴史的発展経路、経済構造の特性、経済文化の特性

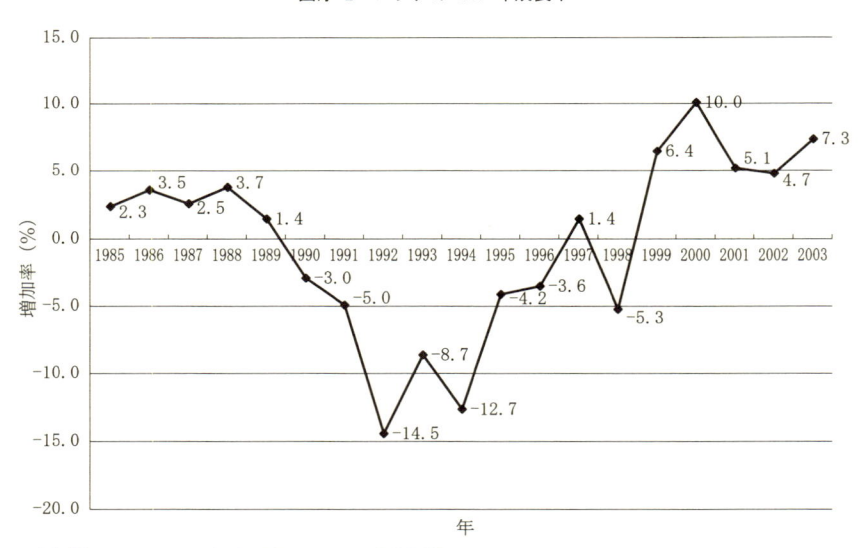

図序-2　ロシアの GDP 年成長率

[Line graph showing Russia's GDP annual growth rate (%) from 1985 to 2003: 1985: 2.3, 1986: 3.5, 1987: 2.5, 1988: 3.7, 1989: 1.4, 1990: -3.0, 1991: -5.0, 1992: -14.5, 1993: -8.7, 1994: -12.7, 1995: -4.2, 1996: -3.6, 1997: 1.4, 1998: -5.3, 1999: 6.4, 2000: 10.0, 2001: 5.1, 2002: 4.7, 2003: 7.3]

（出典）　1985－1990 年は、Госкомстат РСФСР, 1991, c.14-15.
　　　　1991－1996 年は、Госкомстат России, «Российский статистический ежегодник», 1996, c.30.
　　　　1996－1999 年は、Госкомстат России, «Российский статистический ежегодник», 2003, c.281.
　　　　2000－2003 年は、Госкомстат России, «Российский статистический ежегодник», 2003, c.35.

等の影響のため、市場経済下の企業としては特異であるといわれ、その発展の展望については多様な見方がある（溝端、2003。加藤、2004）。現代世界におけるロシアの政治的・経済的プレゼンスを考慮すると、ロシア企業が今どうなっていて、これからどうなるのかを把握することは重要である。

　これら3つの問題は完全に独立した問題ではなく、相互に関連している。ソ連・ロシアの企業において歴史と現在と未来はつながっている。したがって、各時代の企業の存在様式それぞれの中に、3つの問題への回答を探したうえで、最後に総括的な結論を出すことが有効と思われる。

　ところで、本稿の課題設定にかかわって、移行期とはいつからいつまでなのかという問題がある。社会主義計画経済体制から市場経済体制への移行は、どの国においても短期間では不可能であり、一定の移行期間を要することは明らかである。対照的な2つの移行戦略として、「ショック療法」あるいは「ビッグバン・アプローチ」（ポーランドの場合など）と、「漸進主義」（中国の場合など）とが見られたが、いずれの場合にも移行期は存在し、移行期中に、その国にとって多かれ少なかれ固有の市場経済体制ならびに企業システムが生み出される（Lavigne, 1999, 邦訳 133-136, 315-323 頁。長岡ほか、1996、4-6 頁）。

　ソ連・ロシアの場合、一般的には、1992年1月、ソ連解体後のロシアで、エリツィン政権が急進的市場経済化政策を開始したことをもってロシアにおける市場経済化の始点とされているが、実際にはそれより早く1990年10月にはソ連最高会議が「市場経済移行の基本方向」という文書を採択しており、ゴルバチョフ時代にはすでに市場経済化の過程は始まっていた。また、エリツィン時代の間、ロシアでは1992年以後、数年にわたり「移行不況」が続き、市場経済の条件下で明確に成長軌道に乗ったといえる状況にはならなかった。GDPのプラス成長が連続するようになったのはプーチン政権時代になってからのことであった（図序-2）。移行の終わりとは何なのかにかんしてはさまざまな議論があるが（ハンソン、2002）、仮に、移行不況が終わり成長軌道に乗ったときとするなら、移行過程は、少なくともゴルバチョフ政権、エリツィン政権、プーチン政権の全期間、約20年間にわたってい

ると考えるべきである。

　そこで本書の構成は次のようになる。まず最初に社会主義体制下のソ連企業について検討(1)した後、ゴルバチョフ時代(2)、エリツィン時代(3)、プーチン時代(4)と編年的に企業の変化をたどる。このような区分は単に政治指導者の交代を意味するだけでなく、経済政策、経済状況の転換をも意味しており、企業システムの変容もそれに応じて起こったからである。

　各章では、初めにその時代の経済政策とマクロ経済状況が紹介され、次に企業の変容過程が述べられ、最後に、本書の提起する3つの問題に関連した各章の暫定的結論が提示される。

　本書は、言うまでもなく多数のすぐれた先行研究に依拠している。巻末に引用文献目録を掲げたが、ここには挙げていない研究からも多くを教えられている。ソ連・ロシアにおける市場経済移行に関する研究は、個別的なテーマの論文をも含めれば、数え切れないほど存在する。モノグラフでは、とくにヤーシン『ロシア経済—市場経済化に向けた諸改革の起源と展望—』(Ясин, 2003)、オスルンド『資本主義の建設—旧ソ連圏の転換—』(Aslund, 2002)が経済システム全体の転換過程の鳥瞰的研究として有用である。

　企業システムの変容に注目したモノグラフで、しかもソ連時代からプーチン時代まで視野に収めたものはあまりなく、筆者の知る限りではクルーガーの著書『ロシアにおける企業リストラクチャリングと経営者の役割—移行期の企業の事例研究—』(Krueger, 2004) のみである（ただし、プーチン時代は初期のみ含む）。これは、ロシアの旧国有企業がリストラクチャリングに成功するかどうかに影響を与える主要因を明らかにしようとしたもので、4都市の製造業（採取産業を含まない）企業47社を1994-2000年の間に反復的に訪問調査した結果の分析に基づき、産業部門と地理的配置こそが主要因であると主張し、旧国有企業の経営者はリストラクチャリングを遂行する能力も意思もないという通説を否定している。実際に、厳しい移行期の社会・経済的条件を乗り越えて多数の旧国有企業が生き延び、発展しており、その過程を主導した経営者は「希望あふれる変化をもたらす思いがけない勢力」であるとする (Krueger, 2004, pp.xi-xii, 171-181)。

本書は、ヤーシン、オスルンドらの研究に依拠して経済システム全体の転換過程を示しつつ、クルーガーその他の先行研究（筆者自身の研究も含む）や様々なデータに依拠してその過程で起こった企業の変化を明らかにしていく。

　クルーガーの研究との関係では、本書はより広範囲の企業を扱う。クルーガーの研究は事例研究を主体とする制約上、企業の範囲を限定しているが、本書では、企業の出自の点では新興民間企業、産業特性の点では採取産業や第三次産業をも含め、特に財閥にも注目する。ロシアの財閥は「金融産業グループ」（финансово-промышленная группа, financial industrial group）、「オリガルヒ」（олигарх, oligarch）、「統合ビジネス・グループ」（интегрированная бизнес-группа; integrated business group）などと呼ばれているが（パッペ、溝端、2003、10-30頁）、2003年時点で、7大「統合ビジネス・グループ」は就業者の2％、輸出の4分の1、工業生産額の約3分の1を占めており、いずれも新興民間企業が中核となっており、採取産業、第三次産業を主たる収益源としている（Белоусов, 2003, стр.6）。

　また、本書もクルーガーの研究同様、事例を重視するが、全体的な企業の変化の過程をわかりやすくするために必要な範囲でのみ紹介する。筆者も、1992年以来、企業の訪問調査を何度か行い、その結果の一部をすでに発表している（加藤、1992、1993a、1993b、1994a、1994b、1995、1996a、1996b、1997、1998、2001a、2001b、2003）ので、必要に応じて参照されたい。

　さらに、図・表・資料を多数提示している点も本書の特徴である。すべてが論理の展開上、必須というわけではなく、煩瑣に感じられるかもしれないし、また、原資料を翻訳しただけ、あるいはすでに翻訳発表されたものの一部改訳にすぎないものもあり、筆者のオリジナリティのないものを提示していると思われるかもしれない。しかし、経済システムと企業システムの急激かつ大きな変化の過程を具体的事実に基づいて確認していくためには、統計データや資料の提示が有効であろう。また、本書の内容の批判的検討のためにも役立つであろう。さらに、さまざまなところに散らばっている図・表・資料が一冊の書物のなかに収まっていること自体も、この分野の研究の発展にとっていくらかの便宜となろう。

第 1 章
ソ連社会主義企業システムとその改革

　ソ連社会主義企業システムは社会主義計画経済システムの一環として、市場経済（資本主義経済）システムの一環としての企業システム（資本主義企業システム）と対置されるべき基本的特徴を持っていた。だが、（資本主義企業システムと同様）ソ連社会主義企業システムにも本質的問題があることは、ソ連の政治家、実務家、経済学者によって早くから意識されており、ゴルバチョフ改革以前にすでに、問題点を克服するための改革が繰り返され、市場経済的な要素の導入も試みられていた。

　本章ではソ連社会主義企業システムの基本的特徴を確認するとともに、それの問題点とされたのは何か、そしてどのような改革が行われ、どのような変化が企業システムに加えられたのかを明らかにする。それを通じて、①ソ連社会主義企業システムは実際にどのように機能したのか、②市場経済的な要素の導入はソ連社会主義企業システムを効率化させたか、③ゴルバチョフ改革以前のソ連社会主義企業システムの歴史は現在のロシア企業システムにどのような痕跡を残しているかを検討する。

1－1　ソ連社会主義企業システムの基本的特徴

　まず、ソ連社会主義企業システムの基本的特徴はどのようなものであったか、とくに資本主義企業システムと比べてどのような特徴を持っていたかを確認しておこう。従来、両者は、ソ連でも日本でも、社会経済体制の違いに規定されて本質的に異なるものという観点から比較される場合が多かった（海道、上巻、1983、1-54 頁）。それはあやまりではなかろうが、そうする

と、市場経済移行下の企業を移行過程に沿って連続的に把握することが困難となる。そこで本論文では、近代以降の企業一般の特徴を包括的に理解するための概念として次のような「企業システム」概念を提起し、それを出発点として、ソ連社会主義企業システムの基本的特徴を明らかにしよう。

そもそも企業（enterprise）とは、基礎的な経済的組織体、すなわち、財・サービスの生産・流通を行う組織体といってよい[2]。そして経営学固有の観点からすると、企業は組織体すなわち「継続的・目的意識的に協力し合っている人間の集団」であること、また、オープンシステムであること（権、1989。権、1984、209-220頁）が重要である。これらのことから出発すると、企業を次のようなシステムと考えることができよう（図1-1）。すなわち、「企業システム」のサブシステムとしては「基本活動」、「目標」、「組織」、「環境との相互作用」の4つを考えることができる。そして、「基本活動」の内容は経済活動であるので、その要素としては、資本主義企業の場合、「財務」、「購買」、「人事・労務」、「生産」、「販売」が含まれる。そのことは、マルクス（K. Marx）の『資本論』に現れる資本運動の公式を利用すれば明瞭にわかる（図1-2）。「目標」サブシステムは、「企業目標・戦略」、「部門目標」、「個人目標」という階層化された諸要素を含む。「組織」サブシステムは、現代企業の場合、「所有者」、「経営者」、「労働者」という3種類のアクターを要素として含む。「環境との相互作用」サブシステムは、企業が直面する主要な環境である「市場」、「他の諸企業」、「国家」、「社会」を要素として含む。

ソ連社会主義企業システムも、資本主義企業システムも、共通してこれらのサブシステムを持っているのであり、両者の差は、サブシステムの差、サブシステム間の相互関係の差にあるといってよかろう。

そして、サブシステムならびにサブシステム間の相互関係を規定する最重要の要素は、経済システムであろう。

2　ソ連における基礎的経済的組織体（企業）は大体において「企業」（предприятие, enterprise）と呼ばれるものであったが、場合によっては「企業」の統合体である「合同」（объединение, association）や「トラスト」（трест, trust）が基礎的経済的組織体であった。

12　第1章　ソ連社会主義企業システムとその改革

図1-1　企業システム

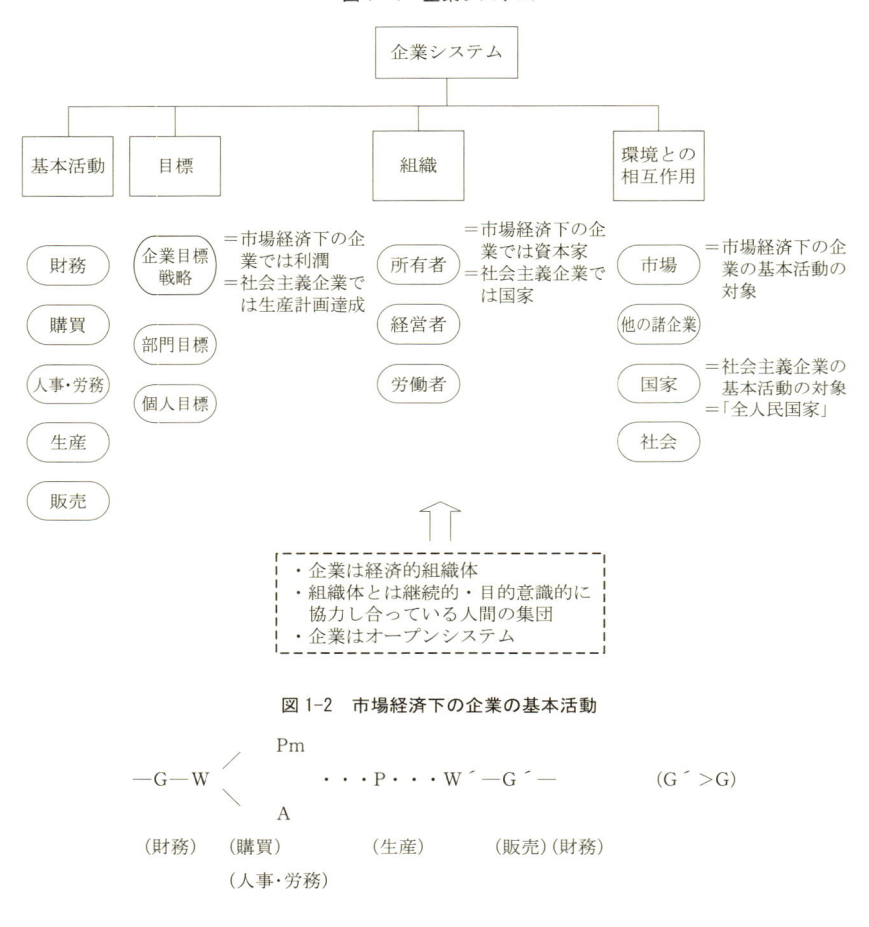

```
                    企業システム
        ┌───────┬──────┴──────┬─────────┐
     基本活動   目標         組織      環境との
                                      相互作用
```

- 財務
- 購買
- 人事・労務
- 生産
- 販売

- 企業目標戦略　＝市場経済下の企業では利潤　＝社会主義企業では生産計画達成
- 部門目標
- 個人目標

- 所有者　＝市場経済下の企業では資本家　＝社会主義企業では国家
- 経営者
- 労働者

- 市場　＝市場経済下の企業の基本活動の対象
- 他の諸企業
- 国家　＝社会主義企業の基本活動の対象　＝「全人民国家」
- 社会

⇧
- 企業は経済的組織体
- 組織体とは継続的・目的意識的に協力し合っている人間の集団
- 企業はオープンシステム

図1-2　市場経済下の企業の基本活動

$$-G-W \begin{matrix} Pm \\ \\ A \end{matrix} \cdots P \cdots W'-G'- \qquad (G'>G)$$

（財務）（購買）　　　（生産）　　　（販売）（財務）
　　　　（人事・労務）

G＝資本、W＝商品、Pm＝生産手段、A＝労働力、P＝生産

（出典）　秋野、1989、56頁の図を修正。

　資本主義経済システムは、① 経済の市場的調整、② 生産手段の私的所有、③ 所有者（資本家）主権を特徴とする。

　これに対して、ソ連社会主義経済システムは、① 経済の国家的・計画的

調整、② 生産手段の国家的所有、③ 所有者（国家）主権を特徴とする。このような経済システムは、最も一般的には「社会主義計画経済」（socialist planned economy）と呼ばれるが、「社会主義」と並んで、あるいは「社会主義」の代わりに「ソ連型」（Soviet-type）、「中央集権的」（centralized）、「指令型」（command）、「行政指令型」（administrative-command）などの言葉を冠して呼ばれることもある。社会主義経済システムが必ずこうでなければならないかどうかについては周知のようにさまざまな議論があるし、さまざまな試みがあったからである（鈴木勇、1991）。実際にソ連でも1920年代までは市場的要素が色濃く残っていたが、1930年代にはほぼこのような特徴が明確になったので、これは「1930年代型システム」ともいわれる（大江、1978－1980）。

そこで資本主義企業システムにもどると、それは、図1-1の企業システムの枠組みを利用して言えば、次のように機能することになる。まず、企業の基本活動は、市場との相互作用を中心として行われる。すなわち、財務活動は金融市場との、購買活動は商品市場との、人事・労務活動は労働市場との相互作用としておこなわれ、企業内部での生産活動も、市場との相互作用に主導されることになる。「目標」サブシステムは、$G'>G$の実現という最小限目標に制約される。「組織」サブシステムは、所有者が資本提供者であり、経営者は所有者のエージェントであり、労働者は労働市場で買われた労働力の担い手であることを基本とする。

したがって、資本主義企業システムの基本的特徴は、① 活動の市場志向性、② 至上命題としての利潤追求、③ 資本家主権である。

他方、ソ連社会主義企業システムは、次のように機能することになる。ソ連型社会主義企業の基本活動は、国家との相互作用を中心として行われる。すなわち、財務活動は国庫からの資金獲得と国庫への資金納入である。購買活動は、管轄の国家機関への原材料配分の要求とその受領である。人事・労務活動は、国の定めた賃金等労働条件に従って行われる。生産活動は、管轄の国家機関から指令された生産高目標の達成・超過達成を目指すものである。「目標」サブシステムは、$G'>G$の実現には制約されず、生産計画の達

成に最も大きく制約される。「組織」サブシステムは、所有者が国家であり、経営者は国家のエージェントであり、労働者は一面では経営者による管理の対象であるが、少なくとも建前上は「勤労者国家」（1936年憲法）または全人民国家（1977年憲法）の主人公として位置づけられる存在であった。

したがって、ソ連社会主義企業システムの基本的特徴は、① 活動の国家志向性、② 至上命題としての生産計画達成、③ 国家（または「勤労者」・「全人民」）主権である。

とはいえ、1930年代からソ連解体までの間、ソ連社会主義の経済システム、企業システムが不変であったわけではなく、上の3つの基本的特徴を維持しながらも、常に変化があり、特にソ連末期には基本的特徴そのものに修正が加えられた。

1－2　1930年代型システム

1－2－1　システムの成立

そこでまず、成立期のソ連企業システムについて、もう少し詳しくその特徴を確認してみよう。

1936年に制定されたソ連憲法（1977年まで有効）には、企業システムの特徴に関連して、次のような規定がある。まず、ソ連は「労働者・農民の社会主義国家」（第1条）であり、それの「全権力は勤労者代表ソビエトを通じて都市・農村の勤労者に帰属する」（第3条）。「ソ連の経済的基礎をなすのは、社会主義経済運営システム、ならびに生産手段に対する社会主義的所有である」（第4条）。それは、「国家的所有（全人民の財産）の形態または協同組合・コルホーズ的所有の形態を取る」（第5条）。工場、炭鉱・鉱山、運輸、銀行、通信手段、国家の組織する大規模農業企業（ソフホーズ、機械・トラクター・ステーションなど）、公益企業、ならびに、土地を含む天然資源、都市・工業中心地の住宅の大部分は国家的所有である（第6条）。また、ソ連経済は「国民経済諸計画によって規定され、方向付けられる」（第11条）。労働は、労働能力ある市民の義務であり、名誉ある仕事であり、

「各人は、能力に応じて働き、労働に応じて取る」(第12条)。市民は「労働権、すなわち、保証された仕事を確保し、労働の量と質に応じた賃金を受け取る権利」を有する(第118条)。

コルホーズ(集団農場)所有は農業において、協同組合所有は主として商業において(鈴木正、1986)普及したが、これらの所有形態は国有に転化するまでの過渡的な形態、「資本主義の母斑」と考えられていた(今井義夫、1988、31-59頁)ことを考え合わせると、「第1章-1」で指摘した経済システムの3つの基本的特徴(① 経済の国家的・計画的調整、② 生産手段の国家的所有、③ 所有者(国家)主権)が1936年憲法において確認できる。

企業システムについては憲法であまり触れられておらず、企業関連法制のレベルにおりて具体的に見ることが必要である。ここでは対象を工業に限定する。農業と商業は法制度上、工業とは別に管理されていた。簡単に述べると、農業では集団化が行われ、農業企業は「コルホーズ」(集団農場)あるいは「ソフホーズ」(国営農場)という協同組合形態をとった。また、商業でも私営商業は廃止され、国有商業網と協同組合商業網が形成された。これらについて本書では詳しく述べないが、ソ連社会主義企業システムの基本的特徴(① 活動の国家志向性、② 至上命題としての生産計画達成、③ 国家(または「勤労者」・「全人民」主権)は保持されていた。工業の場合と異なるのは、これらの産業において協同組合の比重が高いこと、協同組合は形式的には国家から自立していたこと、商業は ② の特徴が当てはまらなかったことである。

工業企業に関しては、1927年6月の政府決定「国有工業トラスト規定」(«Директивы КПСС и советского правительства по хозяйственным вопросам» том 1)において、3つの特徴がすでに表れていた。

「国有工業トラストとみなされるのは、特別の定款に基づいて、法人格と持分に分割されない資本をもつ自立的経営単位の形で組織され、定款に示された単一の国家機関の管理(ведение)下におかれ、商業採算制(коммерческий расчет, commercial accounting)原則に基づき、この機関により承認さ

れた計画課題に従って活動する国有企業である。本規定ならびにトラスト定款に基づき、トラストには、業務活動上の自立性が与えられる」（第2条）。「商業採算制」は「独立採算制」（хозяйственный расчет, economic accounting）と同じ意味であるとされた（Венедиктов, 1961, том 2, стр.58）。トラストは、最高国民経済会議またはその地方機関によって組織される（第8条）。最高国民経済会議は、1917年12月、社会主義革命直後に設立された政府内組織であり、「国民経済と国家財政の組織」を任務とする（«Директивы КПСС и советского правительства по хозяйственным вопросам» том 1）。管理部（правление）構成員の任命と解任は、管轄の国家機関の権限である（第15条）。トラスト管理部議長（председатель правления）ならびに、その他管理部会員は、委託された財産全体ならびに事業の経済的遂行にたいして規律上、刑法上、民法上の責任を負う（第20条）。

すなわち、国有トラストは国家に所有・管理され計画課題に従いつつ、同時に自立的経営単位であり独立採算制で運営されるとされ、経営者の任免権は国家にあった。

トラスト傘下の個別生産企業の直接的管理は、トラスト管理部によって任命・解任される企業長（директор）に委任される。企業長はトラスト管理部によって定められる権限の範囲内で単独責任制（единоначалие）に基づいて活動する（第24条）。企業長は企業の全業務を指導し、彼に委託された財産を処理し、トラスト管理部の命令・指示を実行し、委託された財産全体、ならびに事業の経済的遂行にたいして規律上、刑法上、民法上の責任を負う（第26条）。「各企業の年度生産財務計画（производственно-финансовый план）、ならびに製品引渡しの計画・期限、生産・財務計画に従ったトラスト理事会による企業への資金・原材料供給の量と手続き、企業が生産した製品に関するトラスト管理部と企業との間での決済の手続きと諸形態は、発注命令書（наряд-заказ）制度に従って企業長によって立案され、企業長の参加のもとにトラスト管理部によって検討され、トラスト管理部によって承認される」（第28条）。

発注命令書制度とは、1924年5月の最高国民経済会議決定「トラスト傘

下事業所の管理規定」で導入された発注課題（заказ-задание）制度のことである。「発注課題」は、計画課題の実現のためにトラストが企業に課すものであり、製品の量・質、納期、価格の指示である。そのさい、生産に必要な原料、燃料、資材は、トラストが企業に引き渡すのであり、価格はトラストの計算価格である。製品は企業の生産原価で引き取られることになっていた（Венедиктов, 1961, том 2, стр.80）。「企業活動の成果として品質を落とさずに得られた節約額とは、事前の計算に基づき発注命令書に示された企業の生産原価と、事後的計算に基づき確認された実際原価との差額である。この節約額の一定部分は企業長の裁量下におかれる」（第31条）。

すなわち、トラスト傘下で実際に生産に従事する企業は、トラストの管理下にあった。企業は、トラストから課される「発注課題」を受け入れ、トラストから提供される原材料で生産を行い、製品をトラストに渡すのであった。企業の成果は生産原価と実際原価との差額（節約額）で量られ、その一部は企業長の裁量下におかれることになった。

なお、節約額支出の基準・目的・方式は、1928年6月の労働国防会議の指示によって定められた。それによると、トラスト管理部は、節約額の25－50%を企業に引き渡すことになり、企業長はそのうち75%以上を企業の生産的必要のために支出し、労働条件の改善、文化・福利厚生目的には25%を超えて支出しないことが規定された（Венедиктов, 1961, том2, стр. 58）。

トラストにおいては、定款資本（уставный капитал）のほかに、減価償却資本、予備資本、企業拡大資本、労働者・職員福利厚生ファンドが形成される（第43条）。トラストの利潤から、まず第一に所得税が引き去られる。トラストのバランスに過年度の損失がある場合には、残りの利潤からその損失の補填が行われる。さらに残った利潤のなかから10%が労働者・職員福利厚生ファンドへ、10%が予備資本へ、10%が長期信用諸機関における特別国家資本の形成へ、25%が企業拡大資本へ、そして25%以内が報奨金支払いのためのしかるべきファンドへ繰り入れられ、残余（20%以上）の利潤は国庫に納入される（第46条）。労働者・職員福利厚生ファンドは、労働

組合との合意を得て、法規に従って支出される（第47条）。

　すなわち、トラストは（税引き後の）利潤の配分を自分で定めることはできず、少なくとも30%（特別国家資本の形成へ10%、国庫へ20%以上）はトラストの管理下から離れることになっていた。

　1929年12月の党中央委員会決定「工業管理の改組について」では、トラストではなく生産企業が「工業管理の主要な環」(1-1) とされた。「企業の独立採算制への移行は完全に正当化される。独立採算制は企業の様相を明らかにし、生産の合理化や、販売・調達の正しい組織化を促し、同時に、官僚主義やお役所的遅延の諸要素への抵抗を引き起こす」(1-2)。「与えられたリミットの範囲内で生産・財務・計画の規律を最も厳格に遵守した上で、企業は自立的でなければならない。企業管理部は計画遂行に対して完全な責任を負う」(1-3)。「企業は独自のバランスをもつ。企業の月次バランスの基礎は、製品原価データでなければならない。加工される製品の品質の諸要件を常に充足するという条件の下で、計画原価と実際原価との差額が、企業活動の成功の主要な指標である。この額の一部は、法律に定められた大きさで、企業の裁量下におかれ、生産・福利厚生目的に支出される」(1-5)。

　すなわち、この決定により、生産企業がトラストに代わって、管轄の国家機関から直接管理され、計画課題を受け取ることになった。そして、企業活動評価指標はやはり「節約」であり、節約額の一部が企業の裁量下に残されることになった。

　経済・企業を管理する国家機関は1917年以来、最高国民経済会議であったが、第1次5カ年計画の策定を国家計画委員会（ゴスプラン）が行って以後、この委員会が経済計画の策定・実施の全体過程を統括するようになった。その後、1932年には最高国民経済会議が改組・廃止され、それに代わって1934年ごろには、産業別の人民委員部（のちの省）が当該産業の企業を管理する制度になった（笹川、1972、282-287頁。『ロシア・ソ連を知る事典』）。

　また、1930−1931年の信用改革は、1930年代システムに重要な要素を付け加えた。すなわち、1930年1月の政府決定「信用改革について」は、銀

行信用以外の信用手段をすべて禁止し、銀行信用（融資）そのものは、融資を必要とする企業・組織が獲得できるようにするとした（前文）。工業企業の場合、国立銀行（ゴスバンク）だけが融資できる（第2条）。1931年3月の政府決定「信用制度における変更、信用活動の強化、ならびにすべての経済機関における独立採算制の確保について」は、国立銀行が、経済の唯一の「決済機関」、「生産物の生産・分配の記帳の全国的装置」となり、「生産計画遂行と商品流通の過程、ならびに国民経済の社会化セクターにおける財務計画遂行と蓄積過程に対する実際的な日常的統制」を確保する役割を担うとした。

要するに企業や国家経済機関の間の決済は国立銀行の勘定を通じた非現金決済に移行し、「ルーブルによる統制」（国立銀行への信用集中による経済活動全体の統制）が実施されるようになった（笹川、1972、298-301頁。«Директивы КПСС и советского правительства по хозяйственным вопросам» том 2）。

このように、1930年代企業関連法制のレベルで、① 活動の国家志向性、② 至上命題としての生産計画達成、③ 国家主権を具体的に確認できる。

これに基づいて、市場経済下の企業と社会主義企業システムの特徴を、図1-3、1-4のようにより具体的に表すことができる。すなわち、市場経済下の企業は、「無意識的協業の海」（市場）の中の「意識的権力の島」（Robertson, 1923, p.85; 今井賢一他、1982、1頁）のようなものであり、その海を泳ぐ他の経済主体と自由取引を行うものであるが、それに対して社会主義企業は、国家計画委員会の策定した経済計画を基礎にして産業部門省が定めた生産計画を遂行する組織である。

しかし、同時に次の4つのことに注目すべきである。

第1は、企業の「自立性」や「独立採算制」が強調されていることである。第2は、「節約」が「主要な」企業活動評価指標であるとされ、節約額の一部が企業長の裁量下に置かれ、利潤の一定割合が労働者・職員福利厚生ファンドに組み入れられるとされていることである。これらのことは、企業システムの3つの基本的特徴と背反する性格を持っているといってよい。す

20　第1章　ソ連社会主義企業システムとその改革

図1-3　市場経済下の企業

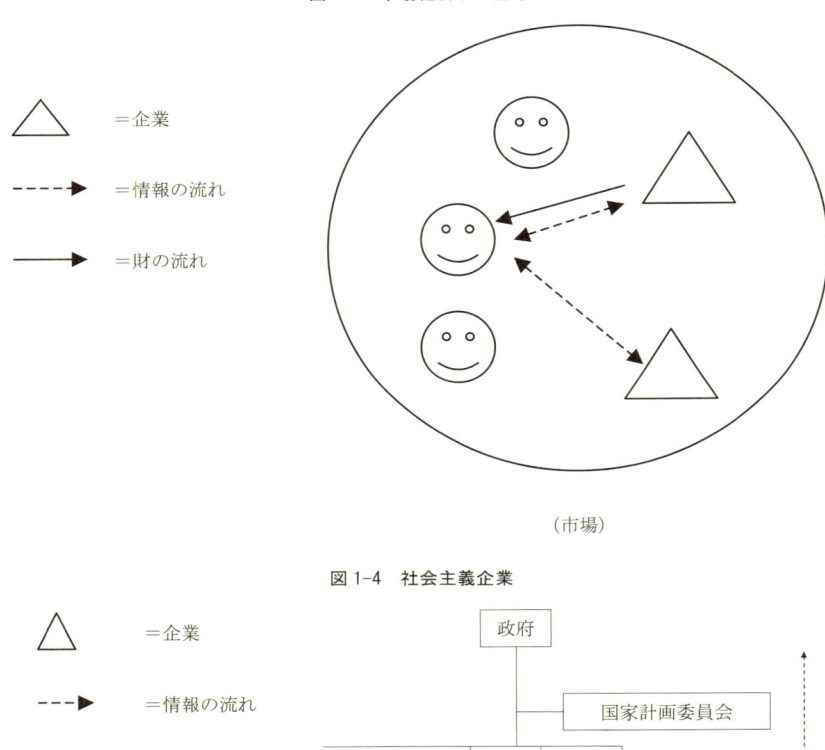

△　＝企業

-----▶　＝情報の流れ

──▶　＝財の流れ

（市場）

図1-4　社会主義企業

△　＝企業

-----▶　＝情報の流れ

──▶　＝財の流れ

政府

国家計画委員会

（産業部門省）（産業部門省）（産業部門省）

なわち、3つの基本的特徴だけでは、企業の効率的活動を保障することが困難であることが1930年代にはすでに意識されていたのである。そして、企

業を一定程度、国家から自立させ、さらに生産計画達成のほかに財務的指標の向上に向けて企業を誘導するための経済的誘引を与えようとしていたのである。このことは、1965年以降の経済改革の内容を先取りするものとみなすことができる。

　しかし、実際に最も重視されたのはやはり国家の設定した生産高目標の達成率であった。

　そのことは、スターリン（1922－1953年、ソ連共産党書記長）を指導者とする1930年代ソ連の政治状況と結びついて起こった。すなわち、ひとつには、第1次5カ年計画（1928年10月－1932年12月）が、急速な工業化を目指して高い量的成長目標に向けて国民全体を動員しようとするものであったことが関係している。すべての企業が国家によって管理される体制の下でこのような量的計画を達成するためには、その計画を細分化して各企業に配分し、それの達成を求めるのが最も確からしく思われる。だが、高い成長目標の達成を企業に求めた場合、企業がそれを達成できなかったり、あるいは事前に経営者が目標を拒否したりして、国民経済計画そのものが完全に画餅に帰する可能性が一般的にはある。そうならずに、企業が生産高目標の達成を追い求めることになった原因は、もうひとつの政治状況要因から説明しなければならない。それは、第1次5カ年計画立案をめぐる論争の段階で、比較的緩やかな成長を主張する者は「ブルジョア」、「破壊工作者」という烙印を押されて指弾される傾向が生じたことである（塩川、1997）。第1次5カ年計画開始後、高い計画目標に抵抗した企業経営者たちは「破壊工作者」として逮捕されたり、「破壊工作者の影響を受けた」として解職された（Kuromiya, 1988, pp.175-180）。さらにスターリン恐怖政治の頂点「大粛清」（1936－1938年）の時期には、「何百何千という」企業経営者たちが逮捕されて死亡したといわれる（塩川、1997a。メドヴェーデフ、邦訳、上巻、375-376頁）。

　第3は、③国家（または「勤労者」・「全人民」）主権という基本的特徴とかかわるのであるが、国家が「勤労者国家」であることは1930年代企業管理法制には具体化されていないことである。すなわち、政治制度を通じて勤

労者が国家の主人公でありえたかどうかはともかく、企業管理への労働者の参加は一般的には想定されていなかった。

1927年の「国有工業トラスト規定」は、企業長の単独責任制を規定しており、労働者の企業管理への参加の規定はない。労働組合が共同決定権を保障される場合があったが、それは労働者・職員福利厚生ファンドの支出に関してのみである。実際、1929年9月の党中央委員会決議「生産管理の秩序付けと単独責任制確立のための諸措置について」(«Директивы КПСС и советского правительства по хозяйственным вопросам» том 2)では、党組織、労働組合組織が工場管理部の業務・生産活動に直接介入している場合があるが、それは誤った意思決定につながっていると指摘している。そして、「企業レベルの労働組合組織は、労働者の日常の文化・生活・経済的ニーズを主張・擁護し、同時に、労働者大衆の生産上の積極性・自主性のエネルギッシュな組織者とならねばならない」とされた。すなわち、労働者は労働組合を通じて福利厚生支出の配分を受けたり、また生産に向けて動員されるが、管理参加は認められていなかった。

むしろ、テイラリズムの発想に従い、一般労働者は経営者、技術者の指導に厳密に従って働くのが合理的であるはずと考えられていた。具体的には、技師による動作研究、時間研究に基づいて設定されたノルマを達成・超過達成することが、労働者の役割であった。

第4は、企業の主権者である国家が「勤労者国家」であることの企業レベルへの直接的反映と考えられるのは、憲法12条、118条が規定する「労働に応じた分配」と「労働権」の保障であろう。すなわち、生産労働者の賃金は出来高払制が一般的であり、制度上は、国の定める産業別賃率表（労働者の資格等級により賃率が異なる）と各労働者のノルマ達成率に応じて各労働者の賃金が決まる仕組みになっていた（塩川、1984。加藤、1990）。これは、少なくとも形式的には「労働に応じた分配」を保障していた。また、第1次5カ年計画期に入ると失業者数が急激に減少し、1930年には「ソ連における失業の完全な清算」が宣言された。これは、意図的な政策の結果というより、急速な工業化と、企業による余剰労働力囲い込みによる工業労働力需要

の増大の結果であったが（塩川、1985、37-43頁）、ともかくこのようにして「労働権」は保障された。

以上のように、成立期のソ連社会主義企業システムは、3つの基本的特徴を明確にしていたのであるが、同時に、2つの注目すべき状況を含んでいた。ひとつには企業の自立性や、財務的指標を使った効率化への誘引提供なしにはうまく機能しないという状況である。もうひとつには、企業の主権者としての国家が「勤労者国家」であるということが、「労働に応じた分配」と「労働権」の保障に具体化され――これらも重要なことであるが――、企業管理への労働者の参加は無視されていた、という状況である。

前者は、企業の自立性や、財務的指標を使った効率化への誘引提供なしにはこのシステムは機能しないということ、したがって、国家的・計画的調整という基本的特徴を何らかの形で修正する必要があることを意味していた。後者について言えば、マルクスが資本主義的生産様式の最重要の問題として労働疎外を指摘したことからも明らかなように、政治システムを通じて迂回的にだけではなく、企業レベルでの直接の労働者参加が保障されなければ、社会主義企業システムとしての正統性に欠けるといえる（政治システムを通じた労働者参加も保障されていなかったのだが・・・）だけでなく、資本主義の下でと同様に、社会主義の下でも労働疎外が生産性向上、労働意欲の停滞に結びつく可能性がある。

しかし、これらの問題が重要になってくるのは1960年代になってからのことであった。

1－2－2　システムの強みと弱み、パターナリズムの形成

1930年代型経済システム（企業システムを内包する）についての現在の最も一般的な評価は、『ニュー・パルグレイヴ』（The New Palgrave: A Dictionary of Economics, 1987）などに見られるものと言ってよかろう。そこでは次のように述べられている。ソ連経済のような中央集権的計画経済は、弱みと強みの両方を持っている。強みは、完全雇用が達成され、貧富の差が少なく、とくに初期に急激な経済発展に成功したことである。他方、弱

みとされているのは、市場を使わずに中央集権的計画によって経済を運営することに伴う困難―国民経済全体にわたる膨大な情報を計画機関が収集・加工することの困難、生産される物と消費者がほしい物との不一致が生まれる蓋然性の高さ、企業に生産への刺激を与えることの困難、労働者に労働意欲をもたせることの困難―、ならびに社会主義の掲げる理念にもかかわらず労働疎外、階級差、環境問題が存在することである。

要するに、社会主義の経済システムは、① 豊かではないとしても安定した生活、② 少ない経済格差、③ 外延的経済発展（extensive economic development）を保障するという「強み」を発揮してきた反面、④ 需要と供給のミスマッチ、⑤ 企業の生産性向上へのインセンティヴの不足、⑥ 労働者の労働意欲の不足、ひいては⑦内包的経済発展（intensive economic development）への不適応という「弱み」を露呈したと評価されている。

実際に1930年代から1950年代にかけて、1930年代型経済システムは「強み」を発揮した。すなわち、まず1930年代には急速な工業化に成功した。公式統計によれば1928－1940年の国民所得の年平均成長率は14.6％であった。これはソ連史においては、第1次世界大戦とロシア革命の混乱で疲弊した経済の復興に当てられた1921－1928年の復興期に次ぐ高成長であった（表1-1）。これにより1930年代末には、ソ連は米国に次いで世界第2位の国民所得額に達した。1930年代から1950年代のソ連統計の歪曲ははなはだしいといわれるが、重工業の発展がめざましかったことは事実である（Тимошина, 2003, стр. 262-263．塩川、1997a、196頁）。発展した重工業を背景にソ連は第2次世界大戦（1941－1945）を戦い抜き、多大の犠牲を払いながらも勝利した（横手、1997）。ドイツに国土深く攻め込まれたため、2600－2700万人の犠牲者を出し、約3万2000の工業企業が破壊された（横手、1997a．Тимошина, 2003, стр. 288）が、1940年代末から工業は再び急速に成長し始めた。農業についてみると、1930年代の農業集団化以後農村は極度に疲弊していたが、フルシチョフ（1953－1964年、ソ連共産党書記長）指導下の1954年以降、農村収奪が緩和されて農民の生活が向上し、また処女地開拓キャンペーンは一時的ではあったが農業生産の拡大をもたらした。

表 1-1　ソ連の経済成長率（1913−1984）

	ソ連の公式統計	米国の研究
1913−1917	−6.9	
1917−1921	−15.6	
1921−1928	17.7	
1928−1940	14.6	5.4
1950−1960	10.1	6.0
1960−1970	7.0	5.1
1970−1980	5.3	3.7
1980−1984	3.2	2.0

（出典）　Gregory and Stuart, 1994, p.234.　ЦСУ, 1959, стр.52.

　フルシチョフ期にはさらに、1957年10月、人類最初の人工衛星「スプートニク」の打ち上げ、1961年4月、人類初の有人宇宙飛行にそれぞれ成功し、その科学技術力の高さを世界に示した。1961年10月のソ連共産党大会で採択された新党綱領では、共産主義（社会主義よりも高い段階の生産様式）への移行が始まったと宣言され、1970年には米国を生産高で追い越し、1980年までに米国を1人当たり生産高でも追い越すという目標が掲げられた（Тимошина, 2003, стр. 301-302. 和田、1997）。

　他方、資本主義の経済システム、企業システムは、同じ時期、深刻な危機に直面していた。マクロ経済的には1929年、世界大恐慌が資本主義諸国を席巻し、それは第2次世界大戦を引き起こす重要な要因となった。企業は不況にあえぎ、資本家・経営者と労働者の雇用・賃金をめぐる対立の場となり、同時に機械制大工場での労働は著しく疎外されたものであった。チャップリン（Charles Chaplin, 1889-1977）の監督・主演映画「モダン・タイムズ」（1936）は、そのような資本主義の危機的状況と、社会主義への期待感を印象的に表現している（大野裕之、2005、122-126頁）。

　だが、1930年代を境に、欧米諸国では、市場経済を維持しつつ資本主義システムを修正する方策が講じられるようになった。すなわち、政府は、ケインズ政策（政府によるマクロ経済への介入）、労働者の権利の擁護に乗り出した。さらに、第2次世界大戦後、しだいに生活水準が向上し、生産技術

の水準も高まると、企業レベルで、労働疎外の緩和・克服が課題とされるようになっていった。

こうして1960年代、資本主義経済システム、企業システムが危機を経て変容しつつある中、ソ連では戦後復興が終わり、ソ連指導部は「共産主義の自由の王国」への接近と、「豊かな社会」をめぐる体制間競争における優位とを国民に確信させようとしていた。しかしそのとき、ソ連では1930年代型システムの「弱み」が顕在化した。

ここで、ソ連経済システムの「弱み」のうち、企業システムに直接かかわる弱みについて立ち入って考えてみよう。すなわち、上述の4つの「弱み」（④ 需要と供給のミスマッチ、⑤ 企業の生産性向上へのインセンティヴの不足、⑥ 労働者の労働意欲の不足、ひいては ⑦ 内包的経済発展への不適応）のうち、④ は企業の責任ではないし、⑦ は ④ をも含めた3つの弱みの結果であるから、⑤ と ⑥ の弱みがソ連企業システムの何に由来するのかを考えてみたい。

このシステムは、基本的特徴により上から下へ命令するシステムであるので、このような問題がある場合、国家が企業に対して生産性向上を指令し、企業管理者が従業員に対して労働意欲を持つよう命令することになるが、そのような種類の指令、命令は無視・軽視されがちであった。むしろ、企業は生産高計画遂行など、従業員はノルマ達成や出退勤時間遵守などの命令のほうを重視した。それらの数値的な命令のほうが服従しやすく、また服従したかどうかが明確になるからである。（ソ連の1930年代から1950年代のような）非常に緊張度の高い状況下では「自発性の動員」も可能であるが、（ソ連の1960年代以降のような）「平時」の指令型システムにあっては、命令はもっと明快でなければならない。なぜなら復命者にとっては命令の内容よりも命令に服従すること、服従の結果として保護が与えられることが重要だからである。

このことは、1930年代のソ連社会主義企業システムの派生的特徴として、「パターナリズム」（paternalism）を指摘できることを意味している（加藤、1998）。「パターナリズム」という概念は、社会科学用語辞典（*Interna-*

図1-5 ソ連企業のパターナリズム

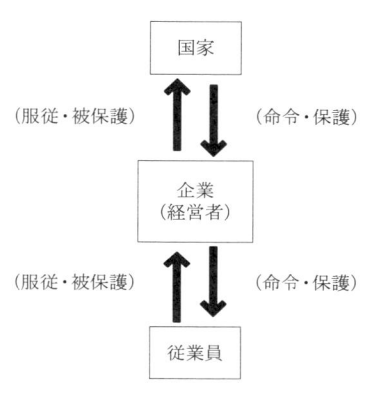

```
              国家
         ↑        ↓
   (服従・被保護)  (命令・保護)
              企業
            (経営者)
         ↑        ↓
   (服従・被保護)  (命令・保護)
             従業員
```

tional Encyclopedia of the Social Sciences, 1968）では、概略以下のように説明されている。その元来の意味は「父が息子に対してとる行動のタイプに似た、目上の者が目下の者に対してとる行動タイプ」である。パターナリズムに初めて理論的に言及したのはマックス・ウェーバーであった。彼はそれを、上司、雇用者、封建領主などとその部下たちとの間に存在し、部下たちが目上の者に保護される代わりに忠誠と服従を与えるような関係として定義した。

　パターナリズム概念は、ソ連社会やソ連経済システムの特徴を説明するためにこれまでも時折用いられてきたが（たとえば、Kornai, 1992. Clarke (ed.), 1995）、企業システムの問題として考えると、図1-5のように、国家と企業の間、企業（経営者）と従業員の間で二重にパターナリズム的な関係が存在していたといえる。命令に従順でありさえすれば、企業は国家から、従業員は企業（経営者から）生存を保障された。企業は運転資金が不足した場合にも国家に頼ることができたし、従業員は福祉を企業に頼ることができた。企業は住宅、学校、病院、食堂、道路なども建設し、運営していた（加藤、2003）。しかし、命令の質が量的なものから質的なものへ変わると、パターナリズム的な関係のもとで命令への服従を確保することはより困難になる。

1－3　1965年改革

1－3－1　経済管理における「経済的方法」の利用

ブレジネフ（1964－1982 年、ソ連共産党書記長）指導下で実施された「1965 年改革」は 1930 年代型システムの「弱み」を明確に認め、克服への方途を示そうとするものであった。改革の基本文書となった 1965 年 10 月 4 日付け党中央委員会・閣僚会議共同決定「計画化の改善、ならびに工業生産の経済的刺激の強化について」（«Решения партии и правительства по хозяйственным вопросам» том 5）は、以下のように述べている。

まず、1930 年代型システムの欠陥を、次のように列挙している。

「工業における計画化と刺激付与の現存の方法・形態は大きな欠陥を持っており、経済建設の新しい要請、現代的な技術・経済条件、ならびに生産力発展のレベルに合致していない。

経済の計画的指導において行政的形態・方法が異常に大きな位置を占めており、経済的方法の役割は押し下げられている。計画課題は、企業を主として量的指標の遂行へと誘導している。生産を発展させ、国家計画遂行の最良の手段を探すという面での企業の自主性は不当に制限されている。

企業活動の全般的成果の改善、自己の内的予備の利用、ならびに収益率向上への働き手のしかるべき物質的関心が形成されていない。納期違反、不良品出荷に対する企業の責任が不充分である。経済契約は、企業間関係においてしかるべき地位をまだ占めていない。企業における独立採算制は、著しく形式的なものである。利潤、報償、信用、その他の経済的てこは、計画化と経営活動においてあまり利用されていない。価格設定には多くの欠陥がある。」（前文）

「第 1 章－2」で指摘した 1930 年代型システムの基本的特徴との関連でいうと、経済システムは全体として適切だが、国家の企業指導が「行政的形態・方法」に依存しすぎており、企業を主として量的指標の遂行へと誘導し、企業の自主性を不当に制限しているのは問題である。企業に対する「経

済的方法」による指導（物質的関心の刺激）、独立採算制の実質化、収益率向上に向けた企業指導が不足している。これらの問題を克服するためには合理的な価格設定が必要であるが、価格設定にも欠陥がある。なお、④ 企業レベルでの労働者の権限については、ここでは触れられていない。

このように、論点を計画経済体制の枠内、企業の国家所有制の枠内に限定しつつ、上のような欠陥を克服するために、次の諸方向で、工業の計画的指導の方法を変更すると述べている。

「中央集権的国家計画と、企業の広範な経済的イニシャチヴ、ならびに工業生産の経済的刺激の強化とを最も正しく結合すること。

完全独立採算制に基づいて企業の権利を拡大すること。企業の生産効率向上と資源増大に応じて、生産発展と従業員報償（поощрение, bonus）のために企業が処分できる資金額を増大させること。

企業活動の成果を、製品販売高、受取利潤（生産の収益率）、ならびに最重要品目の納入課題の遂行によって評価すること。

工業の働き手の賃金（оплата труда）を彼らの個人労働成果だけではなく、企業活動の全般的成果にも直接依存させること。

企業間の経済関係の基礎に、相互の物的責任の原則をおくこと。供給企業と需要家企業の間の恒常的な直接連関を発展させること。経営間契約の役割を高めること。」（前文）

つまり、上記の ③ の欠陥は、包括的に表現すれば、「中央集権的国家計画と、企業の経済的イニシャチヴ、ならびに経済的刺激の強化の結合」によって克服されることになる。それは、目指す方向としては、独立採算制を形式的なものから完全独立採算制に移行させること、すなわち、企業の責任を強化すると同時に、企業の権利を拡大することを意味していた。そのために、㈦ 上級機関によって企業に対して定められる計画指標の数が減らされ（第 4 項）、㈼ 固定ファンド使用料、流動資金使用料が設定されることになり（第 21 項）、㈽ 企業活動の成果指標を利潤（прибыль）または生産の収益率（рентабельность）を含む 3 つとし、㈾ それらの指標にしたがって生産発展と従業員報償のために企業が処分できる資金額が決定されることになり、

㈹ また、その評価に賃金も関連付け、㈫ 企業間の直接の契約関係の発展が促されることになった。

さて、ここで述べられていることの多くは、全く新しいものというわけではなく、表現や細部の違いはあるが、すでに1930年代型システムに含まれていたことである。新しいのは、㈦、㈧、㈹、㈫である。

これらの新機軸の背景には、1965年改革直前にソ連で展開された経済改革論争（日本では「利潤論争」と呼ばれる。主要論文は、野々村一雄ほか編訳、1966に所収）があった。そこで、この論争について簡単に見ておこう。

1962年に共産党機関紙『プラウダ』にハリコフ大学教授リーベルマン（Е. Либерман）の「計画・利潤・賞与（премия）」という論文が発表されたのを皮切りに、多数の経済学者・実務家が経済管理制度の改革を求める主張を発表したのがいわゆる「利潤論争」である。リーベルマンはこの論文のなかで、「企業が最大の生産効率に切実な関心を抱くように、企業活動の計画化と評価のシステムを打ち立てる」ことをめざして、次のような提案を行った。(1) 国家が企業に指令する計画を、品目別生産高と納入期限だけに限定し（そのさい供給者と消費者との直接結合を最大限に考慮し）、その他（働き手の数、賃金、原価、内部留保、投資等）の計画については企業の自主的決定にゆだねること、(2) 企業の収益率（利潤を生産ファンドで割った比率）に応じて、利潤から単一報償（премирование）ファンドを形成させること、(3) 国家が、ほぼ同一の条件にある業種、企業グループごとに単一賞与ファンドの形成方式を定めること、(4) 国家は、義務的課題（統制数字）は官庁レベルにおろすにとどめ、企業に配分するのをやめること、(5) 単一報償ファンドを企業に自由に利用させること、(6) 新製品や良質製品には高い価格が保障されるように、価格決定制度を改善すること。

リーベルマンは「『経済活動の自由』なしには、生産の効率を一気に高めることなどできない」とも述べており、ブルスが1960年代初めに提案した「分権化モデル」、ハンガリーで1960年代後半から実施された「誘導市場モデル」（鈴木勇、1991）と同様、「市場社会主義モデル」へ発展していく契機

図1-6 市場社会主義の経済モデル

----▶ は、情報の流れを示し、
——▶ は、財の流れを示す。

①市場的調整の経済モデル

　　企業1 ⇄ 企業2 ⇄ 企業3

②官僚的調整の経済モデル

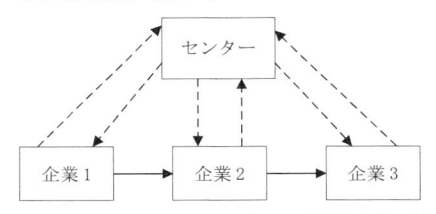

　　　　　　センター
　　　　　　／｜＼
　　企業1 → 企業2 → 企業3

・情報が指令である場合は、直接的官僚調整モデル
・情報が「レバー」（各種財務的誘導手段）である場合は、間接的官僚調整モデル

③市場社会主義の経済モデル

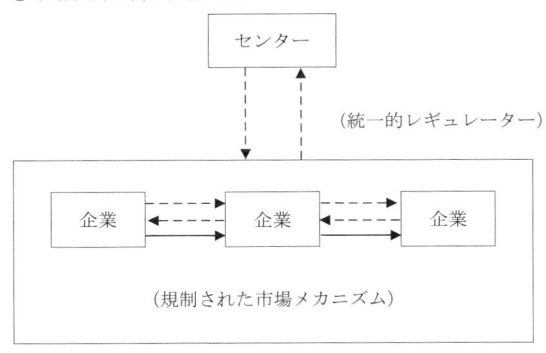

　　　　　センター
　　　　　　↕
　　　　　　　（統一的レギュレーター）

　　企業 ⇄ 企業 ⇄ 企業

　　　（規制された市場メカニズム）

（出典）堀林、1986、6-8頁。

がこの提案の中にはあるといってよい。すなわち、従来のような中央からの指令に基づく「直接的官僚調整モデル」から、中央が「レバー」を用いて企業活動を誘導する「間接的官僚調整モデル」へ、さらには企業への個別規制を

やめて企業を市場で自由に活動させ、統一的レギュレーターで中央が市場を規制するという「市場社会主義モデル」への道がこの提案の中に示唆されていた（図1-6）。

もっともリーベルマン論文でも、「市場社会主義モデル」でも資本市場は想定されておらず、その点でリーベルマンが当時の西側の評論家たちに対して「（自分の提案の）いったいどこに『市場経済』があるというのか？」と反問することには根拠がないわけではなかった。

1964年まで続いた論争のなかで、リーベルマン論文は全体としては好意的に評価され、それを補強または修正するさまざまな提案が出され、1965年改革に生かされた。

1965年改革の内容に戻ると、まず(イ)は、「生産用固定ファンド・流動資金の利用の改善に対する企業の関心を高めるために」、従来、無償で企業に渡されていた生産用固定ファンドと流動資金について、それぞれの額に応じた使用料を利潤のなかから国家が徴収する、ということである。これは、「利潤論争」のなかで、アカデミー会員ネムチーノフ（В. Немчинов）らによって提案されたものである。この使用料は、国家を資本主義国の投資家・銀行に見立てると、株式配当や利子に相当する。だが実際には、企業利潤の使途が制限され未利用利潤（1968年の統計では利潤総額の36%）が国庫に収納されるという方式は維持されていたので、生産用固定ファンド・流動資金使用料（同統計では利潤総額の17%）の徴収は、ファンド利用効率向上努力に必ずしも結びつくものではなかった（田中、1969、195-198頁）。

(ウ)は、企業活動の成果指標を、製品販売高、受取利潤（生産の収益率）、最重要品目の納入課題の遂行の3つとするものであった。1930年代システムにおいて公式には節約額（原価低減）、実際には総生産高が唯一の成果指標とされていたのと比べると、企業の自立性、効率性に力点を置いた指標が成果指標となっている。リーベルマンの提案が採用されている。

(オ)は、もし実現されれば、資本主義国の場合と似た賃金の企業間格差を生み出し、企業と労働者の行動様式を大きく変えたであろう。しかし、実質的には具体化されなかった。賃金制度の骨格は1930年代システムのままで

あり、その上、上述の 1965 年 10 月党・政府共同決定では、賃金ファンド総額が上級機関から計画指標として下達されることになっていた（第 4 項）ので、業績に応じて賃金を増加させる余地は少なく、また、多少業績に問題があっても、与えられた賃金ファンドは利用できた。リーベルマンらの提案では、賃金は企業の自主決定にゆだねるべきだとされていたが、1965 年 9 月の党中央委員会で「工業管理と計画化の改善、工業生産の経済的刺激の強化について」と題する報告をしたコスイギン首相は、これを「時期尚早」として退けた。その理由は、「生産される大衆消費財の量と国民の購買力との間に必要な照応関係が確保されていなければならず・・・この購買力を決定するのはおもに賃金ファンドである」ので、消費財の生産が著しく拡大するまで、賃金ファンド規制を廃止することはできないということであった（野々村ほか編訳、1966、に邦訳）。

(カ)については、コスイギン首相は、資材・機械の卸売商業制に「徐々に移行」していく必要があると述べ、「全国の資材・機械供給の指導を確保するために」国家資材・機械供給委員会（ゴススナブ）の創設を提案した。この資材・機械卸売商業制も、「利潤論争」の中でネムチーノフらによって主張されたことである。ネムチーノフは従来の資材・機械供給制度を「独特の配給切符制度」であるとし、あらゆる配給切符制度と同様、あるところでは不必要な資材の蓄積が行われ、別のところでは必要な資材がまわってこない、という現象が生じていると指摘した（野々村ほか編訳、1966、206 頁）。したがって、卸売商業制は、資本主義国のそれと類似した一種の生産手段市場を作り出そうとするものであった。しかし、創設された資材・機械供給委員会は生産手段の割当配分を続け、企業間の直接の契約関係は普及しなかった（鈴木正、1986）。

(ア)、(エ)は、新機軸ではなかったが、具体化の仕方によっては、大きな変革につながる可能性を持っていた。

(ア) 計画指標の数は従来の 33 から次の 8 に減らされた。① 販売総額、② 最重要品目（現物表示）、③ 賃金ファンド総額、④ 利潤総額と収益率、⑤ 国庫への支払いと国庫からの融資、⑥ 中央からの基本投資額、⑦ 新製品生産

開始、新技術導入に関する課題、⑧上級機関による配分の原料・資材・装置の企業への納入高（第4項）。とくに、① 販売総額は、従来の総生産高に代わるもので、この変更の理由をコスイギンは、「質の悪い生産物を生産する企業は、そのような生産物の販売に困難を感じ、したがって、計画を遂行することができなくなるだろう。ところが、総生産高による現行の企業活動評価方式のもとでは、このような企業も、計画遂行企業とみなされてしまうのである」と説明している（野々村ほか編訳、1966、277頁）。しかし、リーベルマン提案と比べると、企業の自主性は大きく制約されている。しかも後年、計画指標は再び増大していった（岡田、1998、23頁）。

㈡は1930年代システムにも類似のものを見出すことができるが、1965年改革が残した制度として1985年まで機能した。すなわち、企業を経済的に刺激し、労働集団・従業員個人の優れた労働成果への物的関心を高める上での利潤の役割を強めるために、「利潤その他の自己資金により、企業の裁量下に」 3つのファンドが設けられた（図1-7）。物質的奨励ファンド、社会・文化施策ならびに住宅建設ファンド、生産発展ファンドである。物質的奨励ファンドは従業員の報償に当てられ、社会・文化施策ならびに住宅建設ファンドも従業員福祉に当てられる。生産発展ファンドは基本投資その他労働生産性向上のための諸施策に当てられる。これらファンドへの利潤からの繰り入れは、生産物の販売額または利潤額の増加、ならびに収益率に依存して決定される比率により行われる（12-16項）。

リーベルマン提案と違い、従業員報償のためのファンドのほかに他の2つのファンドが利潤から形成されることになり、また、物質的奨励ファンドは従業員の報償のための唯一のファンドではなかった（物質的奨励ファンドからの賞与は全賞与の約3割。大津、1988、139頁）。さらに、利潤からの繰り入れ比率の算定方式も、リーベルマンが提案したよりもはるかに複雑なものとなった（田中、1969、103-105頁）。そのため、収益率に応じて利潤から形成されるファンドの生産性刺激効果は薄められたと思われる。

以上のように、1965年改革は、1930年代システムの欠陥の認識から出発し、一方で計画経済、国有企業体制の枠内にとどまりながら、他方では「経

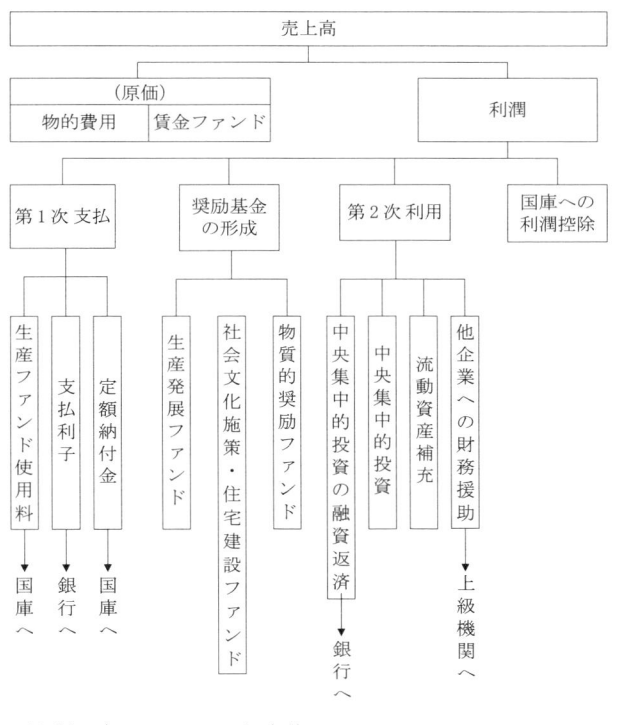

図1-7 ソ連1965年改革後の利潤配分方式

```
                          売上高
                ┌───────────┴───────────┐
            （原価）                    利潤
        ┌──────┴──────┐
     物的費用    賃金ファンド
        ┌──────┬──────┬──────┬──────┬──────┐
     第1次支払  奨励基金  第2次利用        国庫への
               の形成                    利潤控除
```

第1次支払：生産ファンド使用料／支払利子／定額納付金 → 国庫へ／銀行へ／国庫へ

奨励基金の形成：生産発展ファンド／社会文化施策・住宅建設ファンド／物質的奨励ファンド

第2次利用：中央集中的投資の融資返済／中央集中的投資／流動資産補充／他企業への財務援助 → 銀行へ／／／上級機関へ

（出典）森、2002、287頁に加筆。

済管理における経済的方法の利用」を強調し、一種の市場社会主義（市場メカニズムの部分的導入）へと展開する可能性をはらんだ諸改革を内包していた。

1－3－2　管理の「民主主義」原則

　1965年改革の基調は経済管理における「経済的方法」の利用にあったが、ややその陰に隠れたかたちで管理の「民主主義」原則の拡大も意図されていた。

　1965年9月29日付け党中央委員会総会決定「工業管理の改善、計画化の

改善および工業生産の経済的刺激の強化について」では、管理組織の改善、管理の経済的方法の強化にともなって、「管理の民主主義原則のいっそうの拡大が保障され、生産管理への大衆のより広範な参加と、企業の経済活動の成果に対する大衆の働きかけのための前提が作り出される」とされた。そして、「そのような経済管理システムは現代的要請により完全に合致するのであり、社会主義体制の優位性をよりよく利用することを可能にする」と述べている（«Решения партии и правительства по хозяйственным вопросам» том 5, стр.643）。

同じころ、社会発展計画が企業レベルに新たに導入されることになり、そこでも労働者の管理参加の推進が強調された。1966年、第23回党大会で企業レベルで社会発展計画を導入しようという提案がなされた。すなわち、従来、企業レベルの計画といえば、技術・経済・財務計画（テフプロムフィンプラン）であったが、社会発展計画（план социального развития, social development plan）、つまり企業活動の社会的側面にかんする計画が必要だというのであった。実際に、第9次5カ年計画（1971－1975年）以後、社会発展計画の作成（社会計画化）が企業の義務となった。

全ソ労評、ソ連邦国家計画委員会、ソ連邦労働・賃金問題国家委員会が作成した『企業の勤労者集団の社会発展の計画化（要領）』（«Планирование социального развития коллектива предприятия. Методологические рекомендации» 1971）を見ると、社会計画化政策の内容は次のようなものとして規定されていた。まず、社会計画化が具体的に対象とするのは、① 生産集団の社会構造の改善、② 企業の従業員の労働の条件と保健の改善、③ 賃金制度の改善、企業の従業員の住宅・文化・生活条件の改善、④ 個性の共産主義的育成と勤労者の積極性の強化であった。要するに、従業員の物質的状況、精神的状況・能力の改善なのであるが、それは労働生産性向上にもつながると考えられていた。

④ に関連して、生産管理への勤労者の積極的参加を促すことが重視された。管理参加の機関として挙げられたのは、社会組織（党、労働組合、コムソモール）、労働者集会、常設生産協議会、勤労者の自主的な創造活動の団

体であったが、それらを通じて次のようなことを保障する施策が求められた。① 勤労者の社会的・政治的積極性をできる限り発展させ、企業とその構造部門の生産・経営活動の進行と成果について定期的かつ適時に集団に知らせるために、集会、大衆宣伝活動、展示、指導者の演説、工場新聞、ラジオ等を最大限利用すること。② 広範な大衆に、正確な情報を得ることに対する関心、生産・経営活動と生産管理の改善のための手段の探索に積極的に参加したいという欲求を持たせること。③ 生産計画その他の計画、プレミア・システム、ノルマ設定の改善、企業ファンドの配分など、企業活動の最重要の問題は、集団メンバーの広範な人々が参加しているところでのみ決定される、というような状況を作りだすこと。④ 企業生活における団体協約の役割の向上、ならびに団体協約作成とその遂行に対する統制における勤労者の積極性の向上。⑤ 生産集団内の関係の改善、紛争原因の除去。

　このようにして1965年改革は、1930年代型企業システムにおける「階層性組織の末端に位置して命令される存在」としての労働者像から、管理に参加する労働者像への転換を内包していた（加藤、1989）。

　その後、管理参加の機関としてのその機能を強化することを特に求められたのは、労働組合、常設生産協議会、労働集団の3つであった（西岡、1985）。1971年9月27日付の「労働組合の工場・職場委員会の権限についての規定」によると、労働組合の工場・職場委員会は、労働者・職員に生産管理への参加を保証しなければならず、企業、施設、組織の管理部は、そのような参加を可能にするような条件を創出しなければならなかった。ただし、労働者・職員は報告を受ける権利、審議する権利があるだけで、決定権を与えられるわけではなかった。

　常設生産協議会は、管理部、党組織、労働組合組織などの代表と、各職場で選出された従業員代表からなる組織であり、企業活動の広範な諸問題に関して審議する機関である。これも、従業員に決定権を与える機関ではない。

1－3－3　「社会主義国有生産企業規定」

　以上のことは、1965年10月4日に閣僚会議決定により承認された「社

会主義国有生産企業規定」（«Решения партии и правительства по хозяйственным вопросам» том 5. 三代川、1981 の巻末に邦訳）で確認することができる。

　企業全般について。企業の活動は、「中央集権的指導と企業の経済的自立性（самостоятельность）とイニシャチヴとを結び付けて行われる」（第 1 条）のであり、企業は、「上級機関の指導のもとに、国民経済計画に従って、独立採算制に基づいて生産・経済活動を行い、義務を遂行する」（第 2 条）。「企業管理は単独責任制に基づいて行われる。社会団体と企業の従業員集団全体は、国家計画の遂行、企業の生産・経済活動の改善、労働条件、ならびに企業従業員の生活改善のための施策の検討・実施へ広範に参加する」（第 4 条）。

　財務活動について。「企業に割り当てられた固定資産と流動資産が企業の定款ファンド（уставный фонд）である」（第 11 条）。「企業の自己流動資産の総額（基準（норматив））は企業の申請に基づいて上級機関によって定められており」、「（基準を超えた）超過流動資産は上級機関によって没収されうる」（第 12 条）。「企業は固定ファンドの大修繕や更新を行うために減価償却控除を行う。（中略）大修繕を行うための自己資金が不足する企業を援助するために、企業は減価償控除ファンド総額の 10% 以内を上級機関に引き渡す」（第 13 条）。「企業の利潤は、企業の収支バランス（財務計画）、ならびにソ連閣僚会議によって定められた方式に従って配分される」（第 14 条）。

　調達・販売活動について。「企業は、製品配分の計画指令書（плановый акт）に基づいて締結される納入契約に従って、自己の生産・経営活動に必要な装置、原材料、燃料その他の物的財貨を獲得する」（第 61 条）。「法律に他の定めがないときは、企業は納入契約に従って製品販売を行う。上級機関または販売組織によって配分される製品の納入契約は、これらの機関や組織によって交付される命令書・指令（расрпорядительный акт, наряд）に基づいて締結される」（第 66 条）。

　労働・賃金について（図 1-8）。従業員は企業長によって採用・解雇され

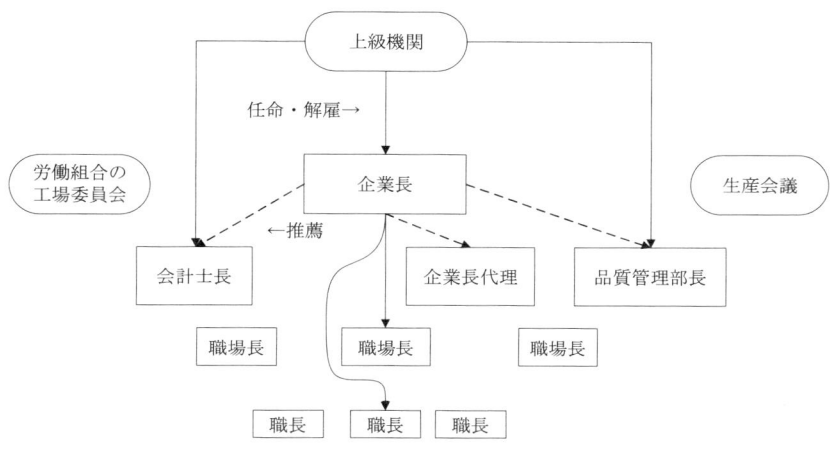

図 1-8　ソ連の企業管理システム（1965）

```
                    上級機関
           ┌───────────┼───────────┐
           │    任命・解雇→        │
           │           ↓           │
労働組合の  │        企業長         │  生産会議
工場委員会  │    ←推薦              │
           ↓    ↓    ↓    ↓       ↓
        会計士長  企業長代理  品質管理部長
           │       │       │
         職場長   職場長   職場長
                   │
              職長 職長 職長
```

（出典）　社会主義国有生産企業規定（1965）により作成。

るが、標準定員は上級機関によって定められており、労働条件も基本的に国家によって定められている（第 81－82 条）。

　企業管理について。「企業を指導するのは企業長である。企業長は上級機関によって任命され、解任され」（第 89 条）、「企業の全活動を組織し、企業の状況・活動に対して完全な責任を負う」（第 90 条）。企業管理部は企業長の指揮下にあり、その人事権も企業長によって掌握される（第 91－94 条）。企業管理部は労働組合と団体協約を締結し、労働組合と共同で、従業員福祉の向上、生産性向上に向けた従業員の運動を組織し、労働者集会において企業の活動状況を報告する（第 95－102 条）。

　こうして 1965 年改革は、ソ連社会主義経済システムの基本的特徴（① 経済の国家的・計画的調整、② 生産手段の国家所有、③ 所有者（国家）主権）にはいまだ手を触れないまま、企業システムの基本的特徴（① 活動の国家志向性、② 至上命題としての生産計画達成、③ 国家（または「勤労者」・「全人民」）主権）に部分的修正を加えようとした。すなわち、管理における

「経済的方法」の利用と、管理の「民主主義」原則の拡大の方向性が示された。この修正は、経済システムそのものの修正、すなわち、市場社会主義ならびに/あるいは自主管理社会主義への移行の契機をはらむものであった。

1 − 4 「停滞」の時代

1 − 4 − 1 1977年憲法

1965年改革の志向性は1977年憲法に反映された。この憲法はゴルバチョフ時代に大きく改正されるが、その改正の意味を明らかにする必要もあるので、以下にやや長く引用する。

「第1章 政治システム」では、自主管理にかかわって第8条が注目される。そこには次のように述べられている。

「① 職場労働集団は、国家的および社会的事業の討議および解決に参加し、生産・社会発展計画の策定に参加し、人材の養成および配置に参加し、企業および施設の管理、労働条件および日常生活条件の改善、生産発展ファンド、社会文化施策ファンド、物質的奨励ファンドの利用の諸問題の審議と解決に参加する。

② 職場労働集団は、社会主義競争を展開し、先進的作業方式の普及および労働規律の強化を促進し、共産主義道徳の精神で自己の構成員を教育し、彼らの政治的意識、文化および職業資格の向上につき配慮する。」

「第2章 経済システム」は第10条から第18条までである。

「第10条 ① ソ連邦の経済システムの基礎を成すものは、国家的（全人民的）所有およびコルホーズ的−協同組合的所有の形態における生産手段の社会主義的所有である。

② その規約上の任務を実現するために必要な労働組合組織およびその他の社会団体の財産もまた社会主義的所有である。

③ 国家は、社会主義的所有を保護し、それが増加するための条件をつくり出す。

④ 何人も、個人的利得の目的でおよびその他の私利私欲の目的で社会主

義的所有を用いる権利をもたない。

　第11条　① 国家的所有は、全ソビエト人民の財産であり、社会主義的所有の基本的形態である。

　② 国家の排他的所有となっているのは、土地、地下資源、水、森林である。工業、建設および農業における基本的生産手段、運輸・通信手段、銀行、国家によって組織された商業企業、公益企業、およびその他の企業の財産、都市の基本的住宅施設、また同様に国家の任務の実現のために必要なその他の財産は、国家に属する。

　第12条　① コルホーズおよびその他の協同組合組織、それらの連合体の所有であるのは、生産手段および定款上の任務の実現に必要なその他の財産である。

　② コルホーズの占用する土地は、コルホーズに対して無償かつ無期限の使用のために割当てられる。

　③ 国家は、コルホーズ的－協同組合的所有の発展およびこの所有の国家的所有への接近を助成する。

　④ コルホーズは、その他の土地利用者と同様に、土地を効率的に利用し、大切に取扱い、その生産性を高めなければならない。

　第13条　① ソ連邦市民の個人的（личный）所有の基礎を成すものは勤労所得である。個人的所有となりうるのは、日常生活用、個人的消費用、個人的便益用、および家庭副業用の物品、住宅および勤労的貯蓄である。市民の個人的所有およびその相続権は、国家によって保護される。

　② 副業（家畜・家禽の飼育を含む）、果樹園および菜園の経営のために、また同様に個人住宅建設のために、法律によって定められた手続で提供される土地区画は、市民の使用に供されうる。市民は提供された土地区画を合理的に使用しなければならない。国家およびコルホーズは市民の副業経営を助成する。

　③ 市民の個人的所有または個人的使用のもとにある財産は、不労所得をひき出すことに役立ってはならないし、その使用によって社会の利益に損失を及ぼしてはならない。

第 14 条 ① 社会の富ならびに人民および一人一人のソビエト人の福祉の増大の源泉は、ソビエト人の、搾取から自由な勤労である。

② 「各人からは能力に応じて、各人には勤労に応じて」との社会主義の原則にしたがい、国家は、勤労と消費の尺度に対するコントロールを行う。国家は、課税を受けるべき所得に対する税額を決定する。

③ 社会的に有用な勤労およびその成果は、社会における人の地位を決定する。国家は、物質的刺激と精神的刺激とを組合わせながら、また新機軸と仕事に対する創造的態度を奨励しながら、勤労が一人一人のソビエト人の第一義的な生活上の欲求に転化することを援助する。

第 15 条 ① 社会主義のもとにおける社会的生産の至高の目的は、人々の増大する物質的・精神的欲求のもっともあますところのない充足である。

② 勤労者の創造的積極性、社会主義競争および科学技術的進歩の達成に依拠しつつ、また経済指導の形態および方法を完成しつつ、国家は勤労の生産性の増大、生産効率および労働の質の向上、国民経済のダイナミックで計画的かつ均衡のとれた発展を保障する。

第 16 条 ① ソ連邦の経済は、国の領域内における社会的生産、分配および交換のすべての環を包摂する単一的な国民経済複合体を成す。

② 経済の指導は、経済的・社会的発展国家計画にもとづき、部門別・地域別原則を考慮し、集中的管理と企業、企業合同およびその他の機構の経済的自立性および自発性とを組合わせて実施される。その際、独立採算制、利潤、原価、ならびにその他の経済的梃子および刺激が積極的に活用される。

第 17 条 ソ連邦においては、家内手工業、農業、住民に対する日常生活サービス業の領域における個人労働活動、また同様にもっぱら市民およびその家族員の個人的労働に基づいたその他の酒類の労働活動が、法律にしたがって認められる。国家は、社会の利益のためのその利用を保証しながらも個人労働活動を規制する。

第 18 条 現在および将来の世代のために、ソ連邦においては土地と地下資源、水資源、植物・動物界の保護および科学的・合理的利用のための、また大気および水の正常保持、自然の富の再生産の確保および人間環境改善の

ための必要な措置が取られる。」

1－4－2　「停滞」の時代、「交渉」の慣習化、「闇経済」の成長

　上のように1965年改革の2つの方向性——市場メカニズム導入の方向性と、自主管理導入の方向性——は1977年憲法にも書き込まれたのだが、実際には改革は足踏みし、顕著な変化をもたらさなかった。

　その原因は複合的なものであるが、およそ次の6点にまとめられよう。①1965年改革で導入されたシステムそのものが中途半端であり、市場経済化の方向で前進しない限り、改革効果は失われるはずであった。②ソ連指導部が経済改革の必要性を十分認識しておらず、1960年代後半の経済成長率の向上に満足した。③チェコスロバキアでの「プラハの春」事件、中国での文化大革命、西側諸国での新左翼運動などの国際的な動きは、経済改革の危険性・不要性を指導部に印象付けた。④ソ連の経済学が教条主義的なままであり、同時に、1960年代に生まれた数理経済学派がコンピューター化による計画経済システムの改善が可能であるという期待を抱かせた。⑤改革が本格化すると巨大な党・国家官僚機構が権限を失うことが明らかなので、この機構の抵抗を封殺するための政治的措置が必要であったが、それが講じられなかった（Aslund, 1995, 邦訳 35-39 頁）。⑥改革への企業現場の意欲が不足していた。

　改革の足踏みは、ソ連閣僚会議の構成に象徴的に示されている（表1-2、図1-9）。省・国家委員会のうちの大半は産業部門省、すなわちソ連の各産業部門を管理する省であり、これらの省は担当の産業部門に属する企業をすべて管理下においていた。したがって、ソ連閣僚会議はソ連経済全体を包摂する「単一巨大企業」の「役員会」、産業部門省は「事業部」のようなものであった。そして、経済関係の国家委員会は、「スタッフ部門」のようなものであった。すなわち、国家計画委員会（ゴスプラン）は産業部門省等と協議しながら国民経済計画を作成し、産業部門省に下達した。その国民経済計画に従って、資材・機械供給国家委員会は資材や機械の供給を組織し、国家価格委員会は製品の価格を決定し、労働・社会問題国家委員会は賃金を決定

した。そして企業はこの「単一巨大企業」の中の末端の「生産組織」にすぎなかった。

表 1-2　ソ連閣僚会議の構成（1986年11月20日現在）

(1) 全連邦省大臣
　航空機工業省
　自動車工業省
　原子力発電省
　貿易省
　ガス工業省
　民間航空省
　機械製造省
　畜産・飼料生産機械製造省
　軽工業・食品工業用機械ならびに家庭用機器製造省
　医療・微生物産業省
　海運省
　石油工業省
　国防省
　防衛産業省
　一般機械製造省
　鉱物肥料製造省
　機器製造・自動化手段・管理システム省
　通信手段工業省
　交通省
　ラジオ工業省
　中型機械製造省
　工作機械・工具工業省
　ソ連邦東部諸地方建設省
　ソ連邦北部・西部諸地方建設省
　ソ連邦ウラル・西シベリア諸地方建設省
　ソ連邦南部諸地方建設省
　石油・ガス工業企業建設省
　運輸建設省
　重機械・輸送機械製造省
　化学・石油機械製造省
　化学工業省
　電子工業省
　電気技術工業省
　エネルギー機械製造省

(2) 連邦・共和国省大臣
　内務省

高等・中等専門教育省
地質省
保健省
外務省
文化省
軽工業省
林業，セルロース・紙および木材加工工業省
灌漑・水利省
組立・特殊建設省
石油精製・石油化学工業省
建設資材工業省
教育省
漁業省
通信省
商業省
石炭工業省
財務省
穀物省
非鉄冶金省
製鉄省
発電・電化省
法務省

(3) 全連邦国家委員会議長
科学技術国家委員会　　　　　→副首相
発明・発見国家委員会
国家規格委員会
対外経済交流国家委員会
気象・自然環境管理国家委員会
物的予備国家委員会
原子力発電の安全稼動監督国家委員会
計算・情報技術国家委員会

(4) 連邦・共和国国家委員会議長
国家計画委員会（ゴスプラン）→副首相
国家農工委員会　　　　　　　→副首相
国家建設委員会　　　　　　　→副首相
資材・機械供給国家委員会
　（ゴススナブ）　　　　　　→副首相
労働・社会問題国家委員会
国家価格委員会
職業技術教育国家委員会
テレビ・ラジオ放送国家委員会

46　第1章　ソ連社会主義企業システムとその改革

国家映画委員会
出版・印刷・書籍販売国家委員会
国家林業委員会
国家保安委員会
鉱工業労働安全監督国家委員会
外国旅行国家委員会
体育・スポーツ国家委員会

(5)その他機関の長
ソ連国立銀行（ゴスバンク）
ソ連中央統計局
ソ連人民統制委員会
ソ連構成共和国（首相、15名）

（出典）　Ежегодник Большой Советской энциклопедии 1986, стр.13-14.

図1-9　ソ連の行政機構

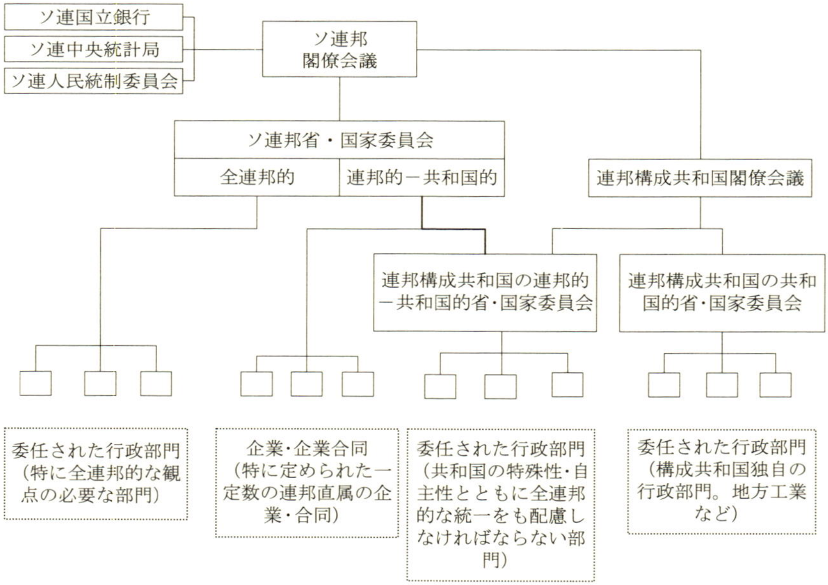

```
┌─────────────┐
│ ソ連国立銀行      │
├─────────────┤        ┌──────────┐
│ ソ連中央統計局    │────────│ ソ連邦      │
├─────────────┤        │ 閣僚会議    │
│ ソ連人民統制委員会 │        └──────────┘
└─────────────┘
```

（委任された行政部門　　企業・企業合同　　委任された行政部門　　委任された行政部門
（特に全連邦的な観　　（特に定められた一　（共和国の特殊性・自　（構成共和国独自の
点の必要な部門）　　　定数の連邦直属の企　主性とともに全連邦　行政部門。地方工業
　　　　　　　　　　　業・合同）　　　　　的な統一をも配慮し　など）
　　　　　　　　　　　　　　　　　　　　なければならない部
　　　　　　　　　　　　　　　　　　　　門）

（出典）　1977年憲法。『ロシア・ソビエトハンドブック』15頁の図に筆者が若干修正を加えた。

　このように改革が足踏みする中で、ソ連経済は顕著に低迷し始めた。生産国民所得の年成長率は、表1-1、1-3のように低下していった。そればかり

表 1-3　ソ連の生産国民所得の年平均成長率 (1961-1985)

期間	1961-1965	1965-1970	1971-1975	1976-1980	1981-1985
生産国民所得の年平均成長率 (%)	6.5	7.8	5.7	4.3	3.6

(出典)　Госкомстат СССР, «Народное хозяйство СССР за 70лет» 1987, стр.51.

でなく、1970年代後半からは、主要輸出品である天然資源の採掘条件の悪化と原油国際価格の低下、世界的な技術革新の波への乗り遅れ、軍拡競争の負担増大といった深刻な経済問題に直面するようになった。ゴルバチョフ時代になるとすぐに、ブレジネフ時代は「停滞」(застой, stagnation) の時代であったといわれるようになった (Горбачев, 1987, стр.13; Aslund, 2002, p.41)。

「停滞」の原因は政治、外交も含めて複合的であった。すなわち、外交面では冷戦により西側先進国との軍拡競争を強いられ、かつ先進的な技術から遮断されていた。政治面では政治的民主主義の不在が社会全体の活性化を妨げていた。同時に経済面では、これまで見てきたような企業システムを含む経済システムがますます成長の桎梏となっていた。

1965年以後の経済改革が、企業システムの基本的特徴に何の変化ももたらさなかったわけではない。すなわち、①活動の国家志向性、②至上命題としての生産計画達成、③国家（または「勤労者」・「全人民」）主権といった基本的特徴は維持されているのだが、新しい派生的特徴が加わって、基本的特徴にも微妙な影響を与えた。新しい派生的特徴のひとつは、国家と企業、企業管理部と労働者の間での「バーゲニング」(bargaining、交渉、取引) の慣習である。「第1章-2」において、1930年代企業システムの派生的特徴として「パターナリズム」を指摘したが、それが垂直的な関係であるのに対して、「バーゲニング」の慣習はより水平に近い関係である。企業の生産能力に関する詳細な情報が国家よりも企業に、企業管理部よりも労働者の側にあるという情報の非対称性から、命令型組織では一定の「バーゲニング」は避けられないが、企業の経済的自立性、利潤による評価、自主管理などが奨励されながら、それらを既存のシステムに組み込む制度的メカニズム

が構築されていなかったので、服従者と命令者は個別の「バーゲニング」を行うことが正当化された。そのことは当然、パターナリズム以上に命令の厳格性を弱めることになり、企業システムの基本的特徴、ひいては経済システムの基本的特徴をもなし崩しにしかねないものであった（袴田、1987、10-30頁。中村、1992、1-96頁。Nove, 1980, 邦訳、87-136頁。Wilhelm, 1979）。J.コルナイがかつて指摘した「ソフトな予算制約」（soft budget constraints）の現象も「バーゲニング」との関係で生じたものであることは言うまでもない。

さらにもうひとつの派生的特徴として、「闇経済」（теневая экономика, shadow economy）の成長（Латов, 2001）を挙げることができよう。すなわち、「公式経済」が「弱み」（需要と供給のミスマッチ、企業の生産性向上へのインセンティヴの不足、労働者の労働意欲の不足）を抱えた状態が続く中で、「闇経済」がそれらの「弱み」を利用するようになった。また、「パターナリズム」や「交渉」の慣習化も「闇経済」の成長のための豊かな土壌を提供した。

「闇経済」は「公式統計に表れない経済活動」と定義できるが、ラートフはそれを「公式経済」（formal or white economy）との関係で3種類に分類している（表1-4）。1）「第二経済」（second or white-collar economy）、2）「非公式経済」（informal or grey economy）、3）「地下経済」（underground or black）である。すなわち、1）企業管理者や官僚・政治家らによる賄賂の受け取り、資材横流し、2）勤労者の隠れた副

表1-4　社会主義計画経済体制下での闇経済の諸類型

主要特徴	第二経済	非公式経済	地下経済
主体	公式経済セクターの管理者	非公式就業者	職業的犯罪者
客体	公式経済で作り出された商品・サービス、他人の富	自分で作り出した商品・サービス	製造が禁止されていて不足している商品・サービス
公式経済との関係	不可分	相対的に独立	独立

（出典）　Латов, 2001に掲載されている表を筆者が加工。

業、3）組織犯罪グループ（マフィア）による外国製品の密輸、麻薬・武器の製造・販売、売春斡旋などが主要なものである。

闇経済は、倫理的に許されないものばかりではなく、公式経済で満たされない需要を充足させるという働きもしていたが、勤労者の副業の場合でも、計画経済下ではそれは国有財産の横領を伴わざるをえなかったし、また、いずれにせよ法律上、犯罪であり、したがって暴力や賄賂と結びつきがちであった。

このような闇経済は、1970年代にすでに顕著であったといわれる（Латов, 2001）。S. メンシコフは1980年代の闇経済の規模を、個人支出総額から個人所得総額を差し引いた差額として算出している。それによれば、1985年の闇経済の規模は743億ルーブルであり（Menshikov, 1991, pp.91-92. 邦訳44-45頁）、それは、表1-5と対照すると、生産国民所得の13%にあたる。1990年代初めの闇経済の規模（対GDP比）については、イタリアが20.4%、米国が13.9%、日本が8.5%などの計算もある（http://www.krugosvet.ru/articles/103/1010314/print.htm）ので、この時点ではロシアの闇経済の規模は西側先進国の平均水準といえる。問題は規模ではなく、その内容であった。すなわち、数字で示すことはできないが、闇経済の3つのタイプのうち、1）と3）のタイプが顕著だったことである（Menshikov, 1991, 邦

表1-5 ソ連の主要社会経済指標（1985－1991年、実数）

	1985	1988	1991
生産国民所得（当年価格、10億ルーブル）	550.7	601.5	1288.5
工業生産高（当年価格、10億ルーブル）	746.0	833.0	1862.0
国民消費財の生産（小売価格、10億ルーブル）	294.0	338.0	828.0
農業生産高（1983年対比価格、10億ルーブル）	196.1	209.3	192.5
基本投資（10億ルーブル）	171.0	208.7	195.1
国民経済就業者数（100万人）	130.3	131.7	131.3
国営・協同組合商業の小売売上高（当年価格）	307.0	346.2	762.6
住民貨幣所得（10億ルーブル）	398.7	468.7	1181.8

（出典）Статистический комитет СНГ, 1992, стр.10-12.

訳 39-49 頁)。すなわち、ソ連型社会主義経済システムは、その体制を動かす企業管理者や官僚・政治家と、その体制の外にある組織犯罪グループとに、闇経済で大きな所得を獲得することを可能にしていた。

　こうして、1930 年代型企業システムの基本的特徴は維持されたまま、「交渉」の慣習化と闇経済の成長という新しい派生的特徴が加わり、実質的には基本的特徴がそれらによってなし崩しにされつつあった。わかりやすく言えば、基̇本̇的̇・公̇式̇的̇には国家がすべてを統御するシステムでありながら、実̇際̇上̇はそのシステムはすでに掘り崩されつつあったのである。

1-5　ゴルバチョフ改革前夜

　1982 年 6 月、30 年間ソ連の指導者として君臨したブレジネフが死去した後、アンドロポフが書記長となった。アンドロポフ時代には、「停滞」の実態の検証とそこからの脱出策の検討が始まり、改革への機運は再び高まった。そのさい改革派の参照枠となったのは 1965 年改革、1920 年代の「新経済政策」(NEP)、そしてハンガリー型社会主義市場経済であった (Aslund, 1991, pp.114-115. 邦訳 214-215 頁)。

　まず、ソ連の抱える諸問題とその解決策の検討が広範に行われることになり、その作業を指導したのはゴルバチョフであった。1984 年にザスラフスカヤによって発表された「ノヴォシビルスク報告」はこうした検討作業の成果のひとつであったようである (Aslund, 1991, p.27)。

　また、さまざまな経済実験が行われた (Aslund, 1991, pp.91-99)。

　1983 年 7 月の共産党中央委員会・閣僚会議共同決定「工業における生産合同 (企業) の責任強化を通じて計画化と経済活動におけるそれらの権利を強化するための追加的措置について」により「大規模経済実験」が開始された。5 省 700 企業が 1984 年から実験の対象とされた。この実験は、計画指標を減らし、契約生産の達成率と賞与とを連動させて、その結果を測定しようとするものであった。

　1984 年 2 月には、消費者サービス部門での経済実験を開始する決定が出

された。それは、消費サービスの量を増やし質を改善することを目指すものであった。1984年7月にロシア共和国の8地方で開始され、1985年には他の共和国にも拡大された。この実験では、サービス販売額と賃金総額とを直接連動させることが試みられた。サービス企業は上に向かっては共和国の省と契約を結び、内部では小さな労働集団、あるいは個々の労働者と契約を結ぶことができた。契約は、生産課題の遂行とボーナスを連動させるものでもよいし、賃借契約であってもよかった。

チェルネンコ時代に、いくつかの企業で「資金自己調達制（self-financing)」の実験を行うことが決定された。1985年1月にフルンゼ記念生産合同（ウクライナ共和国スームイ市所在の天然ガス採取装置製造工場）で、同年春にヴォルガ自動車工場（VAZ。トリアッチ市）で実験が開始された。これは、企業の財務上の独立性を強化することにより、企業を生産性向上に向けて動機付けようとするものであった。

これらの実験はゴルバチョフ時代になって、継続して行われ、その結果が明らかになり、ペレストロイカの経済政策の立案の基礎の一つとなった。

また、1983年6月、ソ連邦法律「労働集団、および企業・施設・組織の管理におけるその役割の向上について」（通称「労働集団法」。長砂實、藤井茂訳が『関西大学商学論集』第28巻第4号、1983年にある）が採択された。この法律は、労働集団こそ「社会主義社会の基本的細胞」であるとし、それを基礎にして「真の社会主義的自主管理がおこなわれる」とした（前文）。それまでのソ連での一般的な考え方は、高次共産主義社会でなければ「自主管理」は不可能で、社会主義社会では国家主導の計画的管理が必要ということであったから、これは画期的な規定であった（西岡、1985、239頁）。「労働集団」は、企業・施設・組織において「共同の労働活動を行う、すべての働き手の合同体」（第1条）と定義され、政治システムの基層組織として、また企業管理への参加組織として、さまざまな権限を与えられている。しかし、企業管理への参加組織としては次のような制約を持っていた。① 経営管理上の重要事項に関して審議権を与えられているだけで、決定権は与えられていない。② 労働組合や常設生産協議会の権限と重複している。

③ 労働集団の機関としては総会のみが規定されており、執行機関を持たない。

労働集団はこのように権限も組織も曖昧なものであったが、労働集団の基層的な環とされた作業班（производственная бригада, production brigade）集団は、もう少し実質的な権限と組織を持たされていた。すなわち、作業班長は管理部によって任命されるが、作業班集団には同意権とリコール権が与えられていた。また、作業班集団は作業班評議会を選出し、これが作業班の常設執行機関となることになっていた（第18条。加藤、1985）。

自主管理はゴルバチョフ政権下でさらに具体化され、国有企業改革の目玉の一つとなる。

アンドロポフは1984年2月に死去し、チェルネンコが党書記長に就任するが、1984年12月の党中央委員会総会でゴルバチョフが改革構想を述べており、それはのちの「ペレストロイカ」の政策の要素をほとんど含んでいた（Aslund, 1991, pp.27-29）。1985年3月にチェルネンコが死去し、ゴルバチョフが新しい党書記長に選出されたとき、改革への決断はすでにできていた。

1－6　まとめ─ゴルバチョフ改革に向かって─

社会主義経済システム、企業システムは、資本主義経済システム、企業システムのアンチテーゼとして構想され、20世紀はじめにソ連において現実化したものであった。資本主義経済システムが ① 経済の市場的調整、② 生産手段の私的所有、③ 所有者（資本家）主権を特徴とし、そのサブシステムとしての資本主義企業システムが ① 活動の市場志向性、② 至上命題としての利潤追求、③ 資本家主権を特徴とするのに対し、ソ連社会主義経済システムは ① 経済の国家的・計画的調整、② 生産手段の国家的所有、③ 所有者（国家）主権を特徴とし、そのサブシステムとしてのソ連社会主義企業システムは ① 活動の国家志向性、② 至上命題としての生産計画達成、③ 国家（または「勤労者」・「全人民」）主権を特徴とした。

ソ連企業システムは1930年代に形成されたのであるが、システムが形成されるとすぐに、2つの本質的な問題が明らかになった。ひとつには企業の自立性や、財務的指標を使った効率化への誘引提供なしにはこのシステムは機能しないということである。これは、国家的・計画的調整という基本的特徴を何らかの形で修正する必要を示していた。もうひとつには、企業の主権者としての国家が「勤労者国家」であるにもかかわらず、企業管理への労働者の参加が無視されていたという問題である。

　これらの問題は、やがてソ連企業システムの3つの派生的特徴を生み出すことになる。すなわち、パターナリズム、バーゲニング、闇経済の浸透である。

　1930年代から1950年代にかけてのソ連の状況下では、このシステムはそれなりの強みを発揮して、経済発展を可能にすることができたが、1960年代以後、ソ連が「平時」に移行し、しかも内包的経済発展の段階に入ると、国家は企業の生産性向上意欲の不足、従業員の労働意欲の不足の問題に直面する。その背景にあったのが、ソ連社会主義企業システムの派生的特徴としてのパターナリズムである。すなわち、国家と企業、企業（経営者）と従業員の間に形成されていたパターナリズム的諸関係が、それらの問題の解決を困難にしていた。

　1965年改革は、経済システムの基本的特徴には手を触れないまま、企業システムの基本的特徴に部分的修正を加えようとした。すなわち、管理における「経済的方法」の利用と、管理の「民主主義」原則の拡大の方向性が示された。この修正は、経済システムそのものの修正、すなわち、市場社会主義ならびに／あるいは自主管理社会主義への移行の契機をはらむものであった。

　しかし、その後、「停滞の時代」に改革が足踏みするなかで、国家と企業、企業（経営者）と従業員の間にはバーゲニングの慣習が定着し、これはパターナリズム以上に命令の厳格性を弱めることになった。同時に、闇経済が成長して国有企業にも幅広く浸透するようになった。その結果、基本的・公式的にはソ連社会主義企業システムは国家がすべてを統御するシステムであ

りながら、実際上はそのシステムはすでに掘り崩されつつあった。

　1982年にブレジネフ書記長が死去した後、アンドロポフ、チェルネンコのいずれも短命な政権の下で、大規模経済実験により経済システム、企業システム改革の方向性が探られ、企業レベルでの自主管理を定めた「労働集団法」が制定された。これらは、ゴルバチョフ改革に引き継がれることになる。

　以上のことから、本章冒頭に掲げた3つの問題を検討してみよう。

　① ソ連社会主義企業システムは実際にどのように機能したのか？

　このシステムは、① 活動の国家志向性、② 至上命題としての生産計画達成、③ 国家（または「勤労者」・「全人民」）主権を基本的特徴としたが、そのままで企業を効率的に活動させることは困難であり、実際にはこれらの基本的特徴と背反するような派生的特徴を獲得していった。それがパターナリズム、バーゲニング、闇経済の浸透である。

　② 市場経済的な要素の導入はソ連社会主義企業システムを効率化させたか？

　1965年改革以後の経済改革は、管理における「経済的方法」の利用を志向したという意味で、市場経済的な要素の導入であったといえるが、それは実際には効率化にはつながらず、むしろバーゲニング、闇経済の浸透などをもたらす要因となった。その原因は、基本的に国家指令型の経済システム、企業システムのなかに、この「経済的方法」を組み込むことの失敗あるいは困難性にあった。

　③ ゴルバチョフ改革以前のソ連社会主義企業システムの歴史は現在のロシア企業システムにどのような痕跡を残しているか？

　ソ連の社会主義企業システムにおいては、一貫して国家主導の性格が極めて強かった。たとえば、中東欧諸国と比べてそうである。1965年以降の改革は、市場社会主義や自主管理社会主義への移行の契機をはらんでいたとはいえ、中東欧諸国と比べると改革の経験をほとんど積んでいなかったといえる。国家主導の企業システムを補完していたのは、パターナリズム、バーゲニング、闇経済といった非公式的な諸関係であった。国家主導的性格や非公

式的な諸関係といった市場経済とは異質な諸特徴は、市場経済化後のロシア企業システムにはっきりとした痕跡を残すことになる。

第 2 章
ゴルバチョフ時代のソ連企業

　ゴルバチョフ時代にソ連企業は、社会主義計画経済体制の「主要な環」として計画課題を指令され遂行する企業から、「規制される市場経済」の条件下で自主的に活動する企業へと新しい制度的位置づけを与えられ、それまでの基本的特徴を徐々に失うことになった。

　本章では、その過程をできるだけ詳しく分析することにより、① ゴルバチョフ時代の企業システムは上からの制度改革にどのように対応し、どのような新しい特徴を獲得していったか、② 市場メカニズムの導入が企業システムにどのような影響をもたらしたか、③ ゴルバチョフ時代の企業システムのあり方が現在のロシアの企業システムにどのような影響をもたらしたかを明らかにする。

2－1　ペレストロイカの経済政策と経済崩壊

　ゴルバチョフが書記長として最初に登場した国内主要会議は1985年4月の党中央委員会総会であった。そこでゴルバチョフは、第26回党大会（1981年2－3月）とその後の中央委員会総会で作られた路線の継承を言ったうえ、経済の発展の「加速化」（ускорение, acceleration）が当面の主要問題であり、そのためには管理と計画化の再編（ペレストロイカ、перестройка, reconstruction）、経済の構造、投資政策の再編（ペレストロイカ）が必要であり、あらゆる場所での組織性と規律を高め、活動のスタイルを抜本的に改善する必要があることを訴え、社会主義的民主主義を抽象的に理解してはならないと強調した（稲子、1987、14頁。ソ連の経済構造は、表2-1を参

表 2-1 ソ連の生産国民所得の部門別構成 (1985-1990、当年価格、10億ルーブル)

	1985		1986		1987		1988		1989		1990	
生産国民所得	578.5	1	587.4	1	599.6	1	630.8	1	673.7	1	700.6	1
工業	263.1	0.45	258	0.44	268.6	0.45	269.5	0.43	282	0.42	283.1	0.40
農業	112.8	0.19	121.2	0.21	122.6	0.20	143.3	0.23	157.7	0.23	174.1	0.25
建設	62.3	0.11	70.3	0.12	74.7	0.12	80.6	0.13	86.4	0.13	84.4	0.12
輸送・通信	35	0.06	36.5	0.06	36.6	0.06	38.7	0.06	37.9	0.06	45.6	0.07
商業、資材・機械補給、調理、ならびにその他の物的生産所部門	105.3	0.18	101.4	0.17	97.1	0.16	98.7	0.16	109.7	0.16	113.4	0.16

(出典) Госкомстат СССР, «Народное хозяйство СССР» 1990, стр.11 より作成。

照)。

　ここでは、ゴルバチョフが提起した「加速化」戦略は従来の度重なる改革と質的に異なるのかどうかは明らかでなかった。そして、「ペレストロイカ」という言葉はこの時点ではまだ、「立て直し」、「再編」、「改革」というような意味を表す普通名詞にすぎず、特殊な歴史的意味合いをもつスローガンとはなっていなかった。

　しかしその後1986年末までには、ゴルバチョフ政権は、経済改革を急進化させること、そのために不可欠の政治改革を実施すること、さらにこれら国内改革実行の条件整備の一貫としても冷戦外交に終止符を打つことを決定していく（下斗米、1990、50-57頁）。1986年7月のハバロフスクでの演説の中でゴルバチョフは、「私はペレストロイカという言葉と革命という言葉をイコール符号で結びたい」（ゴルバチョフ、1987、8頁）と述べ、これ以後「ペレストロイカ」がゴルバチョフの経済・政治・外交の三面にわたる改革全体のスローガンとなっていく。

　「ペレストロイカ」のスローガンのもとにゴルバチョフ政権は、外交面では「新思考」外交を実施し、1989年12月マルタでの米ソ首脳会談における冷戦終結の宣言に至る（下斗米、1990、225-227頁）。政治面では「グラースノスチ」（公開性）をスローガンとして言論の自由を拡大し、1989年3月

に人民代議員選挙に複数候補制を導入し、1990年3月には憲法からソ連共産党の一党独裁条項（第6条）を削除し（下斗米、1990、54-67頁。『ザコーン』第1号）、1991年12月にはソ連を構成する各共和国の独立運動に押されてソ連大統領を辞任し、ソ連邦を解体に導く。

　経済面でのペレストロイカは、制度改革とマクロ経済状況を中心としてみると、3段階に区分できる。第1期は「加速化」期（1985－1987）、第2期は「国有企業法」体制期（1988－1989）、第3期は市場経済移行期（1990－1991）である。

2－1－1　「加速化」期（1985－1987）

　「加速化」政策の具体的内容は、経済実験を継続しつつ、機械産業への投資拡大、国家検収制、反アルコール・キャンペーンなどの新しい施策を実施することであった。

　ゴルバチョフ政権は、1986－1990年の第12次5カ年計画の策定作業を旧政権から引き継ぎ1986年6月に決定した。そこでは、外延的発展から内包的発展への転換による成長の加速化、とりわけ科学技術進歩の成果の利用（コンピューター化、電子化、ロボット化、自動化）による成長の加速化がうたわれていた。そこで、第12次5カ年計画中に総投資額を年4.9%（第11次5カ年計画では3.7%）の割合で増大させること、固定資本の廃棄率は1985年の1.8%から1990年には3.1%に上げ、機械設備の廃棄率は3.2%から6.2%に、機械製造業では2.2%から9.7%に上げることとされた（Aslund, 1991, pp.73-75）。

　また、1986年5月12日付け党中央委員会・閣僚会議共同決定「品質を根本的に向上させるための施策について」は、国家標準化委員会管轄下に国家検収局（ゴスプリヨームカ）を設置すること、それは1987年1月1日から最重要品目の製品と消費財を生産する企業で国家検収制度を導入することを決定した。すなわち、企業から独立した検収員が製品の検査を厳格に行い、不良品を出荷させないようにすることが目指された（Aslund, 1991, pp.80-82）。

また、労働規律向上を目的として反アルコール・キャンペーンが実施された。1985年5月、閣僚会議・党中央委員会は「飲酒と泥酔の克服のための諸措置について」の決定を採択した。基本的な考え方は、酒を買いにくくすべきだということであった。酒の販売は午後2時から7時に限定され、酒を売る店の数は半減させられ、酒だけを飲む場所は閉鎖され、多くのカフェはアルコールを提供することを禁止された。その結果、1984－1987年の間に酒の生産高・販売高は半減した。特に職場から飲酒を排除することが目指された（Aslund, 1991, pp.78-79）。
　「大規模経済実験」は1985年7月の党中央委員会・閣僚会議共同決定により、「新しい経済的方法」と呼ばれるようになり、「科学技術進歩の加速化」へ重点が移され、適用が拡大された。1986年には工業全体に適用されるようになった。「根本的に新しい種類の技術」の現物高での計画指標を新設し、企業に利潤蓄積を認めるという修正が行われた。「サービス実験」も適用が拡大されていき、1986年には全土に適用された（Aslund, 1991, p.94）。「スームイ・VAZ実験」は1987年には5省、37合同に及ぼされ、工業生産の20%をカバーするようになった。
　これらの政策はいずれも顕著な成果をもたらさなかった。
　まず、機械産業への投資が増やされたが、農業とエネルギー資源採掘業への投資の増大の方が額としてははるかに大きく、先進的な機械技術の投入を中心とする投資計画を実行するためには機械製造業が1985－1990年の間に70%成長する必要があったが、43%の成長しか計画されていなかった。こうして機械産業がボトルネックとなって野心的な投資計画は実現されなかった（Aslund, 1991, pp.78-79。ソ連の実際の工業所部門の生産額の推移は、表2-2、2-3）。
　国家検収制で多くの製品が不良品とされて生産計画の遂行に支障をきたし、1987年1月に、機械製造業の生産高は7.9%減少した。1987年には国家検収制の弊害が一般に認められるようになり、国家標準化委員会の指導部が批判された（Aslund, 1991, pp.82-84）。
　反アルコール・キャンペーンは当初、実際に飲酒を減らした。1987年に

表 2-2　ソ連の部門別工業生産高の推移

	1985	1986	1987	1988	1989	1990
工業全体	100	104	108	113	115	113
重工業	100	105	110	115	116	114
燃料・エネルギー・コンプレクス	100	104	107	108	108	106
発電	100	103	108	110	111	113
燃料工業	100	104	106	107	106	102
冶金コンプレクス	100	104	106	109	110	107
製鉄	100	104	106	110	110	107
非鉄冶金	100	103	106	109	110	107
機械製造コンプレクス	100	107	113	119	122	123
化学・木材コンプレクス	100	106	110	115	116	114
化学・石油化学工業	100	106	111	116	117	114
木材・木材加工・製紙工業	100	105	108	112	114	113
建設資材工業	100	105	109	114	116	115
軽工業	100	102	103	107	109	109
繊維工業	100	102	104	107	110	108
アパレル工業	100	100	101	104	108	111
皮革・毛皮・靴工業	100	102	105	109	111	111
食品工業	100	102	106	110	114	114
食料品	100	97	101	103	109	110
肉・乳製品	100	107	112	118	121	119
魚	100	106	108	111	115	113

（出典）Госкомстат СССР, «Народное хозяйство СССР в 1990 г.» стр.355.

表 2-3　ソ連の工業生産総額に占める各部門生産額の比率（1982年1月1日の企業卸売価格による）

	1985	1986	1987	1988	1989	1990
工業全体	100	100	100	100	100	100
重工業	69	69.8	70.1	70.5	69.9	69.9
燃料・エネルギー・コンプレクス	11.3	11.1	11.1	10.8	10.5	10.3
冶金コンプレクス	9.6	9.6	9.4	9.3	9.2	9.0
機械製造コンプレクス	27.5	28.3	28.7	29.0	29.3	29.6
化学・木材コンプレクス	11.2	11.3	11.3	11.3	11.2	11.1
建設資材工業	3.9	3.8	3.8	3.8	3.8	3.8
軽工業	14.6	14.3	13.9	13.8	13.9	14.0
食品工業	14.8	14.4	14.5	14.3	14.7	14.6

（出典）Госкомстат СССР, «Народное хозяйство СССР в 1990 г.» стр.356.

は、この間に酒に関連した病者・犯罪・事故が減り、職場や街頭での飲酒が減り、平均寿命が長くなったことが明らかとなった。しかし、同時に密造が

増大していることも明らかになり、1988年には、公式のアルコール販売高の減少分のほとんどを密造酒が補填しているとさえ言われるようになった。(Aslund, 1991, pp.79-80)。

全体として国民総生産の伸び率を見ても、それは1986年には上がったが、1987年にはまた下がった（表2-4）。

しかしそれだけでなく、「加速化政策」は貨幣バランスを崩し、国家財政を悪化させるというソ連政府の予期しない悪影響を経済に与えた（Aslund, 1991, pp.182-201）。

まず、小売総額の17%（1984年）を占めていたアルコール売上高の半減は住民の可処分所得を顕著に増やして、インフレ圧力を形成した。また、国家投資が増大しながら生産財生産がそれに追いつかなかったため1987年に企業の保有するＭ２が急増した（表2-5）。

財政赤字は1985年まではGNPの２－３％であったが（Aslund, 1991, p.191）、1986年にその値は急上昇し、1987年には6.4％に達した（表2-6～8）。「加速化政策」による野心的な投資がひとつの原因であり、また、アルコール売上高の半減による取引税収の減少がもうひとつの原因であった。

西側諸国との貿易収支が悪化し、対外債務が増大し始めた（表2-9）。1985年にはその原因は石油生産と西側への輸出量が減少したことであった。

表2-4　ソ連の主要社会経済指標（1985－1990年、年増加率、%）

	1985	1986	1987	1988	1989	1990	1991
生産国民所得	1.6	2.2	1.8	4.3	2.3	－3.4	－10.1
工業生産高	3.4	4.5	3.8	3.9	1.9	－1.1	－7.8
国民消費財の生産		－0.9	4.6	6.4	7.7	6.5	－4.5
農業生産高	0.4	5.3	－0.4	1.7	1.5	－2.6	－6.9
基本投資	3.0	8.0	6.0	6.0	5.0	1.0	－12.0
国民経済就業者数	0.6	0.5	0.4	0.1	0.6	－0.3	－0.6
国営・協同組合商業の小売売上高（対比価格）	2.0	0.3	1.1	6.8	8.4	10.5	－9.6
住民貨幣所得	3.7	3.7	3.9	9.1	12.9	17.1	90.7

（出典）Статистический комитет СНГ, 1992, стр.15-16.

表2-5 ソ連の通貨供給と信用の年増加率 (%、1981－1990)

年	1981－1985	1986	1987	1988	1989	1990
カレンシー(1)	6.0	6.1	7.8	13.6	19.5	26.7
M2 (2)	7.5	8.5	14.7	14.1	14.8	15.3
うち						
家計	7.2	9.4	9.8	11.3	15.0	13.5
企業	8.7	5.5	32.6	22.5	14.5	20.0
信用総額	8.7	4.2	6.6	11.3	11.2	10.9

(1) M1、すなわち現金通貨と預金通貨（流動性預金）の合計（加藤）。
(2) M1と準通貨（定期性預金）の合計（加藤）。
（出典） Aslund, 1991, p.186.

表2-5a ソ連の通貨供給 (10億ルーブル、1月1日)

	1987	1988	1989	1990	1991	1992
A．現金						
住民	73.0	78.9	88.1	104.7	131.9	252.6
その他	1.8	1.7	3.5	4.8	4.2	10.8
計	74.8	80.6	91.6	109.5	136.1	263.4
B．銀行預金						
住民	242.8	266.9	297.8	340.5	386.8	662.1
その他	93.3	124.4	146.1	163.7	210.2	396.7
計	336.1	391.3	443.9	504.2	597.0	1058.8
C．短期国債						
計	35.0	38.0	41.0	45.0	54.0	100.0
D．ブロードマネー総額	445.0	509.9	576.5	658.7	787.1	1422.2

（出典） UN Economic Commission for Europe, *Economic Survey of Europe 1991-1992*, p.107.

　石油・電力はソ連の輸出額の半分前後を占めていた（ソ連の貿易統計は、表2-10～14）。1986年には石油生産も西側への輸出量も回復したが、石油価格が1バレル28ドルから13ドルまで急落したために輸出額はいっそう減少し、対外債務が増大した（表2-15～18、図2-1）。このような石油の低価格は1999年まで続く。

　このようにして「加速化」政策は転換を余儀なくされた。

2－1　ペレストロイカの経済政策と経済崩壊　63

表 2-6　ソ連の国家歳出 (1985－1990)

年	1985	1986	1987	1988	1989	1990
国民総生産（実際価格による、10億ルーブル）	777.0	799.0	825.0	875.0	943.0	1000.0
歳出総額	386.5	417.1	430.9	459.5	482.6	513.2
投資	70.0	80.0	80.0	69.2	64.2	40.5
消費者への補助金	58.0	65.6	69.8	89.8	100.7	110.5
食料補助金	56.0	58.0	64.9	66.0	87.7	95.7
社会保険、保健	83.6	89.3	94.5	102.5	105.5	117.2

対国民総生産比（％）						
国民総生産	100.0	100.0	100.0	100.0	100.0	100.0
歳出総額	49.7	52.2	52.5	52.5	52.2	51.3
投資	9.0	10.0	9.7	7.9	6.9	4.1
消費者への補助金	7.5	8.2	8.5	10.3	10.9	11.2
社会保険、保健	10.7	11.2	11.5	11.7	11.4	11.8

（出典）　Госкомстат СССР, «Народное хозяйство СССР в 1990 г.» стр.5, 16. Aslund, 1991, p.193.

表 2-7　ソ連の国家歳入 (1985－1990)

年	1985	1986	1987	1988	1989	1990
国民総生産（実際価格による、10億ルーブル）	777.0	799.0	825.0	875.0	943.0	1000.0
歳入総額	372.6	371.6	378.4	378.9	401.9	471.8
法人税	119.5	129.8	127.4	119.6	115.5	122.6
取引税	97.7	91.5	94.4	101.0	111.1	121.9
外国貿易税	71.1	64.4	69.3	62.6	67.2	58.0

対国民総生産比（％）						
国民総生産	100.0	100.0	100.0	100.0	100.0	100.0
歳入総額	48.0	46.5	45.8	43.3	43.5	47.2
法人税	15.4	16.2	15.4	13.7	12.5	12.4
取引税	12.6	11.4	11.4	11.5	12.0	12.3
外国貿易税	9.1	8.1	8.4	7.2	7.3	5.9

（出典）　Госкомстат СССР, «Народное хозяйство СССР в 1990 г.» стр.5, 15. Aslund, 1991, p.194.

表 2-8　ソ連の財政赤字と国家国内債務 (1985-1990)

年	財政赤字		国家国内債務	
	赤字額 (10億ルーブル)	対 GNP 比 (%)	債務額 (10億ルーブル)	対 GNP 比 (%)
1985	14.1	1.8	141.6	18.2
1986	45.4	5.7	161.7	20.3
1987	52.5	6.4	219.6	26.6
1988	80.6	9.2	311.8	35.6
1989	80.7	8.6	398.6	43.1
1990	41.4	4.1	566.1	56.6

(出典)　Госкомстат СССР, «Народное хозяйство СССР в 1990 г.» стр.5, 15-16, 19.

表 2-9　ソ連の交換性通貨での対外債務と利払い (期末、10億ドル)

	1985	1986	1987	1988	1989	1990	1991
負債総額	31.4	37.4	40.2	49.4	58.5	61.1	65.3
純負債額	14.3	22.5	26.1	34.1	43.8	52.5	56.5
実際の利払い額	n.a.	7.8	8.8	8.4	9.4	2.9	16.7
交換性通貨での輸出額に対する実際の利払いの比率	n.a.	29.1	28.1	25.1	26.7	68.2	45.1

(出典)　Aslund, 1995, p.49.

表 2-10　ソ連の貿易額 (1980-1990、10億ルーブル)

年	輸出額	輸入額	差額
1980	49634	44463	5171
1985	72664	69429	3235
1986	68285	62586	5699
1987	68142	60741	7401
1988	67115	65040	2075
1989	68742	72137	-3395
1990	60757	70728	-9971

(出典)　Госкомстат СССР, «Народное хозяйство СССР в 1990 г.» стр.644.

表 2-11　ソ連の貿易額 (1990-1991、10億ドル)

年	輸出額	輸入額	差額
1990	71.1	74.3	-3.2
1991	45.6	40.8	4.8

(出典)　Статистический комитет СНГ, 1992, стр.76.

2-1 ペレストロイカの経済政策と経済崩壊

表 2-12 ソ連の輸出品構成 (当年価格, %)

		全体	機械装置、輸送手段	燃料、電力	鉱物とコンセントレート、金属製品	化学工業製品、肥料、ゴム	木材、セルロース・紙製品	繊維の原料・半製品	食料品、食料品原料	民需用工業製品
1980	全体	100	15.8	46.9	8.8	3.3	4.1	1.9	1.9	2.5
	対資本主義諸国向け	100	9.0	52.8	6.7	2.8	5.2	1.3	1.1	2.2
1985	全体	100	13.9	52.7	7.5	3.9	3.0	1.3	1.5	2.0
	対資本主義諸国向け	100	9.8	56.5	5.8	3.5	3.4	0.6	1.2	1.5
1986	全体	100	15.0	47.3	8.4	3.5	3.4	1.4	1.6	2.4
	対資本主義諸国向け	100	11.2	45.2	7.3	3.0	4.2	0.8	1.5	2.0
1987	全体	100	16.5	46.5	8.5	3.4	3.3	1.5	1.6	2.6
	対資本主義諸国向け	100	11.8	45.8	8.4	2.8	4.1	1.1	1.3	2.0
1988	全体	100	16.2	42.1	9.5	4.0	3.5	1.6	1.7	2.8
	対資本主義諸国向け	100	11.5	41.4	9.9	3.4	4.8	1.0	1.6	2.1
1989	全体	100	16.4	39.9	10.5	4.0	3.5	1.6	1.6	2.6
	対資本主義諸国向け	100	11.0	33.9	11.6	3.4	4.7	1.1	1.5	1.9
1990	全体	100	18.3	40.5	11.3	4.6	3.7	1.2	2.0	3.6
	対資本主義諸国向け	100	10.5	45.1	12.5	4.1	4.8	0.7	2.0	2.5

(出典) Госкомстат СССР, «Народное хозяйство СССР в 1990г.» стр.659.

表 2-13 ソ連の輸入品構成 (当年価格, %)

		全体	機械装置、輸送手段	燃料、電力	鉱物とコンセントレート、金属製品	化学工業製品、肥料、ゴム	木材、セルロース・紙製品	繊維の原料・半製品	食料品、食料品原料	民需用工業製品
1980	全体	100	33.9	3.0	10.8	5.3	2.0	2.2	24.2	12.1
	資本主義諸国から	100	29.8	4.0	14.7	7.1	3.1	3.4	25.5	7.4
1985	全体	100	37.1	5.3	8.3	5.0	1.3	1.7	21.1	12.6
	資本主義諸国から	100	31.4	8.8	11.7	7.5	2.2	3.0	20.9	9.5
1986	全体	100	40.7	4.6	8.3	5.1	1.3	1.3	17.1	13.4
	資本主義諸国から	100	38.6	7.6	11.7	8.2	2.5	2.4	13.5	10.1
1987	全体	100	41.4	3.9	8.1	5.3	1.2	1.5	16.1	13.0
	資本主義諸国から	100	37.7	6.4	12.1	9.5	2.5	3.0	12.0	9.6
1988	全体	100	40.9	4.4	8.0	5.0	1.2	1.6	15.8	12.8
	資本主義諸国から	100	37.2	7.1	11.8	8.5	2.5	3.1	13.3	9.1
1989	全体	100	38.5	3.0	7.3	5.1	1.2	1.6	16.6	14.4
	資本主義諸国から	100	34.4	4.1	9.6	8.2	2.4	2.9	16.1	12.8
1990	全体	100	44.8	2.6	5.1	4.1	1.0	1.1	15.8	17.7
	資本主義諸国から	100	43.8	3.3	5.3	6.5	1.9	1.9	14.6	16.8

(出典) Госкомстат СССР, «Народное хозяйство СССР в 1990г.» стр.660-661.

表 2-14 ソ連の地域別貿易額 (10億ドル、年増加率)

地域	輸出				輸入			
	額	増加率			額	増加率		
	1990	1989	1990	1991	1990	1989	1990	1991
世界	59.1	0.4	-5.2	-25.2	65.0	12.0	—	-37.3
社会主義諸国	15.3	-8.7	-24.3	-36.5	19.1	-4.5	-10.6	-45.3
東欧	11.1	-11.1	-26.9	—	15.0	-5.7	-12.1	—
先進市場経済諸国	29.2	7.8	12.3	-16.0	34.4	21.1	5.6	-31.9
開発途上諸国	14.5	2.0	-9.5	-30.1	11.5	26.0	3.8	-36.9

(出典)　UN Economic Commission for Europe, *Economic Survey of Europe 1991-1992*, p.109.

表 2-15 ソ連の西側諸国 (OECD 諸国) との貿易

年	西側への輸出	西側からの輸入	差額
	(10億ルーブル、公式レートによる)		
1984	21.4	19.6	1.8
1985	18.6	19.3	-0.7
1986	13.1	15.9	-2.7
1987	14.2	13.9	0.3
1988	14.7	16.3	-1.7
1989	16.4	20.5	-4.1
1990	17.4	20.2	-2.8

(出典)　Aslund, 1991, p.197.

表 2-16 ソ連の西側先進諸国向け石炭・石油・天然ガス輸出 (1984-1989)

	単位	1984	1985	1986	1987	1988	1989
石炭							
数量	100万 t	n. a.	n. a.	13.0	15.8	17.5	18.6
金額	10億ドル	0.4	0.5	0.6	0.6	0.7	0.8
原油・石油製品							
数量	100万 t	81.4	67.4	85.5	93.1	106.7	89.1
金額	10億ドル	18.3	13.9	8.6	12.2	11.4	11.5
天然ガス							
数量	10億 m³	32.9	34.0	41.9	45.0	47.3	53.4
金額	10億ドル	4.4	4.5	4.1	3.3	3.1	3.4

(出典)　小川、渡部、1994、50頁。

表 2-17 ソ連の石油生産 (ガスコンデンセートを含む、100万 t)

1980	1985	1986	1987	1988	1989	1990	1991
603	595	615	624	624	607	571	516

(出典)　Статистический комитет СНГ, 1992, стр. 17. Госкомстат СССР, «Народное хозяйство СССР за 70 лет» стр.163.

表 2-18　原油の国際市場価格（1969－2002）

年	ドル／バレル	年	ドル／バレル
69	1.90	86	13.01
70	1.90	87	16.91
71	1.90	88	13.20
72	1.90	89	15.68
73	2.83	90	20.50
74	10.41	91	16.56
75	10.70	92	17.21
76	11.63	93	14.90
77	12.38	94	14.76
78	13.03	95	16.09
79	29.75	96	18.56
80	35.69	97	18.13
81	34.32	98	12.16
82	31.80	99	17.30
83	28.78	00	26.24
84	28.06	01	22.80
85	27.53	02	23.85

（出典）　資源エネルギー庁、2004。

図 2-1　原油の国際市場価格（1969－2002）

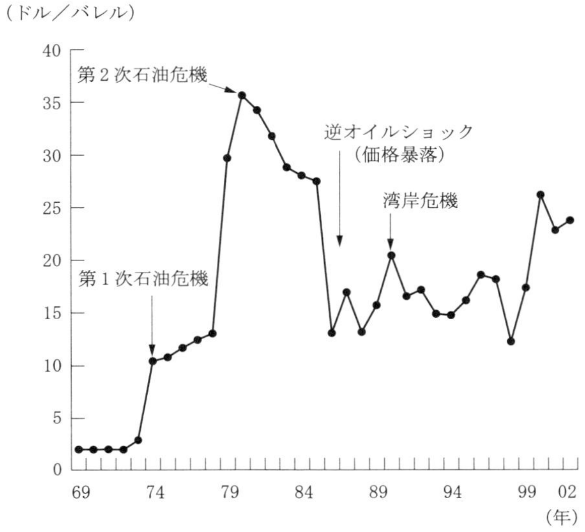
（ドル／バレル）
40
35
30
25
20
15
10
5
0
第２次石油危機
逆オイルショック
（価格暴落）
湾岸危機
第１次石油危機
69
74
79
84
89
94
99
02
（年）

（出典）　資源エネルギー庁、2004。

2−1−2 「国有企業法」体制期（1988−1989）

「加速化」政策の失敗が明らかになる中で、ゴルバチョフ政権は「根本的」改革に向かって進んだ。改革案の基礎となったのは、ソ連の 1965 年改革ならびに、さらにさかのぼってネップの経験、そしてハンガリー型改革であった（Aslund, 1991, pp.114-115）。

1987 年 6 月 25−26 日に開催された党中央委員会総会は「経済管理の根本的ペレストロイカの基本命題」（溝端佐登史訳がある（『日ソ経済調査資料』1987 年 9 月号））を採択し、① 企業（合同）活動の新しい経済メカニズムへの移行（企業の自主性強化）、② 経済的管理方法に基づく中央集権的経済管理の効率性向上（計画化、資材・機械供給、価格形成、財政・信用メカニズムの改善）、③ 経済管理機構全般の再編成（企業・省・閣僚会議）、④ 経済の部門管理と地域管理の最適結合、⑤ 管理の社会的方向性の強化（賃金制度の改善）、⑥経済管理のペレストロイカの的確な組織化（法整備、公開性）、の 6 点について改革の方向を示した。その内容には従来から強調され続けてきたことや、具体性に乏しいことも含まれていたが、経済管理システム全体を変革しようとする姿勢が明確にされた。そのさい、根本的改革の出発点は企業（合同）であり（第Ⅰ節）、準備中のソ連邦法律「国有企業（合同）について」（以下「国有企業法」。岡田進訳がある（『日ソ経済調査資料』1987 年 9 月号））の施行、実際的適用が重要であることが強調された（第Ⅵ節）。

2−1−2−1 「国有企業法」体制

「国有企業法」は、1987 年 6 月 30 日に採択され、1988 年 1 月 1 日に施行された。その内容をまず簡単に紹介する。

国有企業（合同）と国民経済の関係。国有企業（合同）は、協同組合企業とともに、「単一の国民経済コンプレクスの基本環」である。国有企業（合同）の任務は、「国の経済的潜在力の発展と、社会主義のもとでの社会的生産の最高目的——人々の増大する物質的・精神的欲求の最も完全な充足——の達成」である（第 1 条第 1 項）。「国有企業において、労働集団は、主人公

として全人民的財産を利用しつつ、人民的富を創出し、増やし、社会、集団、おのおのの働き手の間の利害の結合を保障する。企業は社会主義的商品生産者であり、計画と契約に従い、完全独立採算制、資金自己調達制、中央集権的指導と企業の自主性との結合に基づいて、生産物を生産し、販売し、作業を遂行し、サービスを提供する」(第1条第2項)。

ここまでは抽象的な表現であり、従来のシステムとの違いが明瞭でないが、次の条文を見るとより明確なシステム変更の意図が汲み取れる。

企業の活動の原則。「企業の活動は国家計画に基づく。企業は、統制数字、国家発注、長期経済ノルマチーフ (норматив, norm) およびリミット、ならびに消費者の注文に従って、自主的に自己の計画を策定し、決定し、契約を締結する」(第2条第1項)。「企業は、完全独立採算制と資金自己調達制の原則に基づいて活動する。企業の生産的・社会的活動と労働支払は、労働集団により稼得された資金によって行われる。・・・利潤 (所得) の一部は、企業により、予算、銀行および上級機関への義務を果たすために利用されなければならない。他の部分は企業の完全な自由裁量下におかれる」(第2条第2項)。「企業活動は、社会主義的自主管理の原則に従って行われる」(第2条第3項)。「企業は現行の法令に反しない限り、自己のイニシャチヴで、あらゆる決定を採択する権利を有する」(第2条第5項)。「国家は、企業の債務については責任を負わない。企業は、国家ならびに他の企業・組織・施設の債務については責任を負わない」(第2条第6項)。

さらに次の条文を読むと、システム変更の具体的内容が明らかになる。

集団の独立採算制所得。「集団の独立採算制所得は、企業の生産的・社会的発展や労働支払いの源泉であり、企業の管轄下にあり、自主的に利用され、収容されない」のであり、独立採算制の2つの形態のうちいずれかを企業が上級機関の許可を得て利用することができる (第3条第1項)。2つの形態は図2-2と図2-3のように示される。これにより、利潤の未利用残高の国家による収容がなくなり、企業の財務的独立性、利潤獲得への物的刺激が高まった。

企業の物質的・技術的基盤と資産。企業は企業財産の「占有・使用、処分

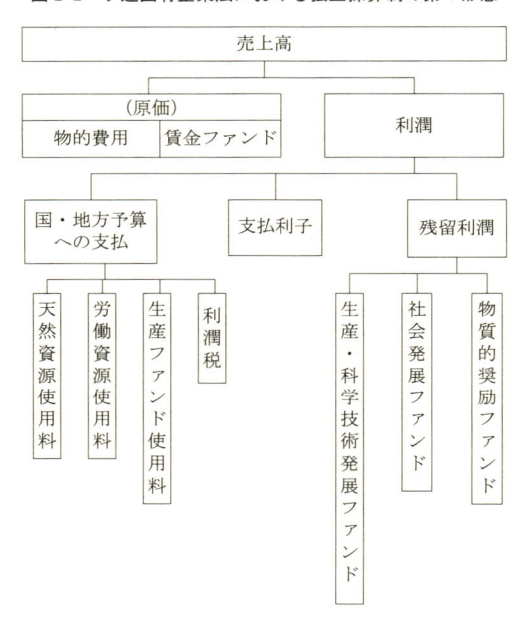

図 2-2 ソ連国有企業法における独立採算制の第 1 形態

```
                          売上高
                   ┌────────┴────────┐
                 (原価)              利潤
              ┌────┴────┐    ┌───────┼───────┐
           物的費用  賃金ファンド  国・地方予算  支払利子  残留利潤
                              への支払
                        ┌──────┼──────┬──────┐        ┌────┬────┬────┐
                      天然  労働  生産  利潤税   生産・  社会  物質的
                      資源  資源  ファンド       科学技術 発展  奨励
                      使用  使用  使用料         発展    ファンド ファンド
                      料    料                   ファンド
```

＊賃金ファンド＋残留利潤＝独立採算制所得

の権限を行使する。企業は、累増的なベースでの物質的＝技術的基盤の再生産を恒常的に保障し、生産設備と固定ファンドを効率的に利用する義務を負う」(第 4 条第 1 項)。企業の流動資産は、企業の完全な管理下におかれ、収容されない。自己流動資産の不足分は、集団の独立採算制所得によって補填され、その補充は自己資源から行われる」(第 4 条第 3 項)。企業は、企業の物質的財貨 (建物、設備等) を他の企業や組織に売却、交換、賃貸等する権限を持つ (第 4 条第 4 項)。これにより、企業の財産権の独立性が高まった。

企業の管理 (図 2-4)。「企業の管理は、民主集中制の原則、中央集権的指導と労働集団の社会主義的自主管理との結合に基づいて行われる」(第 6 条第 1 項)。具体的には、まず企業管理者の選挙制 (原則として公募に基づく) が行われる。「選挙制の原則は、企業、合同の構成単位、工場、職場、支所、職区、農場、組の長ならびに職長、作業班長について適用される」(第 6 条

2-1 ペレストロイカの経済政策と経済崩壊　71

図2-3　ソ連国有企業法における独立採算制の第2形態

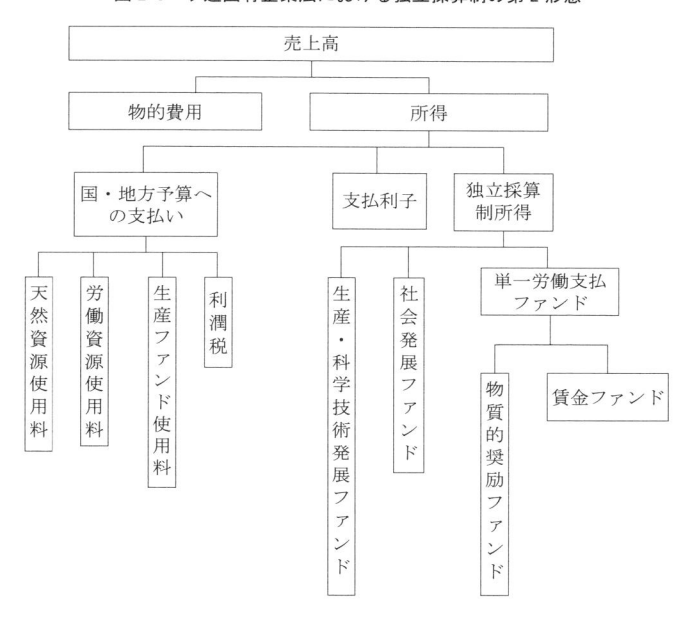

```
                            売上高
                   ┌──────────┴──────────┐
               物的費用                  所得
                          ┌──────────────┼──────────────┐
                   国・地方予算へ       支払利子        独立採算
                   の支払い                             制所得
              ┌────┬────┬────┬────┐              ┌────┴────┐
           天然  労働  生産  利潤         生産・  社会     単一労働支払
           資源  資源  ファ  税          科学技  発展     ファンド
           使用  使用  ンド              術発展  ファ    ┌────┴────┐
           料    料    使用              ファン  ンド   物質的     賃金
                      料                 ド              奨励       ファンド
                                                         ファンド
```

図2-4　ソ連の企業管理システム (1988)

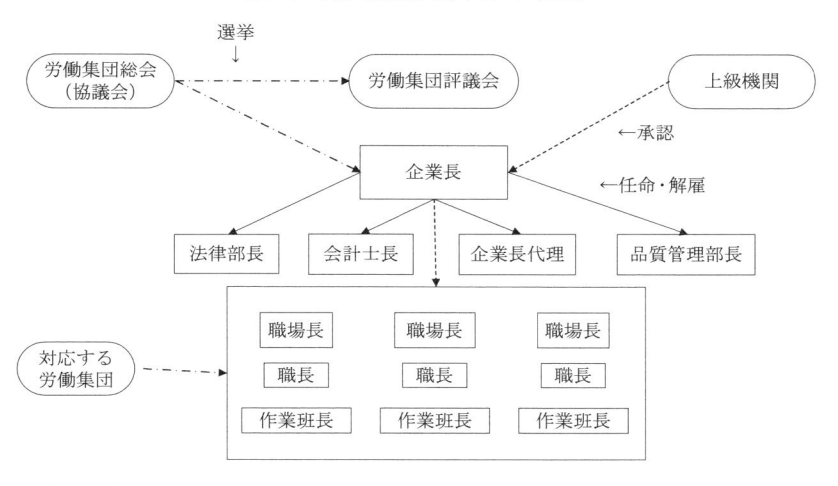

```
                      選挙
  労働集団総会  ────↓────→  労働集団評議会              上級機関
  （協議会）                                                │
       ╎                        ╎                          │←承認
       ╎                        ╎                          │
       └────────→  企業長 ←────────────────────┘←任命・解雇
                    ┌────┬────┼────┬────┐
                  法律  会計士  企業長  品質管理
                  部長  長      代理    部長
                    │
                ┌───┴────────────────────┐
                │ 職場長    職場長    職場長   │
  対応する ─ ─→│ 職長      職長      職長     │
  労働集団      │ 作業班長  作業班長  作業班長 │
                └───────────────────────────┘
```

（出典）　国有企業法（1987）により作成。

第2項）。要するに、ラインの管理者全体に選挙制が及ぼされることになった。「企業、合同の構成単位の長は、国家と労働集団の利益を表現する。彼は、労働集団の総会（代議員会議）において、秘密投票または公開採決（総会または代議員会議において、秘密投票または公開採決（総会または代議員会議の判断による）によって5年任期で選出され、上級機関によって承認される。労働集団によって選出された候補者が上級機関によって承認されない場合には、再選挙が行われる。このさい、上級機関は、労働集団に、選挙結果の承認を拒否した理由を説明する義務を負う。企業、合同の構成単位の長は、労働集団の総会（代議員会議）またはその委任により労働集団評議会の決定に基づいて、上級機関により、任期の途中で解任される。労働集団によって選出された本部構成単位（本部企業）の長は、上級機関により、合同の長として承認される。合同の管理が別々の機関によって行われる場合には、合同の長の選挙は、その構成単位や企業の労働集団の代表者会議で成される。合同の長の任期の途中での解任は、同じ手続きで行われる。部局──工場、職場、支所、職区、農場、組──の長、ならびに職長、作業班長は、対応する労働集団によって、秘密投票または公開採決により、5年の任期で選出され、企業の長により承認される。上記の長は、対応の部局の集団の決定に基づいて、企業の長により、任期の途中で解任されうる。任期いっぱい勤めて解任された企業、合同の構成単位、部局の長、ならびに職長、作業班長は、再任されることができるし、さもなければ、選挙による役職を退いたものについて法令で定められた手続きにより、別の仕事に振り向けられる。企業長代理、企業の法律部長、経理部長、品質管理部長は、定められた手続きにより、企業長によって任命され、解任される」（第6条第3項）。

　これにより、企業・合同のラインの管理者全員が当該労働集団メンバーによる選挙で選ばれ、またリコールされるという制度が確立された。

　企業長による単独責任制は維持された（第6条第4項）が、その内容は選挙制等により大きく変更された。

　労働集団の最高意思決定機関は総会（代議員会議）であり、それは、次のことを行う。「企業の長、労働集団評議会を選出し、彼らの活動についての

報告を受ける。

　企業の経済社会発展計画を検討・承認し、労働生産性と利潤（所得）の増大、生産の効率と生産物の質の向上、全人民的財産の保全と増大、集団の活動の基礎としての生産の物質的＝技術的基盤の強化の方法を決定する。

　団体協約を承認し、労働組合委員会に、企業管理部との間で、労働集団の名でこれに調印する権限を与える。社会主義的義務を引き受ける。管理部と労働組合委員会の具申により就業規則を承認する。

　その他の企業活動の最重要問題を検討する」（第6条第5項）。

　「企業の労働集団の総会（代議員総会）は、労働集団評議会により、必要に応じて、ただし少なくとも年2回以上、召集される」（第6条第6項）。

　総会（代議員会議）休会期間中の労働集団の権能を果たす常設機関として労働集団評議会が設置された（第7条第1項）。「企業の管理部と労働集団評議会の意見が一致しない場合には、問題は労働集団総会（代議員会議）において解決される」（第7条第2項）。「労働集団評議会は、企業（合同）の集団の総会（代議員会議）で、秘密投票または公開採決によって、2-3年の任期で選出される。評議会には、労働者、作業班長、職長、専門家、管理部の代表者、党・労働組合・コムソモール組織その他の社会団体の代表者が選出される。評議会の人数は、労働集団の総会（代議員会議）によって決定される。管理部の代表者は労働集団評議会メンバーの総数の4分の1を超えないものとする。評議会構成員の定例の選挙では、原則として、3分の1が更新される。労働集団評議会は、その構成員の中から、評議会議長、議長代理、初期を選出する。評議会の会議は、必要に応じて、ただし少なくとも四半期に1度は開かれる。労働集団評議会メンバーは、その義務を非専従者として遂行する。労働集団評議会メンバーは、労働集団評議会の同意がなければ、解職され、あるいはその他の規律上の処罰を受けることはない。集団の信託に沿わない評議会メンバーは、労働集団総会（代議員会議）の決定によって除名されうる。企業の管理部は、労働集団評議会の効果的な活動のための必要な条件を作る」（第7条第3項）。

　このようにして、労働集団総会と労働集団評議会が事実上、企業長に対抗

する権能を持った自主管理機関としてたち現れた。「第1章－5」で述べたように、自主管理導入そのものは「労働集団法」により宣言されていたが、「国有企業法」によって初めて具体化されたのである。そのさい、100％近い組織率と長い伝統を持つ労働組合の職場組織が自主管理の担い手とならず、労働組合とは別の機関が新設されたのはなぜなのか、という問題がある。それは、「労働組合は労働者階級の生産的エネルギーを動員するという任務においてはっきりと失敗してきたのであり、労働組合は構造的にその任に堪えないのだ、という口に出されはしないが、明確に示唆される仮定が、この改革の背後にあった」からであった（Ashwin and Clark, 2003, p.27）。

「上級機関による企業の指導は、何よりもまず統制数字、国家発注、長期経済ノルマチーフおよびリミットに基づく経済的方法で行われる。企業に対して定められる統制数字、経済ノルマチーフ、リミットのリストは、ソ連邦閣僚会議によって承認される。・・・国家発注の構成はソ連邦ゴスプランおよびソ連邦省（庁）によって承認される。共和国の省庁に所属する企業ならびに消費物資と有料サービスについては、国家発注の構成は連邦構成共和国閣僚会議によって承認される。・・・上級機関は、自己のすべての活動によって企業の効率的活動のための条件を保証し、企業の権限を厳守し、その完全な実現を援助する義務を負い、企業の実務＝経営活動に干渉してはならず、また企業の労働集団に自己の活動についての情報を与えなければならない」（第9条第1項）。

「企業活動の計画化と組織化の主要な形態は、経済社会発展5カ年計画（年度割）である。企業は5カ年計画を自主的に策定し、承認する。企業は5カ年計画の作成の基礎として、次のような計画化の端緒的データを利用する。それは、統制数字、国家発注、長期経済ノルマチーフおよびリミット、ならびに生産物（作業、サービス）への消費者および資材＝機械補給機関の注文である。このさい企業は次のことに立脚する。統制数字は、企業によって生産される生産物への社会的必要、生産効率の最低水準を反映する。それは指令的性格を持たず、計画策定のさい、労働集団を拘束してはならず、経済契約を締結する際に、集団の決定とパートナーの選択に広い余地を残すも

のでなければならない。統制数字は、契約締結のための価値表示（計算的）での生産物（作業、サービス）の生産の指標、利潤（所得）、外貨収入、科学技術進歩の最重要な一般的諸指標と社会的部門の発展の諸指標を含んでいる。・・・国家発注は、緊急の社会的必要の充足を補償し、国家的集権的投資による社会的部面の生産設備と施設の稼動について、また何よりもまず全国家的・社会的課題の解決、科学技術プログラムの遂行、国防力の強化と国の経済的自立の確保、農産物の調達に必要とされる若干の種類の生産物の納入について、企業に対して与えられる。国家発注は上級機関によって企業に与えられ、入札制に基づいて配分されうる。国家発注は必ず計画に含められなければならない。・・・長期経済ノルマチーフは、5カ年間全体にわたって安定的であり、全国家的利益と企業の独立採算制利益および働き手の関心との密接な調和を保障する。経済ノルマチーフは、予算との相互関係、労働支払いファンドや経済的刺激ファンドの形成、企業の経済活動のその他の側面を規定し、地域的特質を考慮して定められる。リミットは、部門間生産の発展や、国家計画に含まれている企業や施設のリストに応じた新建設と特に重要な課題の解決のための中央集権的投資、建設＝組立作業および請負作業高、生産と建設の必要を保障するために中央集権的に配分される物質的資源の限界量を定める」（第10条第3項）。

「年度計画は、企業の5カ年計画と締結された経済契約に立脚して、企業によって自主的に策定され、承認される」（第10条第4項）。

このようにして計画経済システムが大きく変更された。すなわち、「若干の種類の生産物」（第10条第3項）についての国家発注を除くと、製造品目・数量は企業に任されることとなった。企業は、統制数字、長期経済ノルマチーフ、リミットに誘導されながら、国家発注の契約を遂行することを条件に、経済契約、需要に従って生産・販売活動を行う権限を与えられた。

企業の資材＝機械確保について。企業は、自己の経済社会発展計画に応じて、資源への需要を決定し、それを卸売商業の形で、または中央集権的な方法で入手する。卸売商業は拡大され、企業の資材＝機械確保の基本的形態とならなければならない（第15条第1項）。

企業と国家予算との財務的関係は、長期経済ノルマチーフに基づいて打ち立てられる。企業は、自己の裁量にゆだねられている資源（生産ファンド、労働資源、天然資源）に対する支払い、利潤（所得）の一部、ならびに定められたノルマチーフによって、地方予算への支払いを含め、法令で定められたその他の支払いと控除を予算に払い込む。資源に対する支払いと利子支払いの後に残った企業の利潤（所得）に対して課税が行われる。「定められたノルマチーフ、ノルマ、負荷率を超えて、また法令によって定められている場合以外に、利潤（所得）その他の企業の金融資源を収用・再分配することは禁止される」（第17条第3項）。

　また、「企業は欠損を出さずに活動する義務を負う」（第17条第4項）という、わかりやすい規定が現れた。

　価格形成について。「価格形成の分野での権限と義務は、企業によって、価格の国家管理と国家規制の原則に従って実現される」（第17条第5項）のではあるが、「企業は、自己の生産物（作業、サービス）を、中央集権的に決定される価格（料金）で、また消費者との取り決めによるかまたは自主的に決定する価格で実現する」（第17条第7項）とされ、一定の条件のもとでは、契約価格や自主決定価格が認められることになった。そして将来については、「契約価格や自主的に承認される価格の適用は拡大されるであろう」（第17条第11項）とされた。

　信用と決済について。企業は、「担保性、目的の特定性、期限の確定性、償還性、利子支払いという融資の原則を厳格に遵守する条件で、銀行信用を利用する」（第18条第1項）ことになった。そして、「支払規律を系統的に破る企業は、銀行によって支払い不能と宣言されることがあり、このことは、商品＝資材の主要納入者と上級機関とに通報される」（第18条第2項）とされた。

　対外経済活動について。企業の対外経済活動は、「原則として、外貨の自己補填性と資金自己調達制に基づいて行われる」（第19条第1項）。すなわち、企業は輸出で外貨を獲得すれば、その外貨を輸入に利用できることになった。また、企業は合弁企業に参加できる（第19条第2項、第3項）。輸

出入業務は従来、各省庁の外国貿易公団が行っていたが、「生産物(作業、サービス)を輸出向けに大量に納入する企業には、輸出入業務を直接行い、この目的のために独立採算の外国貿易会社を設ける権限が与えられうる」(第19条第4項)。なおこれに関連して、従来単一固定レートであった為替レートが、複数レート化された(表2-19)。

　企業の共同活動について。企業は、他の企業と共同活動を行うために共同企業・合同を設立できる。また、企業に付属して、協同組合を創設できる。また、個人労働活動を行う市民に援助を与える(第21条)。協同組合と個人労働活動については後述するが、やがてソ連経済の中の民間セクターとして成長していく。個人労働活動法は国有企業法に先んじて1986年11月に制定されている。協同組合法の制定は1988年5月であるが、伝統的な協同組合であるコルホーズと消費協同組合以外の新しい協同組合(外食産業、日常生活サービス、消費財生産、工場廃材再利用等に従事する協同組合など)についての規定が1986年以降制定されている(Aslund, 1991, p.157)。

　企業の活動停止について。企業の活動の必要がなくなった場合、ならびに「企業が長期間欠損状態であり、支払い能力を失っている場合」、企業活動は停止されうる。そのさい、「上級機関は、解職される企業の働き手にソ連邦憲法と法令によって定められる権利を保障する」。すなわち、3カ月間の賃金保障、再訓練、就職斡旋が行われる(第23条)。

　以上のようにして「国有企業法」は、企業の自主権強化、完全独立採算制、自主管理を3本柱として、1965年改革以後の改革の2つの方向性(市場メカニズムの導入と自主管理)を取り込んだ画期的な法律であった。しかしながら、企業は、国家発注等を通じた国家による生産活動への介入を受け続けるし、価格決定権も部分的にしか与えられていないため、自由を大きく制約されている。したがって、「国有企業法」のもとで企業がどのような行動を取りうるか、実際に取るかは、この法律だけでは決まらない。また、「国有企業法」制定前後に制定された他の法律・規定との連関性も、実際の「国有企業法」の機能にとって重要である。

表 2-19 ソ連・ロシアのルーブルの対米ドル為替レート（1 ドルと等価のルーブル額、1985－2003）

年	時期	レート種別	値
1985	年末	中央銀行レート	0.76
1986	年末	中央銀行レート	0.68
1987	年末	中央銀行レート	0.58
1988	年末	中央銀行レート	0.61
1989	年末	中央銀行レート	0.61
		特別レート（中央銀行レート×10）	6.09
1990	年末	中央銀行レート	0.56
		特別レート（中央銀行レート×10）	5.64
		商業レート（中央銀行レート×3）	1.69
1991	年末	中央銀行レート	0.57
		商業レート（中央銀行レート×3）	1.70
		旅行者レート	47.00
1992	6月末	市場レート	100.00
		特別商業レート	55.00
		ММВБ レート	146.60
1992	年末	中央銀行レート（ММВБ レート）	414.50
1993	年末	中央銀行レート（ММВБ レート）	1247.00
1994	年末	中央銀行レート（ММВБ レート）	3550.00
1995	年末	中央銀行レート（ММВБ レート）	4640.00
1996	年末	中央銀行レート（ММВБ レート）	5560.00
1997	年末	中央銀行レート（ММВБ レート）	5960.00
1998	年末	中央銀行レート（ММВБ レート）	20.65
1999	年末	中央銀行レート（ММВБ レート）	27.00
2000	年末	中央銀行レート（ММВБ レート）	28.16
2001	年末	中央銀行レート（ММВБ レート）	30.14
2002	年末	中央銀行レート（ММВБ レート）	31.78
2003	年末	中央銀行レート（ММВБ レート）	29.45

（出典） 1985－1994 年は «Курс доллара США за период 1985-1995 гг.». 1995－2003 年は Госкомстат России, «Российский статистический ежегодник 2004» стр.695.
・ММВБ は「モスクワ銀行間為替取引所」。
・1989 年 11 月に特別レート導入。
・1990 年 11 月に商業レート導入。
・1991 年 5 月に特別レート廃止。1991 年 7 月－11 月に旅行者レート導入。
・1992 年 1 月－6 月に、市場レート、特別商業レート導入。2 月に ММВБ で恒常的な外貨取引開始。
・1992 年 7 月以後、中央銀行は ММВБ の取引レートを公式レートとして発表。
・1998 年初に 1000 分の 1 のデノミネーションを実施（小川・岡田、2002、66 頁）。

2－1－2－2　国家の経済機能の制限と、民間企業活動の解禁

　まず、1987 年 7 月の決定「省の活動の再編について」は、連邦レベルでの関連する省庁の合併と人員削減を定めた。実際に、すべての部門省が約

40%の削減を求められた。連邦省の数は1979年に64あったが、1988年3月に55、1989年7月には37に減少した。また、同月の決定「共和国管理組織の活動の改善について」により共和国レベルでも省庁の人員削減が定められ約半分になった（Aslund, 1991, pp.119-120）。実際に国家管理機関の働き手は1987年から急激に減少し始め、1989年には1986年の半分近くになった（表2-20）。

ソ連法法律「個人労働活動について」（以下「個人労働活動法」。『日ソ経済調査資料』1987年7月号に大崎平八郎監訳がある）が1986年11月に制定されており、1987年5月に施行された。

この法律の根拠は、1977年憲法にある。それによるとソ連の経済システムの基礎は生産手段の社会主義的所有（国有、コルホーズ・協同組合所有）（第10条）であるので、生産労働は原則として国有企業、コルホーズで行われる。また、市民が個人所有の財産を不労所得の獲得のために用いるのも禁じられている（第13条）。したがって、普通の意味の（雇用労働を用いた）民間企業の存在余地はない。しかし、個人労働活動（**индивидуальная трудовая деятельность**, individual working activity）は認められていた。すなわち、「ソ連邦においては、家内手工業、農業、住民に対する日常生活サービス業の領域における個人労働活動、また同様にもっぱら市民およびその家族員の個人的労働に基づいたその他の種類の労働活動が、法律に従って認められる。国家は、社会の利益のためのその利用を保障しながら個人労働活動を規制する」（第17条）。

表 2-20　国家管理機関の働き手の数（1000人）

		1985	1986	1987	1988	1989
国家管理・経済管理の諸機関、協同組合・社会団体の管理諸機関の働き手の数		2376	2366	1981	1831	1577
うち	省・庁管理機関	1623	1604	1216	1080	871
	うち　経済管理機関	646	603	200	144	58

（出典）　Госкомстат СССР, «Народное хозяйство СССР в 1989 г.» М., 1990, стр. 50.

実際、計画経済システムのなかでの国有企業、コルホーズ、協同組合の活動だけでは満たされない需要が大量にあるため、民間セクターが次第に拡大していた。ある調査からの推定によれば、1970年代終わりごろ、個人所得に占める民間セクターでの所得は30－40％に及んでいた。この民間セクターの活動については合法と非合法の境界があいまいであり、ゴルバチョフ政権は、その境界を明確にして、不労所得を得るような非合法の民間経済活動を取り締まり、「社会的に有用な」民間経済活動を奨励しようとして、「個人労働活動法」を準備した（Aslund, 1991, pp.154-158）。

　「個人労働活動法」は、個人労働活動に従事する市民が国有企業等との契約関係に入ること、協同組合、グループ等を結成することを奨励している（第1条）。また、個人労働活動が許可される市民のカテゴリーとしては、まず「社会的生産に従事する市民で基本的な労働活動を終えた後の時間中の市民、主婦、障害者、年金生活者、学生、生徒」を挙げているが、それに続けて「社会的生産に従事していないその他の市民も、・・・社会的欲求を考慮して、同様に個人労働活動に従事することができる」とした。また、「市民は、その市民と同居している家族・・・とともに個人労働活動を行うこともできる」（第3条）としている。したがって、だれでも許可を得れば単独、あるいは家族で営業を行うことができる。

　こうして「個人労働活動法」は、現状追認的な側面もあったが、一部業種での個人労働活動を明確に合法化し、計画経済体制の縁辺を支える経済活動として位置づけた。

　さらに1988年5月にはソ連邦法律「ソ連邦における協同組合について」（以下「協同組合法」。岡本武、西岡俊哲訳が『日ソ経済調査資料』1988年8月号にある）が採択された。

　前述のように、1977年憲法は社会主義的所有の形態として国家的所有と協同組合＝コルホーズ的所有の2つを認めていたが、コルホーズ的＝協同組合的所有は「国家的所有へ接近」していくべきものとしていた（第12条）。すなわち、協同組合的所有（コルホーズ所有もその一形態）は国家的所有よりも遅れたものであると考えられており、その独自の意義は認められていな

かった。

しかし、新たに制定された「協同組合法」はその意義を高く評価するところから出発していた。前文は次のように述べている。「この法律は国の社会・経済的発展の加速化における協同組合の巨大な潜在的可能性を開き、その役割を増大させ、経済生活の民主化過程を強化すること・・・および広範な住民層が協同組合に参加するための条件を創出することを目的とする。この法律は、食料、大衆消費財、住宅、生産・技術的用途の各種生産物、諸活動およびサービスに対する国民経済と住民の増大する需要を充足するために、協同組合諸形態を全面的に利用することに向けられる。この法律は、協同組合的民主主義の発展の基本的原則を確立し、国家と協同組合の諸関係を規定し、協同組合の経営活動形態の自由な選択を保障し、イニシャチヴと自主管理のための広い余地を作り、自己の労働成果に対する組合員の責任を高める。この法律は市民に、協同組合への自発的な加入と自由な脱退の権利、協同組合のすべての事業の管理への参加の権利、集団的経営の自主性およびその定款上の課題の遂行に関する決定の採択における協同組合の独立性・・・を保障する。この法律は・・・社会主義経済セクターとコルホーズ・協同組合セクターとの対等な相互関係を目指す・・・。」

すなわち、① 協同組合はその本来の協同組合原則に従って創設・運営されるなら、イニシャチヴと自主管理を発展させることができ、② それによって国民経済の需要の充足に大きな役割を果たすことができるのであり、③ 協同組合のそのような発展のために従来とは異なって自由な協同組合活動を奨励する。④ 国有セクターと協同組合セクターは対等であるべきだ、というのである。

前文以下の条文で注目されるのは、次のような条文である。「協同組合は、もっぱら自発性の原則に基づいて、市民の要望により組織される。協同組合の設立は、ソビエト機関、経済機関およびその他の機関の特別の許可を必要としない。・・・組合員の数は3人を下回ってはならない」（第11条第1項）。「共同組合員となることができるのは・・・16歳に達したすべての市民である。・・・その他の、国有および公有企業・組織もまた、その団体組

合員となることができる」(第12条第1項)。「協同組合員は・・・協同組合事業およびその業務管理に参加し、協同組合の管理機関および統制機関における選挙権および被選挙権を得、・・・労働寄与に応じて、また、定款が定める場合には協同組合への財産出資に応じて、組合員間に分配されるべき所得(利潤)を享受する」(第13条第1項)。「協同組合の最高管理機関は総会である。・・・団体組合員を含むすべての組合員は、その財産出資の大きさと関係なく1票を有する」(第14条第2項)。

このように「協同組合法」は、市民が自主的に組織する協同組合セクターを国有企業セクターと連携させ、しかもそれと対等なものとして発展させようとした。

資金調達に関しては、「関係する銀行機関が定める特恵的条件で信用が供与されうる」(第23条第1項)ことになったが、協同組合アソシエーション(合同)に「地域協同組合銀行」を設立することが認められた。これは協同組合の遊休資金の運用を目的とするものであった(第23条第5項)が、民間銀行の設立という意味を持っていた。また、「協同組合は、組合員ではない市民を、双方の合意による労働支払いで、労働契約に基づいた活動に引き入れることができる」(第25条第2項)とされ、家族経営の枠を超え、雇用労働も利用することが認められた。

銀行制度の改革も実施された。銀行が中央銀行(ゴスバンク)とその他いくつかの国立銀行しか存在せず、それらが行政に従属して財政資金の分配を行うというソ連の伝統的な銀行制度は次のように変更された。まず、1988年9月にソ連閣僚会議によって承認された「ソ連国立銀行(ゴスバンク)定款」により、① ゴスバンクは中央銀行業務に専念すること、② ゴスバンクの許可を得れば、「(国営専門銀行以外の)商業銀行、株式銀行、協同組合銀行その他の信用機関」の形で国営専門銀行以外の商業銀行設立が認められることが定められた。また、1989年3月の閣僚会議決定「ソ連邦国立専門銀行の完全独立採算制および資金自己調達制への移行について」により、国営専門銀行5行(「ソ連貿易銀行」、「ソ連工業建設銀行」、「ソ連農工銀行」、「ソ連住宅・社会銀行」、「ソ連貯蓄銀行」)が独立採算制に移行することが決

定された（斎藤、1989。関連政令の邦訳が、糸賀、1991にある）。

　以上のようにして、従来よりもはるかに強い経営上の自主権、財務的独立性をもち、労働集団が自主管理する国有企業を軸として、一部業種での個人労働活動が縁辺を支え、協同組合という名の民間企業が国有企業と対等の企業形態として成長していくという、新しい企業体制が法制度上成立した。そして、銀行改革を通じて、企業財務の変革、民間銀行設立の前提ができた。

2－1－2－3　経済危機へ

　「国有企業法体制」というソ連経済史上、画期的な法制度が作り出されるなかで、経済は危機的な状況に陥っていった。

　表2-4に見られるように、生産国民所得の年成長率は、1988年には4.3%であったが、1989年には2.3%に低下した。この数字そのものは危機的というほどではない。

　ところが、物不足が急速に深刻化した。すなわち、ある研究所が1990年に発表した調査結果によると、基本食料の一般的獲得可能性は1983年に90%であったが、1989年には22%に下がった。都市部のコルホーズ市場の価格は、1985－1988年には年1%の割合で上昇したが、1989年には9.5%上昇した。表2-21に見られるように、公式統計でも物価の上昇が確認できるが、

表2-21　ソ連の物価年上昇率

	工業企業卸売価格	農産物の国家買付価格	国営商業・協同組合商業における小売価格
1986	1.0	1.0	2.0
1987	0.5	2.9	1.0
1988	0.9	12.1	1.0
1989	1.7	6.7	1.9
1990	3.0	11.7	4.7
1991	138.0	63.0	86.0

　（出典）　Госкомстат СССР, «Народное хозяйство СССР в 1990 г.» стр.159, 160, 166. EU Economic Commission for Europe, Economic Survey of Europe 1991-1992, p.105, 106.

価格が統制されているのでインフレ圧力が物不足として現れているのである（Aslund, 1991, pp.182-185）。

インフレ圧力を高めた要因のひとつは、貨幣的な不均衡である。1988年に通貨発行が急増した。これは、「国有企業法」施行により賃金規制が緩まり過剰な賃金上昇が起こり、また、政府が社会保障給付を急速に引き上げたからである。この年以降、通貨供給量は毎年政府の計画を超えるようになった。この結果、家計と企業の保有するM2の増大も続いた（Aslund, 1991, p.186. 表2-4、表2-5、表2-5a）。

このことは当然、財政不均衡の悪化を伴った（表2-8）。

経済の不均衡が強まる中で、国家の経済管理能力そのものが急速に衰退していった。これには、「国有企業法」により官僚の権限が制限されたこと、官僚の人員整理が急速に進められたこと（表2-20）が作用していた（Aslund, 1991, p.196）。

西側諸国との貿易収支の悪化、対外債務の増加もさらに進行した（表2-9）。輸出はやや増大したが、それ以上に輸入が増加した（表2-15）。これは、「消費財を大量に輸入することによって国民の不満を和らげようというポピュリスト的動機」（Aslund, 1991, p.198）によるものであった。1989年末にはソ連の対外債務の返済は遅滞するようになった（Aslund, 1995, p.50）。

こうして1989年にはゴルバチョフ政権は深刻な経済危機に陥っていることを認識するようになった（Aslund, 1991, pp.203-204）。

2－1－3　市場経済移行期（1990－1991）
2－1－3－1　「規制される市場経済」移行政策

1989年秋以降、政府は深刻な経済危機に陥ったことを認識する中で、「国有企業法」体制からの脱却、さらには市場経済への移行を決断した（西村、1995）。

1989年10月にルイシコフ首相はソ連最高会議に経済改革5法案（「所有法」、「土地法」、「賃貸・賃貸関係法」、「単一租税法」、「社会主義企業法」）を提案する報告を行い、これらの法案の意義について次のようなことを述べ

た。① 経済改革をいっそう進化させるための法的基礎を作る必要がある。② これらの法案は「社会主義的市場経済の法的基礎の形成」を直接目指すものではない。「社会主義的市場経済の形成」は今のところ、「一般的願望であり、しばしば抽象的で、思弁的な構想」にすぎない（«Правда» 3 октября, 1989 г., стр.3-4. 加藤、1992a、85-86頁）。

同年11月に、閣僚会議付属経済改革国家委員会（委員長は副首相、経済学者のアバルキン）と科学アカデミーなどの共催で「ラディカルな経済改革に関する全ソ学者・実務家会議」が開かれた（Aslund, 1991, p.204. 溝端、1996、170頁）が、その討議資料として事前に配布された「ラディカルな経済改革—当面及び長期の方策」という文書（塚田雅幸訳が『日ソ経済調査資料』1990年3月号にある）は、「新経済システム」の内容と、それへの移行の諸段階を明らかにした。この文書は、「新経済システムのモデルの基本的諸特徴を社会主義的選択の範囲内で規定することができる」とし、その基本的諸特徴のひとつとして、「社会的生産参加者の活動の主要な調整形態としての市場の利用」を挙げている。そして、「新経済システム」への移行の完了までの4段階を示した。その第1段階（1990年）が「移行期経済メカニズムの創出に関する同時的措置の総体を実行する準備」の段階であり、この時期には、改革5法案の採択など法的整備が予定された。第2段階、第3段階では、マクロ経済安定化を図りながら改革措置を実行することが予定された。そして、第4段階（1996−2000年およびそれ以降）で新経済システムが軌道に乗りその果実がもたらされることが予定された。

1990年5月、ルイシコフ首相はソ連最高会議での演説（溝端佐登史氏による抄訳が『日ソ経済調査資料』1990年9月号にある）の冒頭、「指令的な配分制度とは相いれない原理的に別の経済運営モデルとしての市場に移行しなければならない」と述べた。そして、「市場経済」あるいは「規制される市場経済」（регулированная рыночная экономика, regulated market economy）への移行の方針を示した。

この間に、経済改革深化あるいは市場経済化に向けて法制度は急速に変更されていった。まず、1989年11月に制定された「賃貸借に関するソ連邦と

連邦構成共和国の基本法」(以下、「賃貸借法」。田中雄三訳が『日ソ経済調査資料』1990年6月号にある。施行規則の訳もある(糸賀、1991))が1990年1月に施行された。この法律は、企業の賃貸借という概念を導入した。すなわち、「国有企業(合同)または合同の構成単位(以下、国有企業)の労働集団は、賃貸制企業を創設する基礎として自立的な法人である賃借人組織を形成することができる。・・・賃借人組織は・・・賃貸借契約の草案を作成し、国有企業を賃借する権限をその所有者からゆだねられている国家機関に提出する」(第16条第1項)とされた。つまり、国有企業の労働集団が自分たちが働く企業を賃借することができることになったのである。同じことが市民個人や市民のグループにも認められた(第26条第1項)。したがって、所有権の変更は伴わないが、賃貸借によって、労働集団あるいは市民が、広範な自主権をもって国有企業を経営することが可能となった。さらには、賃貸借された資産の買取が一般に認められるとされ、「国有企業の資産の買取」という概念も登場した(第10章)。こうして、「賃貸から買取へ」という形で、国有企業の実質的民営化の道が法律の上では開かれた。

　さらに3月にはソ連邦法律「ソ連における所有について」(以下「所有法」。7月施行)が採択された(溝端佐登史訳が『日ソ経済調査資料』1990年5月号にある)。この法律は、1977年憲法の「所有」規定を大きく変更しており、同月、憲法も改正された(『ザコーン』第1号に改正条文の邦訳)。すなわち、憲法10−13条が次のように全文改正された。

　「第10条　ソ連の経済システムは、ソビエト市民の所有、集団的所有および国有にもとづき発展する。

　②　国家は、多様な形態の所有の発展に必要な条件をつくり、それらの平等な保護を保障する。

　③　土地、地下資源、水資源および自然の状態の動植物は、当該区域に住む人民の奪うべからざる資産であり、人民代議員ソビエトの管理に属し、市民、企業、施設および組織の使用に供される。

　第11条　市民の財産は、その市民の個人資産であり、市民の物的、精神的欲求をみたし、および法律により禁止されない経済的その他の活動を自主

的にいとなむために使用される。

　②市民財産には、労働による所得により、およびその他の適法な事由で得た消費用および生産用の任意の財産がふくまれる。ただし市民の財産として取得することが許されない種類の財産をのぞく。

　③農民経営および個人副業経営をいとなむため、および法律の定めるその他の目的のため、市民は土地を終身、相続の対象になるものとして占有および使用する権利をもつ。

　④市民財産の相続権は認められ、法律によって保障される。

　第12条　集団的所有は、賃貸（アレンダ）制企業、集団企業、協同組合、株式会社、経営団体およびその他の統合体による所有である。集団的財産は、法律の定める方法による国有財産の改造、ならびに市民および団体の財産の自由意思による統合により形成される。

　第13条　国有は、全連邦的所有、連邦構成共和国所有ならびに自治共和国、自治州、自治管区、辺区、州およびその他の行政区画の所有（公有）である。」

　「第1章-4」に引用した改正前の条文と比較すると、主要な変更点は次のようである。(1)所有形態の分類は、国有、コルホーズ－協同組合所有、個人所有の3分類から、国有、集団所有、市民所有の3分類に変更された。(2)国有の優位性は廃止され、3つの所有形態は平等とされた。(3)国有は、一元的なものから多元的なもの（多段階のもの）に概念変更された。(4)天然資源は国有から当該区域住民の資産に変更された。(5)コルホーズ－協同組合所有をも包摂する概念として集団所有が現れ、そこには賃貸制企業、集団企業、株式会社、経営連合（хозяйственная ассоциация, economic association）およびその他の統合体による所有も含まれることになった。このうち集団企業は、「労働集団が国有企業の全財産を所有するようになった場合、賃借した財産を買い取ったり、合法的なその他の方法で財産を取得した場合」に生ずる（「所有法」第12条第1項）。経営連合は、企業・組織が自発的に結成する「コンツェルン、部門内合同、部門間合同、地域合同」などの形態の連合体である（「所有法」第16条）。株式会社は「所有法」では

国有企業の改組によって設立されることが想定されていた。すなわち、「国有企業は、労働集団およびその全権の国家機関と共同の決定によって、企業の資産総額分の株式を売却することによって株式会社に改組することができる」。株式を保有できるのは、① 企業、機関、組織、国家機関、② 当該会社の従業員、③ その他の市民である（「所有法」第 15 条）。だが、憲法第 11 条は「自由意志による統合」を認めているので、国有企業の改組によらない民間株式会社の創設も可能となった。(6) 市民（個人）が自己の財産を個人的用途以外の用途に用いること、不労所得の獲得のために利用することの制限が撤廃され、自己の財産に基づく経済活動を実施することが認められた。

このようにして、憲法改正と「所有法」採択により、民間企業活動が法的には解禁された。

1990 年 6 月には「国有企業法」に代わって、ソ連邦法律「ソ連における企業について」（以下「企業法」。«Ведомости верховного совета СССР» No.25, 1990 г., ст.460. 田中雄三訳が『日ソ経済調査資料』1990 年 8 月号にある）が採択され、1991 年 1 月より施行された。上述のように 1989 年 10 月の法案では「社会主義企業法」であったが、「社会主義」という語が法律の名称から削除されたことに注目すべきである。この法律は、「規制される市場」の発展にともない企業の所有形態と活動内容が多様化するもとで企業に新しい法的基盤を与えるものであった。

まず企業の全般的な規定では、「企業は、法人格を持つ自立的な経営主体である」とされ、企業の主要課題は、「その生産物や、仕事や、労務に対する社会の需要を充足させ、取得した利潤をもとにして労働集団構成員の社会・経済的利益と企業資産所有者の利益を実現することにある」（第 1 条）とされた。「国有企業法」にはあった「単一の国民経済コンプレクス」、「中央集権的指導」、「国家計画」というような文言は消え、1930 年型企業システムが基本的に放棄されたことが明らかである。

所有形態別の企業の種類が次のように定められた。1）ソ連市民の所有に基づくもの—個人企業、家族企業。2）集団的な所有に基づくもの—集団企業、生産協同組合と協同組合付属企業、株式会社ならびにその他の経営団

体・組合およびそれらに付属する企業、社会団体の企業、宗教団体の企業。3）国家的所有に基づくもの—国有連邦企業、国有共和国（連邦構成共和国）企業、自治共和国・自治州・自治区の国有企業、国有市町村企業。4）合弁企業—その設置者の資産の統合に基づく。外国の法人ならびに市民も設置者になることができる（第2条）。そして企業は、自由意志によって連合、経営連盟、コンツェルン、その他の合同体を形成できる（第3条）。

　企業の設立について。企業は、資産の所有者またはそうした所有者の委託を受けた機関、企業、組織の決定によるか、もしくは法律が定める場合には労働集団の決定により、設立できる。既存の企業から1つまたはそれ以上の構成部分がその構成部分の労働集団のイニシャチヴで分離する場合には、企業資産の所有者による同意があれば、そうした分離の結果として企業が設立できる。企業の設立とその活動のために土地その他の天然資源が必要な場合、それら資源を利用することについての許可は、関係人民代議員ソビエトがこれを与える（第5条）。こうして企業が自由に設立できることになり、とりわけ国有企業から集団（労働集団）所有企業への転換の道が開かれた。

　企業の管理について（図2-5）。「企業の管理は、労働集団の自主管理の諸原則と、自己の資産の経済的な運用に対する所有者の権利の結合を基礎として、企業の定款に基づいて行われる。・・・所有者、企業管理に関する自己の権利を、直接に、または委託した機関を通して実現する。所有者または所有者に委託された機関は、その権限を、企業評議会（理事会）（совет предприятия（правления））または企業定款が認めた所有者と労働集団の利益を代表するその他の機関に委譲することができる」（第14条第1項）。こうして、企業の管理の基礎は、「中央集権的指導と労働集団の自主管理」から「労働集団の自主管理と所有者の権利」に移った。

　「企業長の雇用（任命、選出）は、企業資産の所有者の権限であり、所有者によって直接に、または所有者の委託を受けた機関を通して、あるいは企業管理の権限を委譲された企業評議会、理事会、その他の機関を通して実現される」（第14条第2項）。こうして、経営管理者選挙制は廃止された。

　「企業の労働集団の総会は、次のことを行う。1）企業資産の買取にかか

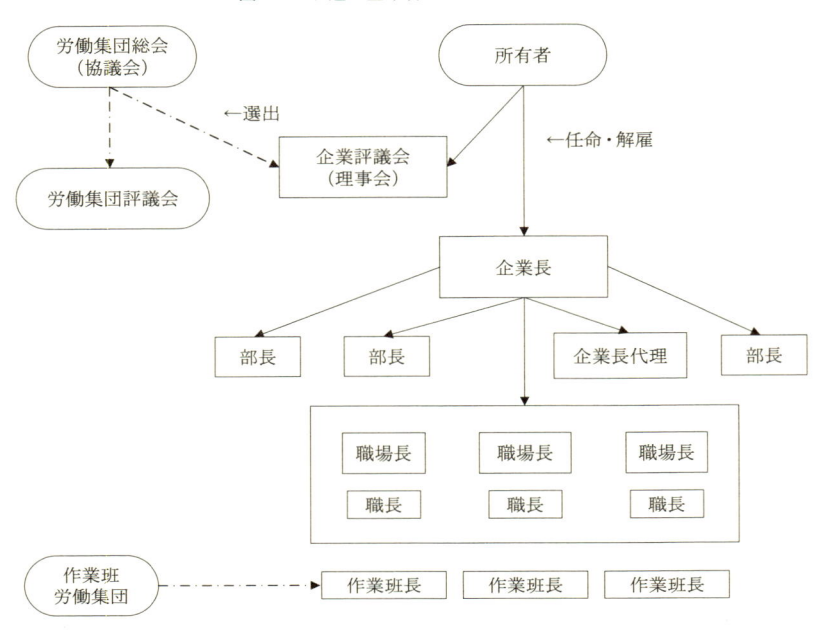

90　第2章　ゴルバチョフ時代のソ連企業

図2-5　ソ連の企業管理システム（1991）

（出典）ソ連企業法（1990）により作成。

わる問題を決定する。2）企業管理部との間で団体協約（合意書）を締結する必要性に関する問題を決定し、協約の原案を検討し、労働集団を代表してこれに署名するよう、労働組合委員会またはその他の機関に委任する。3）企業評議会への代表を選出（リコール）し、彼らの活動について報告を受ける。必要な場合に労働集団評議会を構成し、その機能を定めることができる」（第16条）。こうして労働集団総会は企業の最高意思決定機関としての役割を失った。ただし、企業資産の買取に関しては決定権を与えられた。

「企業評議会（理事会）は、企業の定款中に別段の定めのない限り、それぞれ同一人数の企業資産の所有者によって任命された代表と、企業の労働集団によって選出された代表によって構成される」（第18条第1項）。「企業評議会は次のことを行う。1）企業の経済的、社会構成的発展の全般的な方向

を決定する。2）純利益の分配方法を決定する。3）企業管理者の提案に基づいて、企業の有価証券の購入にかかわる決定を採択する。4）子会社の設立や、支部その他の独立的な事業の設立と閉鎖や、連合、合同体への企業の加入と脱退の問題を決定する。5）企業の対外経済活動の基本問題にかかわる決定を採択する。6）企業管理部と労働集団で発生した紛争状態を検討し、その解決のための措置を講ずる。7）企業の定款が定めるその他の問題について決定する」（第18条第4項）。「企業評議会による採決の方法は、企業の定款の中で定める」（第18条第5項）。こうして労働集団総会、あるいは労働集団評議会に代わる企業の最高意思決定機関として労使同数で構成される企業評議会（理事会）が登場したが、ここで労働集団代表に与えられる権限の決定は定款にゆだねられる。

　企業経営者をその職務に雇用（任命、選出）する際には、当人との間でコントラクト（契約、合意書）が締結され、その中で企業経営者の権限、義務、責任や、当人に対する物質的な保障と職務からの解任にかかわる諸条件が規定される（第19条）。こうして企業経営者は国家公務員から、契約により一定期間経営を任される（たとえば米国において一般的であるような）経営者に移行した。

　企業の経営者代理と部課長の管理者は、企業の経営者によって任命・解任される。作業班長は、作業班の労働集団の会議で選出され、部課長によって承認される、企業の特殊性にかかわる一連の場合には、経営管理者の任命についての別の方式を定めることができる（第20条）。

　企業の経済活動について。「税その他の予算への支払いを済ませた後に企業に残る利潤（純利潤）は、完全に企業の処分に任される。企業は、定款において別段の定めがない限り、純利潤の利用方法を自主的に決定する」（第21条第2項）。こうして、企業は利潤の自由処分権を獲得した。

　「ソ連邦の法律または企業の定款に定めのある場合には、純利潤の一部は企業の労働集団の所有に移される。そうした利潤の大きさやその分配の方法は、企業の評議会（理事会）が決定する。労働集団の成員に所属する利潤額は、当該成員の出資金をなす。労働集団の成員に対しては、出資金の額に相

当する株式を与えることができる。企業は、労働集団の成員に対して、毎年、定款で定められた規模と方法で利子（配当）を支払う。労働集団の成員は、自己の出資金の額（株式の価額）を、定款に基づいて定められた方法と期限で受け取る権利を持つ」（第21条第3項）。こうして、国有企業から労働集団所有企業への移行の際に、労働集団は買取原資として企業利潤を利用できることになった。

「労働支払いの形態、システム、額、ならびに働き手のその他の種類の所得は、企業が自主的にこれを定める」（第22条第3項）。賃金規制は基本的に廃止された。

「企業は、生産物、仕事、労務に対する需要や、企業を生産的および社会構成的に発展させ、働き手の個人所得を増大させる必要性から出発して、自己の活動を自立的に計画し、発展の見通しを立てる」（第23条第1項）。企業活動の計画は、もはや国家経済機関との連携を義務付けられなかった。

以上のように「企業法」は、1930年代以降、変容しながらも維持されてきたソ連型企業システムから基本的に離脱しており、市場経済型企業システムへの過渡期の法律であった。すなわち、① 経済の市場的調整、② 企業の私的所有、③ 企業の所有者（資本家）による管理を原則とする市場経済をすでに想定していた。したがってそこでの企業システムは、「第1章－2」で述べた資本主義企業システムに近いものであった。ただし、一般的な市場経済、資本主義企業と異なり、なお、ソ連経済の圧倒的なシェアを占めるのは国有企業であった（表2-22）。市場経済が機能するためには多様な所有形態が必要と考えられており、その変更の道筋としては、新しい民間企業の設立とともに、労働集団による国有企業の買取が想定されていた。また、「労働集団による自主管理の原則」が「国有企業法」より後退したとはいえ保持された。これらの点に「社会主義的選択の枠内」での市場経済移行構想、「規制される市場経済」構想の意味があった。すなわち、「労働者自主管理型市場経済」が政策的には意図され、それを志向するような法制度が成立した。

表 2-22 ソ連の経済セクター別就業者、生産額、固定生産ファンドの分布

	就業者数 (100万人)		生産高 (10億ルーブル)		固定生産ファンド (10億ルーブル)	
	1985	1990	1985	1990	1985	1990
全体(物的生産)	100.3	99.8	1383.6	1632	1600.2	2083.8
国有セクター	81.6	76.5	1198.8	1350	1410.2	1852.0
協同組合セクター	15.4	18.4	122.1	205	172.0	208.8
コルホーズ	12.2	11.2	101.2	124	153.5	173.3
消費協同組合	3.2	3.4	20.9	30	18.5	28.5
商品・サービス 生産協同組合	—	3.8	—	51	—	5.0
個人セクター	3.3	4.9	62.7	77	18.0	25.0
農民経営	—	0.1	—	2	—	0.6
個人副業経営	3.2	4.6	57.3	67	18.0	24.4
個人労働活動	0.1	0.2	5.4	8	—	—

(出典) Госкомстат СССР, «Народное хозяйство СССР в 1990 г.», стр.51.

2－1－3－2 「市場経済」移行政策とソ連共産党解散、連邦解体

1990年秋にはすでにソ連共産党の指導力、連邦政府の統治能力は著しく制約されたものになっていた。すなわち、15の連邦構成共和国の独立志向が強まり、まず1990年3－5月にバルト三国が独立回復宣言を行い、6月にはロシア、ウクライナ、モルダビアなどが主権宣言を行っていた。同年7月にソ連共産党第28回大会が開催されたが党内対立が激化し、エリツィン(ロシア最高会議議長)らが離党した。その後1991年8月に保守派クーデタが起こり、エリツィン(ロシア大統領)の指導により鎮圧されたので、ゴルバチョフソ連大統領、ソ連共産党書記長はソ連共産党解散を宣言した。同年9月にソ連国家評議会(государственный совет)がバルト三国独立を承認した。同年12月にはソ連邦構成15共和国のうちバルト三国とグルジアを除く11共和国により「独立国家共同体(CIS)」が設立されて(1993年にグルジアも加盟)、ソ連邦は解体した(下斗米、1992)。

このような状況の中で、「どのような市場経済へむけて、どのようなテンポで移行するのか」をめぐって政策論争が展開され(西村、1995、135-160

頁)、1990年秋までにソ連政府プログラムと「500日計画」(ゴルバチョフとエリツィンの合意に基づき設置された作業グループによる案。「シャターリン案」ともいう。大崎平八郎による抄訳が『日ソ経済調査資料』1991年1月号にある)、そしてそれらの折衷案としてのソ連大統領プログラム「国民経済安定化と市場経済移行の基本方向」(『世界政治』1990年12月上旬号に邦訳)の3つが主要な選択肢として現れた。

ロシア共和国最高会議は同年9月に「500日計画」を採択した。この計画は、①「人類は今のところ、市場経済よりも効率的なものを発見するに至っていない」として、(形容詞のない)「市場経済」を目標に掲げた。そのさい「社会主義」的志向性への言及はなかった。ただし、「市場は生産の高い経済的効率性を保障してはいるが、生産の不安定性や資産上・社会上の過度の格差や各地域の発展の不均等といった否定的結果を未然に防止するために、国家的および社会的規制を必要としている」とも述べている。②「主権共和国の経済連合」を形成し、ソ連邦には共和国間関係の調整の役割のみをゆだね、③ 約500日という比較的短い期間で移行を完了することを予定している。

これに対しソ連最高会議は1990年10月、ソ連大統領プログラムを採択した («Ведомости верховного совета СССР» No.43, ст.889)。この文書は、①「市場経済への移行に変わる代案は存在しない」として、(形容詞のない)「市場経済」移行を目標に掲げたが、同時に「市場への移行はわが人民の社会主義的選択とは矛盾しない」としており、「全社会の人道的な方向性と結び付けられた市場」が必要であるとした。そして、② 共和国主権を認めつつ「連邦の全体性」を強調し、ソ連邦に広範な機能を残すことを予定しており、③ 1年半から2年間で市場経済に移行するという計画である。

このように、ソ連邦もロシア共和国も(形容詞のない)「市場経済」に2年間前後で移行するという方針を決定した。「市場経済」が何らかの「規制」を必要としているという点では、両者のプログラムに差はなかったが、ソ連邦のプログラムのみが「社会主義」に言及していた。連邦・共和国関係の抜本的再編成は政治課題として未解決のままであったが、ソ連邦のプログラム

でも「共和国は、その領土に存在し、その国家主権の物質的基礎を形成している国富の占有、利用、処分の法的規制を実行する。主権共和国に共通する課題を解決するために全共和国の共同所有（連邦的所有）が形成され、その管理は連邦諸機関によって行われる」とされており、多くの企業が連邦管理下から共和国管理下に移ることを容認しているものと推定される（表2-23参照）。

したがって、1990年秋以降、連邦政府だけでなく、各共和国の経済政策が実質的な意義を持つようになっていった。

同年12月にロシア共和国最高会議は、ロシア連邦法律「ロシア連邦共和国における所有について」（以下「所有法」。1991年1月1日施行、1994年11月失効。小原剛訳が『日ソ経済調査資料』1993年11月号にある）、ロシア連邦法律「企業および企業活動について」（以下「企業・企業活動法」。1991年1月1日施行、2002年7月失効。遠藤克己訳が『日ソ経済調査資料』1992年10月号にある）を採択した。

ロシアの「所有法」を1990年3月改正前・後の1977年憲法と比較するとき、注目されるのは次のような条文である。

「財産は、私有、国有、公有および社会団体有の対象となる。いかなる形態であっても、財産が私有、国有、公有および社会団体有のいずれの下にあるかにより、国が所有権の行使を制限し、またはこれに特典の付与を行うことは、禁止する」（第2条第3項）。「所有者は、企業活動その他ロシア連邦共和国の法律により禁止されていない活動を行う場合には、労働の使用について市民と契約を締結する権利を有する」（第4条第2項）。「土地、地下資

表2-23 ソ連工業における連邦管轄と共和国管轄の比率 (1990年)

	連邦管轄工業			連邦共和国管轄工業		
	生産額	工業生産人員数	工業生産固定ファンド（年末）	生産額	工業生産人員数	工業生産固定ファンド（年末）
ソ連	60	62	81	40	38	19
ロシア共和国	68	69	87	32	31	13

（出典）　Госкомстат СССР, «Народное хозяйство СССР в 1990 г.», стр.351.

源、水資源、植物界および動物界は、当該地域に住む人民の財産である」(第6条第1項)。私有は市民所有と法人所有に分類される。「財産の所有者として設立され法人である会社、組合、協同組合および集団企業その他の企業は、その参加者により出資その他の払込金の形態で譲渡された財産、ならびに自己の企業活動の結果、取得した財産および法律が認めるその他の理由に基づいて取得した財産に対する所有権を有する。株式会社は、株式の売却によって得た資金の所有者となる」(第14条第1項)「集団企業、賃借企業および協同組合企業の所有である財産については、そのすべての従業員の出資額を算定する」(第15条第1項)。社会団体有の主体は社会団体、慈善団体、宗教団体などである（第17－19条)。「ロシア連邦共和国の国家的所有は、連邦所有ならびにロシア連邦に加入する共和国、自治州、自治管区、辺区および州の所有である」(第20条第1項)。公有とは、「地区、市およびこれらを構成する地方公共団体」による所有である（第31条第1項)。

1990年3月改正前と改正後の1977年憲法と比較して注目すべきなのは次のような点である。(1)所有形態の分類は、私有、国有、公有および社会団体有の4分類である。(2)国有の優位性は廃止され、4つの所有形態は平等である。(3)国有と公有が区別された。国有ではソ連邦所有は想定されておらず、ロシア連邦以下各級の多段階の所有が認められた。公有はさらに下級レベルの所有とされた。(4)天然資源は当該区域住民の財産とされた。(5)法人による所有は私的所有と社会団体所有に分類して概念化された。会社等による所有は私的所有に含まれた。集団企業、賃借企業、協同組合企業などについては各従業員の出資額を算定することとなった。

ロシアの「企業・企業活動法」をソ連の「国有企業法」ならびに「企業法」と比較するとき注目されるのは次のような条文である。

「企業活動とは利潤獲得を目指す市民およびその団体の自発的かつ自主的な活動をいう」(第1条第1項)。「国有企業法」にあった「中央集権的指導」等の文言が消えたばかりでなく、「利潤獲得を目指す」という市場経済下の企業の特徴を明確に示す文言が現れた。

「雇用労働を用いない企業活動は、個人営業として登記することができる。

雇用労働を用いる企業活動は、企業として登記する」(第2条第3項)。「企業活動は、所有者、または所有者が定めた財産管理の範囲内における経営権に基づいてその財産を管理する主体が、これを行うことができる」(第3条第1項)。「企業を管理する主体と財産の所有者との関係は、契約で定める」(第3条第2項)。

　企業の種類については所有形態別に規定された。「ロシア連邦においては、私有、国有、公有および社会団体所有の企業を設立し、経営することができる」(第5条第1項)。

　国有企業は、ロシア連邦および連邦構成主体の国家財産管理権限を有する機関が設立する(第6条第1項)。国有企業の財産の運用は、労働集団が代表する企業に委任することができる(第6条第2項)。公有企業は、地方人民代議員ソビエトまたは地方自治機関が設立する(第7条第1項)。公有企業の財産の運用は、その労働集団が代表する企業に委任することができる(第7条第2項)。

　私有(民間)企業としては、次のような形態がある。1)個人企業。市民またはその家族構成員に属する企業をいう(第8条第1項)。2)合名会社(полное товарищество)。市民および法人がこれらの間の契約に基づいて共同経営を行うために結合したものをいう。合名会社のすべての社員は、無限責任社員である(第9条第1項)。法人ではない(第9条第2項)。3)合資会社(смешанное товарищество)は有限責任社員および無限責任社員をもつ(第10条第1項)。4)有限責任会社(閉鎖型株式会社)(товарищество с ограниченной ответственностью (акционерное общество закрытого типа))。社員はすべて有限責任社員である。出資金は、他の社員の同意を得た場合に限り、譲渡することができる(第11条)。5)公開型株式会社(акционерное общество открытого типа)。株主はすべて有限責任社員である。株式の自由な売却は、法令で定める要件にしたがって認める。

　国有企業、公有企業ならびに国および地方ソビエトの出資金がその財産の50%を超える企業の株式会社への改組は、所有者または企業を代表する期間が、労働集団の意見を考慮し、かつ、民営化についての法令にしたがって行

う（第 12 条）とされ、国有・公有企業の株式会社化から民営化へという経路が示された。

なお、労働集団による企業の賃借、買取についても規定されている。「国有企業、公有企業、および国または地方人民代議員ソビエトの財産の割合が 50％を越える混合的所有形態の企業の労働集団ならびにこれらの企業のひとつまたは複数の下部組織の労働集団は、ロシア・ソビエト連邦社会主義共和国の法令で定める要件に基づいて、会社を設立し、および国もしくは公共団体の財産を借り受け、または従業員所有として買い取ることができる」（第 15 条第 1 項）。「賃貸契約に従って、生産物、収入、および借受人（会社）の資金により取得し、賃借料その他の義務的支払いを控除したその財産は、借受人（会社）の所有とする」（第 15 条第 2 項）。

企業の管理については、所有者の経営権と労働集団の権利を次のように定めている（図 2-6）。「財産の所有者が、直接に、または所有者が授権した機関を通して、企業の管理にかんする権利を行使する」（第 30 条第 2 項）。「企業長の雇用（任命または選出）は、企業財産の所有者の権利であり、所有者が直接に、または所有者が企業管理にかんする権利を委任した機関を通して行う」（第 31 条第 1 項）。

企業の労働集団の権利については、一部認められている。企業の組織的・法的形態のいかんにかかわらず認められるのは、団体協約の承認、定款に基づく自主管理の問題の決定、労働集団基金の運用方法の決定などである（第 32 条第 2 項）。国有企業、公有企業、および国または地方ソビエトの出資額が財産の 50％を超える企業の労働集団について認められるのは、設立者と共同での定款改正、設立者と共同での企業長雇用条件の決定、分社化の決定、企業の賃借・買取のための会社設立の決定である（第 32 条第 2 項）。

以上のように、ロシアの「企業・企業活動法」は、ソ連の「企業法」と同様、市場経済型企業システムへの過渡期の法律であったが、ソ連の「企業法」よりさらに市場経済型企業システムへ接近しているといえる。すなわち、国有企業のシェアを縮小する方法として、労働集団による国有企業・公有企業の買取の道と同時に、国有企業・公有企業の株式会社化から民営化の

図 2-6 ロシアの企業管理システム (1991)

(1) 企業一般

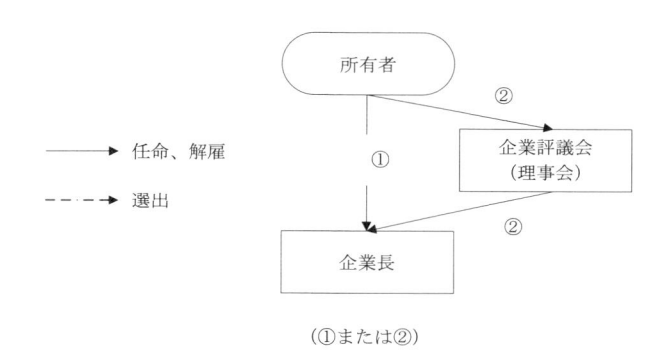

⟶ 任命、解雇
--→ 選出

（①または②）

(2) 国有企業、公有企業、および国または地方
ソビエトの出資額が資産の50%を超える企業

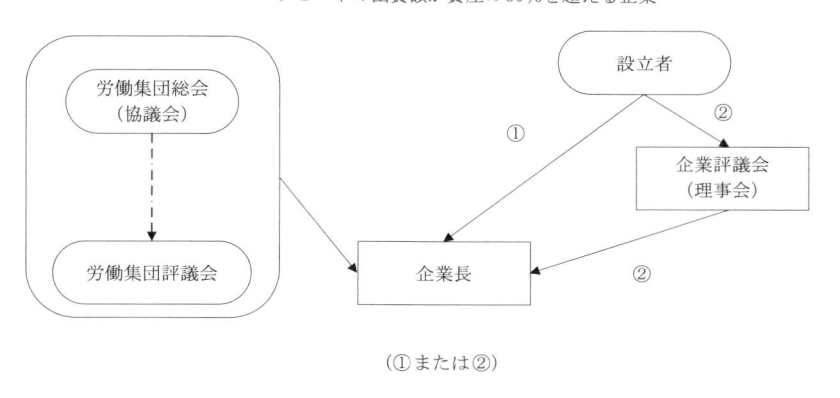

（①または②）

(出典) ロシア企業・企業活動法（1990）により作成。

道が提示された。また、労働集団による自主管理は否定されてはいないが、所有者の経営権が優先されることが明示された。国有企業・公有企業については労働集団に比較的大きな権限が認められた。

　銀行関連法制も整えられた。1990年12月にソ連最高会議は、ソ連邦法律「ソ連国立銀行（ゴスバンク）について」ならびに「銀行および銀行活動につ

いて」を採択した（糸賀了、1991に邦訳がある）。これは、1987－1988年の銀行改革を法律によって確認し、さらに「ゴスバンク」を政府の統制下からはずすものであった。ロシア共和国でも、同月、ロシア共和国法律「ロシア共和国中央銀行（ロシア銀行）について」ならびに「ロシア共和国における銀行および銀行活動について」が制定された（«Законодательство России» М. Май 2004. http://www.cbr.ru/today/status_functions/print.asp?file=law.htm）。これらの法律も1987—1988年の銀行改革を法律によって確認するものであったが、「ゴスバンク」ではなく「ロシア銀行」を中央銀行と定めた。同年7月にはすでにロシア共和国最高会議議長エリツィンが、ロシア共和国領土内にある連邦諸銀行のすべての支部は「ゴスバンク」から独立する、と宣言していた（Lane, 2002, p.13）。

さて、前述のように1990年秋にソ連最高会議もロシア最高会議も「市場経済」移行を決定していたが、いずれの決定でも、経済全体や企業の「脱国家化（разгосударствление, destatization）」と「民営化（приватизация, privatization）」が必要であるとされていた。「民営化」が私有への移行をポジティブに表現しているのに対して、「脱国家化」は国家的なものから脱却するというネガティヴな表現であり脱却した先の到達点を明示していない。

1991年7月に、ソ連最高会議とロシア最高会議がそれぞれ、国有・公有企業の「脱国家化」あるいは「民営化」に関する法律を制定した。

ソ連邦法律「企業の脱国有化と民営化の基本原則について」（«Ведомости верховного совета СССР» No.32, ст.904. 公布と同時に施行）は、企業の「脱国有化」と「民営化」について次のように定義している。「脱国有化」とは、国有企業を集団企業、株式会社、その他国家所有でない企業、ならびに賃借企業に改組することである。「民営化」とは、国家所有の下にある企業ならびに、株式会社等の国家株式（持分）を市民ならびに市民によって創設された法人の所有に移すことである（第1条）。

そして、脱国有化ならびに民営化の形態を4つ挙げている。1）国有企業を賃借企業、集団企業、株式会社、その他の会社あるいは協同組合に改組す

ること。2）株式会社その他の会社の株式（持分）で国家に帰属するものを市民または市民の創設した法人が取得すること。3）賃貸に出された国家資産を賃借企業またはその他の賃借人が買い取ること。4）公募販売または競売によって企業を購入すること（第11条）。

したがってこの法律では、「脱国有化」なかでも労働集団所有化にかなり力点が置かれているといえる。

これに対して、ロシア共和国法律「ロシア連邦共和国における国有および公有企業の民営化について」（以下「民営化法」。1991年7月制定・施行、2002年7月失効。田中雄三訳が『日ソ経済調査資料』1991年10月号にある）は、「脱国有化」という用語を使わず、「民営化」という用語だけを使って、次のようなことを定めている。

1）ロシアにおける民営化の目標、優先順位、および制限については民営化国家計画の中で定める（第3条）。

2）国有・公有資産の民営化は、中央・地方の国有資産管理委員会によって組織される（第4条、第5条）。

3）民営化される国有・公有企業、および国家・自治体の持分、株式の販売者となるのは、中央・地方の資産基金である（第6条、第7条）。

有価証券の1次市場を創設し、株式購入者のリスクを軽減するために投資基金を設立する（第8条）。

4）国有・公有企業の取得のためには、市民の個人的貯蓄、記名式民営化預金、法人の自己資金、および借入金が用いられる。国は市民の記名式民営化口座に民営化預金を振り込み、国有・公有の財産を無償で市民に譲渡する。民営化される企業の労働集団は、当該企業の経済的刺激ファンドの資金を利用することができる（第11条）。

5）民営化実施の発議は、資産管理委員会、企業の指導者、労働集団、関連企業等が行うことができる。労働集団の申請は、企業の労働集団構成員の半数以上の署名が添えられている場合に受理される。申請は資産管理委員会宛に提出する（第13条）。

6）資産管理委員会が民営化を決定した場合には、企業民営化小委員会が

設置され、民営化計画を準備する。民営化小委員会の構成には、資産管理委員会、企業所在地の人民代議員ソビエト、企業の管理部、労働集団評議会の代表などが加わる。民営化小委員会は、企業民営化計画を作成し、地方人民代議員ソビエトおよび企業の労働集団との間でそれを調整し、資産管理委員会の承認を受ける。企業民営化計画は、民営化の方法と期限、企業の当初価額、資本金額、支払い方法を定める。労働集団が民営化計画に同意しない場合、小委員会は別個の計画案を提示しなければならない。労働集団が重ねて不同意な場合には、人民代議員ソビエトが決定する。人民代議員ソビエトが民営化計画に同意しない場合、小委員会は別個の計画案を提示しなければならない。人民代議員ソビエトが重ねて不同意な場合には資産管理委員会が最終決定する（第14条）。

　7）民営化は、公募販売（конкурс, public tender）または競売（аукцион, auction）による企業の売買、企業資本中の出資分（株式）の販売、もしくは賃借された企業の買取りを通して実現される。賃借された企業の買取りは、買取り権付き賃貸借契約が本法律施行以前に結ばれている場合に限る。資本中の出資分（株式）の販売による企業の民営化は、国有・公有企業を株式会社に改組した後に実施する（第15条）。資産管理委員会が購入者に対して一定の条件の充足を要求する場合、国有・公有企業は公募販売の形で売られる。この場合、所有権は、販売者が定めた条件に最もよく合致する提案を示した購入者に移行する（第20条）。国有・公有企業は、購入者が取得後いかなる条件の履行も必要としない場合、競売によって販売される。この場合、所有権は交渉の中で最高の価格を提示した購入者に引き渡される（第21条）。

　8）資産管理委員会は、国有・公有企業をもとにして作られる公開型株式会社の発起人となる。株式会社が登記された後、資産管理委員会は株式を資産基金に引き渡す。資産基金は、第23条に基づき、会社設立後の1カ月間、民営化企業の労働集団の構成員に対して優遇された条件で株式を販売する。株式の一部は、第25条に基づいて形成される企業従業員株式化基金（ФАРП, фонд акционирования работников предприятии）に組み入れること、

および投資基金の株式と交換することができる。その後に、株式総数の10％が競売で売られる。残余の株式は、その後徐々に有価証券市場に出される。販売されなかった株式は、資産基金の下に置かれる（第22条）。

　9）株式会社に再編された国有・公有企業の従業員は、自分の企業の株式を有利な条件で取得する権利を持つ。その際の株式価格の割引額は、額面の30％である。労働集団の各構成員に有利な条件で提供される株式の額面総額は、民営化国家計画の定める額を超えてはならない。企業の従業員は、取得する株式のうち所定の額を超える部分については、通常の価格でそれを購入する。企業の従業員が有利な条件で取得する株式の支払いについては、株式会社の登記以後3カ年以内の分割払いが認められ、また、株式購入日から3カ年以内は売却その他の形で委譲することができない。優遇措置は退職者にも適用される（第23条）。

　10）労働集団の構成員は、国有・公有企業の公募販売（競売）に購入者として参加する際には、株式会社を設立しなければならない。公募販売（競売）に参加する会社が、民営化される企業またはその構成員の専従者の3分の1以上を含む場合、同会社は、企業（構成単位）の購入に際して、分割払い方法を利用する権利、および経済的刺激ファンドの一部を利用する権利を持つ。同会社とその他の購入者が同一の競争条件を提示した場合には、同会社が企業を優先的に取得する権利を持つ（第24条）。

　11）株式会社の従業員は、企業の資本金の一部として企業従業員株式化基金が形成されている場合には、同基金から株式を取得する権利を持つ。企業従業員株式化基金は資産基金への預金の形で形成され、その額は企業資本金の10％を越えてはならない（第25条）。

　12）公募販売または競売によって購入者が取得した企業は、民営化以前に存在した団体協約で定められた労働関係から発生する義務について、責任を負う。

　以上のようにこの法律は、「記名式民営化預金」の形で全国民に民営化への参加を促すこと、さらに、各企業の労働集団の意見を尊重し、労働集団の民営化への参加を優遇することを特徴としている。それと同時に、「賃借か

ら買取へ」という民営化経路は今後は認められず、「株式会社化から民営化へ」という経路が中心となることになった。後者の場合、前者と違い、労働集団は企業の所有権の一部のみを取得し、また集団として所有するのではなく労働集団構成員各人が株主として所有者となる。したがってこれは、労働集団所有というよりも、分散した従業員株主多数による所有を展望したものと言える。

以上のように、1991年7月、ニュアンスの違いは残しながら、ソ連もロシアも国有企業・公有企業民営化に乗り出すための法律を制定した。

このように市場経済移行政策が本格化していく中で、マクロ経済の不均衡はさらに拡大していった（後述）。経済安定化のためにソ連政府は価格引き上げ、さらには自由化に着手した。1991年1月には卸売価格が引き上げられ、大部分の卸売価格が自由化された。同年4月には小売価格が大幅に引き上げられ、小売価格も次第に自由化されていった（Aslund, 1995, p.31）。

2－1－3－3　経済崩壊

このようにソ連政府とロシア政府が市場経済移行政策を開始する中で、経済状況はますます悪化した。

ソ連の公式統計によれば1990年、1991年の生産国民所得の年成長率はそれぞれ－3.4％、－10.1％であった（表2-4）。この急激な生産低下の原因は、まず第一に、連邦解体過程のなかで、企業間・共和国間の伝統的な供給上のつながりが切断されたことにあった。そうして起こった生産低下は、前の時期から継続している物不足、貨幣的不均衡、国家の経済管理能力の減退、対外債務の増大などと悪循環を起こし、経済を崩壊させた（UN Economic Commission for Europe, *Economic Survey of Europe 1991-1992*, p.104）。

物不足は危機的な水準となった。政府の物価政策によりインフレが顕在化し始めたため、退蔵傾向が強まったためである。ある調査によると、1990年半ばに基本食料の一般的獲得可能性は11％しかなく、調査された1200品目の基本消費財のうち96－97％は全くなかった。職場を通じた販売という

形での配給制が拡大した。行列も増えた（Aslund, 1991, p.183）。それでも1990年までは消費額そのものは増大していたが、1991年になると消費額の急激な低下が起こった。生産低下、輸入の減少、退蔵傾向の増進によるものである（UN Economic Commission for Europe, *Economic Survey of Europe 1991-1992*, p.105）。それと同時に、国営商店にはない商品の多くが民間の商店や闇市場にはある、という現象も顕著であった（*Aslund*, 1995, p.49）。

生産国民所得の成長率をはるかに超える規模で貨幣が供給され続け、貨幣的不均衡は拡大を続けた（表2-4）。財政赤字は1990年にはGDPの4.1％に抑えられていたが（表2-8）、1991年には11－13％に増大し、さらに共和国の赤字も加えると21－23％に膨らんだ。生産低下、ならびに徴税機構の衰退によって歳入の縮減が起こり、同時にさまざまな種類の補助金がますます増加したためである（UN Economic Commission for Europe, *Economic Survey of Europe 1991-1992*, p.107）。ソ連政府が貨幣的不均衡を緩和しようとして行った価格引き上げや部分的自由化は、猛烈なインフレをもたらした（表2-21）。

このようにそれでなくとも統制困難なマクロ経済状況の中で国家の経済管理能力は、さらに弱まっていた。すなわち、国有企業の自主権が強まっている上に、民間セクターが成長し、さらに共産党は機能をやめ、15共和国は主権宣言を行っている状況であった（Aslund, 1991, p.196）。

西側諸国との貿易不均衡の拡大と対外債務の増大は続き、25－30％が合理的な限界といわれるデット・サービス・レシオが1990年には68.2％に達した。当然、国際的な融資はあまり得られなくなり、与信期間は短くなり、1991年末には期限を過ぎた債務が60億ドルに達した。この時点で、ソ連の外貨保有高は1億ドルしかなかった（Aslund, 1995, p.50）。1991年7月、ロンドン・サミットにおいてゴルバチョフ大統領は、対西側債務のリスケジュール（返済繰り延べ）と大規模金融支援の実行を西側諸国に訴えた（酒井、2001、53-56頁）。

1991年10月にはソ連政府は「形容詞のない」市場経済化に向かって舵を

切った。しかし、もはや政治的にも経済的にも政権を維持することが不可能な状況になっており、1991年12月にソ連は解体し、市場経済化の本格的な実施は、独立した15共和国の手に任されることになった。

2-2 「加速化」政策と企業

ゴルバチョフ政権が「加速化」政策を推進するなかで、企業では何が起こっただろうか？

まず、全体として期待されたような経済成長を達成できなかったのだが、その原因は、前述のように、企業活動の停滞よりもむしろ経済発展計画そのものの内的矛盾にあった。(Aslund, 1991, pp.78-79)。

個々の改革政策も企業活動の効率性向上にはほとんどつながらなかった。

「国家検収制」はすでに1986年11月までに1500企業で導入されており、導入企業の生産高は工業全体では約20％を占めており、とくに機械製造業では60％に達していた（Aslund, 1991, pp.80-82; 表2-24）。国家検収制のもとで国家検収員は厳格さを求められ、実際にかれらは厳格な検収を行っ

表2-24 ソ連の工業の主要指標 (1985-1990)

	1985	1987	1988	1989	1990
工業生産高（10億ルーブル）	811	879	913	928	918
企業数（1000）	45.7	46.8	46.4	45.9	46.7
工業生産従事者数（1000人）	38103	38139	37376	36414	35286
うち労働者	31302	31261	30632	29742	28805
生産用固定ファンド（期末、10億ルーブル）	765	842	883	926	965
利潤（10億ルーブル）	98.8	116.7	128.9	136.9	131.7
収益率（％）	11.9	12.6	13.5	13.7	12.9
（前年と対比できる価格での）商品生産1ルーブルあたりの（対前年比での）費用低下（マイナス）	−0.3	-0.7	−0.8	0.3	1.3

（出典）Госкомстат СССР, «Народное хозяйство СССР в 1990 г.» стр.348.

た。その結果、製品の 82－85％しか 1 回目の検査に合格せず、残りは修理にまわされた。この制度が生産高に与えた衝撃は大きく、1987 年 1 月に、機械製造業の生産高は 7.9％減少した（Aslund, 1991, pp.82-84）。

「反アルコール・キャンペーン」では、職場での飲酒に対して多額の罰金が課せられ、1 度でも職場で泥酔すると簡単に解雇されることもあった（Aslund, 1991, pp.78-79）。しかし、経済業績への好影響は確認されなかった（Aslund, 1991, pp.79-80）。

「大規模経済実験」の最も顕著な効果は、契約製品の引渡し率が 1－2％改善したことであったが、実験が進むにつれて引渡し率は上がらなくなった。それは、当初、実験企業に対して特恵的な供給と輸送が提供されていたからである。もうひとつの顕著な変化は、実験対象となった省が労働力の退蔵の伝統と戦い、働き手を削減し始めたことである。1985 年にはおそらく退職した働き手を補充しないことにより、働き手は 0.5－0.8％減少し、労働市場の緊張を少し緩めた。品質、技術発展、節約における前進は見られなかった（Aslund, 1991, pp.94-95）。

「サービス実験」は多くの地域で実際にはほとんど何も行われなかった。ただし、この実験の先頭を切っていたエストニアでは、1986 年夏の時点で、共和国消費者サービス省参加の企業で働く従業員の 10 分の 1 が賃借企業で働いていた（Aslund, 1991, p.96）。

「スームイ・VAZ 実験」はゴルバチョフ時代になって本格化し、一時その成果が喧伝された。1985 年のスームイの成果は目覚しかった。利潤は 32.4％、労働生産性は 13.6％、総生産高は 14.4％増大し、負債は 44.2％減少した。1986 年には利潤は 68％増大した。「ヴォルガ自動車工場」は従業員の 1300 人削減に成功した。しかし、企業が財務的独立性を生産性向上にいかすには多数の障害があった。「スームイ生産合同」の場合、まだ 230 もの計画指標を与えられており、「ゴススナブ」（国家供給委員会）の指令書なしには何も調達できず、価格が「原価プラス方式」なので原価を下げると利潤が減少した。

この実験が 1987 年に多くの企業に拡大されたとき、実験対象企業の業績は

他の企業と比較して良くはなかった。ただ、従業員をいくらか削減しただけだった。部門省と財務省が実験の規則を守らないために問題が起こっていた。

VAZ はソ連企業の伝統的な問題をすべて経験した。すなわち、自動車工業省は計画や基準を途中で変更した。こまごました指示が旧来のやり方で下達された。自動車工業省は VAZ のものである諸ファンドを没収した。所得の 3 分の 2 は振り替えルーブルであり、それを使う方法はなかった。スームイの単一利潤税は廃止され、利潤税と固定ファンド使用料に取って代わられ、利潤税は約 20% から約 50% に上がった。

これら 2 つのモデル企業の扱いが悪いことを見ると、資金自己調達制が他の企業で導入されたかどうかさえ疑わしい。実験が進むにつれて、一方の部門省、財務省と、他方の企業との間で公然たる闘争が起こったようである。実績が良くなかったのは一部にはそのせいであったろう。技術的な問題も多数あった。ひとつには、工業企業の 13% を占める赤字企業、さらには 60% を占めるといわれた低収益率企業をどうするかという問題があった (Aslund, 1991, pp.96-99)。

また、1987 年 1 月に合弁企業に関するソ連最高会議幹部会令（糸賀、1991 に邦訳がある）、ならびにソ連閣僚会議決定「ソ連の組織と資本主義国および発展途上国の企業とが参加する合弁企業のソ連領内における設立および活動に関する手続きについて」（以下「合弁企業規定」。糸賀、1991 に邦訳がある）が採択され、設立後 2 年間の利潤税免除などの特典により、合弁企業設立が促された。しかし、「合弁企業規定」は、煩瑣な設立手続き、ソ連側出資比率の 51% 超の条件（第 5 条）を課しており、合弁企業の設立は進まなかった。

このようにして「加速化政策」は一部の企業である程度の効率性向上をもたらしたが、その効果はあまりにも一時的・部分的であった。その原因は、上からの施策に対して企業がその場しのぎの対応をしたことであろう。実際、多くの場合、企業レベルでは改革意欲はなく、しかも上からの施策は系統的に継続される保証がなかったからである。国家と企業の間、企業管理部と労働集団の間でパターナリスティックな関係が根付いており、企業レベル

に改革意欲は通常なかった。また、ゴルバチョフ指導部の決定した施策には誤りもあり、また管轄省庁の抵抗で骨抜きにされがちであった。

　企業自身が動き始めるのは主として「国有企業法」体制になってからであるが、先駆的に積極的に自主的な経営を行う経営者も現れた。たとえば、S. N. フョードロフ（資料1参照）がそうである。かれは眼科微細手術研究所長であったが、1986年に研究所はソ連閣僚会議議長の特別命令を得て、MNTK（部門間科学技術コンプレックス）「眼科微細手術」に改組され、フョードロフはその会長となった。MNTK「眼科微細手術」は国営であるが、当時としては異例に広範な権利を与えられ、事業拡大に向かった（http://eyemicrosurgery.nsc.ru/fyodorov.htm）。

　また、のちに10大企業グループ総帥となるグーシンスキーとホドルコーフスキーが、民間企業活動への第1歩を踏み出した（資料1）。劇場監督として仕事に恵まれないでいたグーシンスキーは、生産協同組合「メタル」を設立し、銅製のブレスレットの製造を始めた（Hoffman, 2002, pp.150-151）。コムソモールの地区幹部の地位にあったホドルコーフスキーは、コムソモールの支援を受けて、若い科学者たちの副業を組織した（Hoffman, 2002, pp.107-113）。

2−3　「国有企業法」体制のなかでの国有企業の「自立」と民間企業の発生

　「国有企業法」体制のもとで国有企業に実際にどのような事態が生じたであろうか？

　まず、「国有企業法」によれば「若干の種類の生産物」についての国家発注を除くと、製造品目・数量は企業に任されるはずであった。しかし1988年初めに明らかになったことは、「大多数の企業・組織にとって1988年度の生産計画は実際上、国家発注のみから構成されており、これは上からあらかじめ定められた通常の計画と全く異ならない」ということであった（Aslund, 1991, pp.127-128）。

全体として企業長たちは計画策定権にかんする変化が起こらなかったことを従順に受け入れたが、例外もあった。巨大企業「ウラルマーシ」（ウラル機械製作合同、スヴェルドローフスク市）は計画策定権を主張し、激しい争いの末、省に勝利した。ほかにも「国有企業法」に反する指令を受け入れることを拒否した企業の事例があった（Aslund, 1991, pp.128-129）。

　「国有企業法」によれば、企業は資材、機械を卸売商業の形で、または中央集権的な方法で入手するはずであった。中央集権的な方法での配分を行っていたのはゴススナブであった。卸売商業はまだ成立していなかった。そこで自主的な契約を結んで活動しようとする企業はしばしば資材＝機械供給の困難に直面した。「連邦ゴススナブ（資材機械供給国家委員会）はわれわれに必要な金属を保障してくれない」。財を購入するための合法的な市場がないので、従前同様、多くの企業は追加の所得を利用することができなかった（Aslund, 1991, p.131）。

　「国有企業法」によれば、企業は、公定価格（料金）で、または契約価格や自主決定価格で製品を販売できるはずであった。しかし、価格をどこまで自由化するか、公定価格をどのように改定するのかは政策論争の的となり、ソ連指導部は明確な価格政策を打ち出すことができなかった（Aslund, 1991, pp.132-136）。そこで企業は、価格の設定権が自分にあるのか、公定価格だとすればそれはどのような額なのかを事前に明確に知ることなしに活動せねばならなかった。

　「国有企業法」によれば、企業は財務的な独立を強め、その代わり長期間欠損状態であれば活動停止（「破産」はまだ想定されていなかった）を求められるはずであった。公式統計上は、赤字企業の比率は減少した（表2-25）。しかし、赤字企業への融資は継続されていた。また、工業・農業の企業のうち、実際に財務的に独立するのに十分な利潤を上げているのは12％に過ぎないとも言われた。企業と国家予算との関係は、単一のルールによってではなく、個別的に決定されていた。すなわち、生産ファンド使用料は生産ファンドの0－12％であり、利潤税は0－90％であった。これらの率は部門省によって定められていた（Aslund, 1991, pp.136-139）。「責任なしの自由」を

表 2-25　国民経済各部門の赤字の企業・組織 (総数に占める比率)

	1985	1989	1990
工業	13	7	7
農業（ソフホーズ）	23	4	5
建設	23	6	9
通信	12	1	1
供給・販売	19	19	23
住民生活サービス	28	10	12
公共サービス	33	34	27

(出典)　Госкомстат СССР, «Народное хозяйство СССР в 1990 г.» стр.24.

与えられた国有企業は賃金を引き上げ（Aslund, 1995, p.48; 表2-26、表2-27）、インフレ要因を強める役割を果たした。

「国有企業法」によれば、企業は独自に貿易を行ったり、外国法人と合弁企業を設立することができるはずであった。外国貿易省は貿易の独占権を奪われ、部門省と213の合同（1988年）が実際に外国貿易権を獲得していた。しかし、コメコン内貿易では売り上げは「振替ルーブル」（コメコン諸国間貿易にのみ使われる決済用通貨）で得られ、これを個別企業が使うことは困難であった。そこで、1988年春からソ連は、コメコン内の企業同士が「振替ルーブル」を使用せずに現地通貨で決済するという方式を導入することにし、チェコスロバキア、ポーランド、ハンガリーとはそのような協定を締結した（Aslund, 1991, pp.139-145）。資本主義諸国との合弁企業に関しても、1989年5月に合弁企業法制がより制限の少ないものに改められた（出資比率の制限の撤廃など）ため（糸賀、1991）、同年、合弁企業が急増し、1990年1月1日現在で1274登記されていた。しかし、実際に活動しているのは307企業だけであり、その生産額は8億7700万ルーブルで、GNPの0.1%にも満たなかった（Госкомстат СССР, «Народное хозяйство СССР в 1989 г.» стр.670）。

「国有企業法」によれば、企業では、労働集団による自主管理が行われるはずであった。実際の普及状況を見てみると、1989年には14万以上の労働

表 2-26 企業・経済組織（生産協同組合は除く）の利潤（所得）の配分

		1985	1986	1987	1988	1989	1990
利潤		100	100	100	100	100	100
内訳	公的予算へ納付	56	51	46	39	36	36
	上級組織へ控除	—	—	4	9	10	10
	他の目的のため利用	4	3	3	2	2	3
	企業・経済組織の自由裁量下に留保	40	46	47	50	52	51
	経済的刺激ファンドに控除	16	17	16	41	49	48

（出典）　Госкомстат СССР, «Народное хозяйство СССР в 1990 г.» стр.21.

表 2-27 ソ連の工業企業の利潤（所得）の配分

			1985	1986	1987	1988	1989	1990
利潤			100	100	100	100	100	100
内訳	公的予算へ納付		58	58	55	49	45	48
	内訳	生産用固定ファンド、流動資金の利用料	26	26	25	22	19	19
		労働資源利用料	—	—	—	2	3	5
		定額納付金	5	3	—	—	—	—
		利潤の未利用残高の納付	20	13	2	—	—	—
		利潤控除	6	16	27	25	22	23
	上級組織へ控除		—	—	4	9	10	10
	他の目的のため利用		4	3	3	2	2	3
	企業・経済組織の自由裁量下に留保		38	39	36	50	52	51
	うち	経済的刺激ファンドに控除	16	17	16	41	43	40

（出典）　Госкомстат СССР, «Народное хозяйство СССР в 1990 г.» стр.21.

集団評議会（СТК）が活動しており、それらは470万人の勤労者（国有企業・組織従業員の約5％）を代表していた。また、生産部門において企業長の20％強、職長と職場長の6－8％が公募（на конкурсной основе）で選ばれていた。このように自主管理はかなりの速度で普及してはいたが、「いくつかの例外を除けば、期待された効果、特に経済的効果は得られていない」（Торкановский, 1990, стр.103）状態であった。

企業長選挙についてソ連では、次のようなことが言われた。企業長と従業員とを接近させたという点では成果があった。しかし、問題もあった。規律を弱めたり、賃金の引き上げのために企業の資産を投売りするような人物が当選することがあった。また、上級機関の気に入らない人物が選出された場合、彼の活動が上級機関から邪魔された（Бузгалин и Колганов, 1989, стр.44）。オスルンドによれば、初めのころ多くの場合、選挙は地方党委員会によって管理されていた。そのため選挙の直接の効果は、企業に対する地方党組織の影響力が拡大し、部門省の力が後退するということであった。しかし、しだいに実際に労働集団が選ぶという要素が大きくなっていった（Aslund, 1991, p.123）。

1989年10月にルイシコフ首相はソ連最高会議で演説し企業管理者選挙制は2つの点で誤っていたと述べた。第1に、それは企業管理者の活動の安定性を損なった。企業管理者たちの流動性が著しく高まり、その結果、労働規律が弛緩し、労働時間の喪失が大規模になった。企業長は、自分の管理する集団の成員たちの変わりやすい気分に左右され、必要な権限をもてないでいる。第2に、それは、十分民主的でない。労働集団が管理者を選ぶが、所有者・上級者は彼を拒否できる（加藤、1992、86頁）。

労働集団評議会の活動については、全ソ労評研究センターが実施した調査がある。1988年には、モスクワの250企業、1989年には全国の270企業が対象とされた。それによると労働集団評議会は実質的に機能している面もあった。すなわち、1989年に管理上の主要問題の73.3％が検討に付され、検討された問題の45.6％について、指令的意思決定がなされた。しかし、企業管理部と一体化してしまい、形骸化しているという指摘もあった。労働集団評議会員の構成を見ると、企業の幹部と構成単位の管理者が30％を超えていた（表2-28）。議長の構成を見ると、1988年には企業長が29.5％を占めていた。同年に、全ソ労評と労働・賃金問題国家委員会の勧告書で、企業長が議長を兼ねないこととすることになってその比率は下がったが、それでも70％近くが企業幹部や構成単位の管理者たちであった（表2-29。Симаков, 1990, стр.35）。

表 2-28 ソ連の労働集団評議会の社会構成

集団	調査対象の労働集団評議会の平均（%）	
	1988	1989
一般の働き手	65.4	64.8
構成単位の管理者（職長を含む）	23.1	22.9
企業の幹部	11.5	12.3

（出典）　Симаков, 1990, стр.34.

表 2-29 ソ連の労働集団評議会議長の構成（%）

勤労者のグループ	1988	1989
一般従業員	21.9	29.5
構成単位の管理者	34.7	33.5
企業管理部の代表	11.5	20.1
社会団体の幹部	2.4	0.6
企業長	29.5	16.3

（出典）　Симаков, 1990, стр.34.

　しかし企業間、産業間に改革進行度の差が見られた。独立採算制には2形態あったが、このうち独立性がより高い第2形態を採用した企業の比率が1989年について知られている。それは産業部門により大きな差異があり、工業では7.7%と低かったが、その他の部門ではそれより高く、特に、小売商業、外食では90%前後、日常生活サービスでは42.8%であった（表2-30）。完全独立採算制と資金自己調達制の条件下にある工業企業の活動指標は、工業企業全体のそれと比べると相対的に良好であることを示す統計資料もあった（表2-31）。

　合弁企業の活動の規模は相対的に小さかったが、1989年に307企業のうち260企業が貿易に従事しており、輸出額の85%、輸入額の56%は先進資本主義諸国との貿易によるものであった（Госкомстат СССР, «Народное хозяйство СССР в 1989 г.» стр.264-265）。「モスクワ・マクドナルド」がモスクワに第1号店を開店したのは、この年である（http://www.mcdonalds.ru/index.html?he_id=201）。

2－3 「国有企業法」体制のなかでの国有企業の「自立」と民間企業の発生　115

表2-30　ソ連国民経済各部門の生産総額に占める独立採算制で活動している
合同・企業・組織の比率（1989）

	所得の基準的配分に基づく独立採算制の条件で活動	賃　借
工業		
製品（作業、サービス）生産額	7.7	2.7
基本建設		
建設・組み立て組織によって自力で遂行される請負作業の額	22.6	8.0
一般自動車輸送		
貨物輸送量	16.4	5.4
輸送貨物量	20.6	5.8
旅客輸送量	12.0	1.8
輸送旅客量	11.8	1.9
商業		
小売商業売上高	89.9	5.7
外食売上高	90.6	6.3
日常生活サービス		
住民日常生活サービス省の企業による日常サービス売上高	42.8	4.2

（出典）　Госкомстат СССР, «Народное хозяйство СССР в 1989 г.» стр.264.

表2-31　完全独立採算制と資金自己調達制の条件下にある工業合同・企業の主要活動指標（1989）

	工業企業全体	所得の基準的配分に基づく独立採算制の条件で活動する合同・企業	賃借合同・企業
製品（作業、サービス）生産額（1988年比）	101.7	102.9	105.8
製品納入に関する契約義務の遂行率	98.6	99.3	99.2
契約義務を遂行しなかった企業の比率	19.0	8.0	16.0
製品（作業、サービス）1ルーブルあたりの費用の低減（1988年比）	0.3	－0.5	－1.3
食料品以外の消費財（軽工業製品を除く）の生産高（10億ルーブル）	118.0	8.6	4.9
従業員の月平均賃金	262.2	273.3	274.6
1988年比	108.7	111.3	115.5

（出典）　Госкомстат СССР, «Народное хозяйство СССР в 1989 г.» стр.265.

なお、1989年11月に「賃貸借法」が制定されており、1990年1月に施行されることになっていた。詳しくは後述するが、この法律は、国有企業を労働集団が賃借し、通常の企業よりもさらに自立的に経営する制度を定めていた。施行を前に1989年末にはすでに1332の工業企業、31の建設組織、138の日常生活サービス企業が賃借企業となっていた（Госкомстат СССР, «Народное хозяйство СССР в 1989 г.» стр.264-265）。

また、行政機構の縮小政策は、新しい巨大国有企業（コンツェルン）をも生み出していた。その例が国営コンツェルン「ガスプロム」である。「コンツェルン」という企業形態はソ連の「企業法」により企業の自発的連合体として規定されるのであるが、「企業法」制定に先立つ1989年8月のソ連閣僚会議決定により、ガス工業省が国営コンツェルン「ガスプロム」に改組された（資料2（1）。塩原、2004、47頁）。

国有企業の状況をひとまずまとめると次のようにいえよう。まず、① 企業の自主権はたしかに拡大したが、市場インフラが存在しないために自主権は有効に活用されなかった。その代わり、②「ソフトな予算制約」がまだ継続しているので、国有企業はそれを利用して国家から資金を引き出した。③「自主管理」導入によって、企業内の社会的状況は流動的になった。これらのことは、マクロ経済状況悪化の主要な原因ではなかったが、インフレに貢献し、国家の企業への統制力をますます弱めたし、少なくとも経済効率の向上には役立たなかった。しかし同時に、④ 企業間、産業間に改革進行度に差が見られ、独立採算制の第2形態を採用する企業が特に小売商業、日常生活サービスなどでは多く、また、比重はまだ少なかったが、合弁企業、賃借企業も登場していた。⑤ 行政機構の縮小政策は、巨大国有企業をも生み出した。

ところで、前述のように「国有企業法」体制は、国有企業を中心としながら、個人労働活動、新型「協同組合」がそれを補完していくことを想定していた。それらは、ペレストロイカ以前に広範に発展していた闇経済の合法化をも意味していたので、公式統計上、急速な拡大を示した。個人労働活動従事者は1987年末にはすでに30万人に達しており、1989年の公式統計でも

同じであった（Госкомстат СССР, «Народное хозяйство СССР в 1989 г.» стр.47)。新型「協同組合」は1988年に7万7500（従事者数139万6500人）、1989年には19万3100（従事者数485万5400人）と急増した。業種別で見ると、多いのは民需商品生産、住民向け日常生活サービス、ならびに建設であった（表2-32）。

　国有企業中心でいまだ市場経済に移行しない中でのこれらの活動には、独自の優位性があったが、同時に独特の障害もあり、それはこれらの活動をゆがめた。

　まずこれらの新しい所有形態の企業活動の実態については、改革派から賞

表2-32　ソ連の活動中の協同組合の業種別内訳（年末、1000)

	1987	1988	1989	1990
協同組合全体	13.9	77.5	193.1	245.4
民需商品生産	3.3	16.2	33.7	41.8
住民向け日常生活サービス	5.3	23.7	32.6	27.6
外食産業	3.0	7.6	5.7	4.6
2次原料の生産・加工	0.9	2.3	3.1	3.2
建設		3.4	38.7	75.5
調査プロジェクト		0.7	3.1	4.4
農業（家畜、鶏の飼育、養魚、野菜・花・きのこ栽培など）		2.1	8.5	10.4
商業		0.6	1.2	1.6
買い付け		4.4	6.5	5.3
生産技術関連の製品の生産		0.4	5.8	8.9
科学技術		2.1	10.4	12.6
芸術		1.4	4.5	4.8
スポーツ・健康		0.6	1.7	1.7
医療サービス		1.9	3.3	3.3
旅客輸送サービス		0.4	1.5	2.0
レジャー		1.8	2.6	2.1
その他の種類の協同組合		7.9	30.2	35.6

（出典）Госкомстат СССР, «Народное хозяйство СССР в 1990 г.» стр.56.

賛の声があった。良いサービス、品質を提供しており、「製品・サービス市場は全般的に選択の余地が広がった」といわれた。「協同組合の労働者の労働生産性は普通の工場の3倍、5倍、さらには10倍にも達している」ともいわれた。改革派経済学者は、協同組合は独立の自主管理的で利潤志向の企業のように活動していると評価した。それらは非常に小さいので、小さな民間企業のように行動した。協同組合のメンバーたちは国有企業従業員よりも効率的に働いた。なぜなら彼らの収入は直接彼らの業績に依存しているので、彼らにはより良いインセンティヴがあるからである。協同組合は製品を更新したり価格を変更するのが国有企業よりもはるかに容易であり、「彼らは膨大な書類仕事に邪魔されず、おびただしい指示を受けて疲れたり、長い会議を行う必要もない」。「どこかに市場があると思えば、彼らはその場所に突進し、働き始める」(Aslund, 1991, p.172)。

構造的な「不足の経済」で、しかも隠れたインフレが進行する状況の中で、協同組合と個人労働活動は高い価格をつけて、高い利益を上げることができた。とくに協同組合は個人労働活動よりも規模が大きく、制約も少なかったので大きな利益を上げた。協同組合の製品・サービスの価格は、平均して国営の3-4倍だった (Aslund, 1991, pp.173-174)。

協同組合員の高い収入は市民の批判の的となるほどだった。「ソフホーズのトラクター運転手として1日2-3ルーブルを稼ぐ私が、ブラジャーのファスナーを作るどこかの作業員は1日100ルーブル稼ぐというのを読んだとき、どんな気持ちがするかわかるか？」ドンバスのある協同組合では、組合員はプラスチックの装身具を製造して月に5000ルーブルを得た。別の協同組合では組合員の平均月収は1万2500ルーブルであった (Aslund, 1991, p.173)。これらはいずれも1988年の新聞記事からの引用であるが、この年の労働者・職員の賃金の平均月額は、公式統計では219.8ルーブルであった（表2-33）。協同組合で働く人々の平均賃金は、月528ルーブルといわれた (Smith, 1990. 邦訳、486頁)。

その結果、国有企業の基幹労働者が、多くの場合、副業の形を取りながらも協同組合に流出するという事態が起こった。1987年の終わりごろ、協同

表 2-33　ソ連の労働者・職員の賃金

	平均月額（ルーブル）	年増加率（％）
1985	190.1	
1986	195.6	2.9
1987	202.9	3.7
1988	219.8	8.3
1989	240.4	9.4
1990	274.6	14.2
1991		70.0

（出典）Госкомстат СССР, «Народное хозяйство СССР в 1990 г.» стр.36. Aslund, 1995, p.48.

組合員のうち13％だけが年金生活者、8％が主婦、3％が学生であり、65％が副業で協同組合で働いていた。1988年初め、協同組合の働き手の80％が男性であった（Aslund, 1991, p.174）。ある調査によれば、協同組合の働き手の約4分の3は、45歳未満、3分の2が高等教育を受けていた。4分の3が以前に商店やデパートの店長、レストランの支配人、または技師や技術者など、国営企業で管理的な職種についていた（Smith, 1990. 邦訳、486-487頁）。

しかし、個人労働活動と協同組合は法律上、承認されたばかりでその地位が不安定であり、また、市場も存在しないところで、民間企業として活動しなければならないという困難があった。資材、土地・建物の確保は地方行政機関に依存せねばならなかった。課税は、個人労働活動に厳しく、協同組合に甘く、個人労働活動従事者が登記を避ける一因となった。基本税と累進税からなり、それらは当初、共和国によって決定されていたが、基本税額の決定は1988年に地方行政機関にゆだねられるようになった。そこで、闇市場への依存、官僚への賄賂はほとんど不可避であった。また、個人労働活動では登記を避ける傾向も見られた（Aslund, 1991, pp.163-180）。

実際、地方権力機関は個人労働活動と協同組合の発展を妨害しているといわれた。ゴルバチョフは、「非常にゆっくりと、一般的にいやいやながら、大規模工業企業に協同組合が創設されており」、いくつかの地方権力機関は

「あらゆる妨害を続け、不法な禁止や制限を新たに設けている」と述べた（Aslund, 1991, p.172）。国有企業を顧客とする協同組合の登記が申請されたとき、地方当局は、「協同組合は住民向けのサービスを提供したり、消費財を生産するためにのみ設立されねばならない」として登記を拒否した（Aslund, 1991, p.174）。

協同組合の資材調達や財務には犯罪的な要素が色濃かった。たとえば、「ステージ演奏をする音楽家グループの使う楽器の約50%は非公式の経路で購入されている」と指摘された。このようなことはやむをえないこととも いえたが、1987年終わりごろからすでに、犯罪グループの関与が指摘され始めた。犯罪グループが、収入を獲得し、マネーロンダリングを行うために協同組合を利用した。いくつかの協同組合で民主的な手続きが放棄されており、これらの協同組合は今では私営企業として経営されているといわれた（Aslund, 1991, pp.174-176）。

新しく許可されるようになった非国営または民間の銀行は1989年末には150行あった。これらの銀行による融資は銀行全体の融資総額の約2%であり、預金額は個人が0.4%、他の銀行（ほとんどが国営銀行）、35%が法人（地方行政機関、企業）であった（Lane, 2002, p.13）。

こうして「国有企業法体制」期には、国有企業が「自立性」を高めながらもそれを有効に活用できずに混乱するなか、事実上の民間企業が成長を始めた。このような国有企業の「自立」と民間企業の発生は、しばしば絡み合って進行し、一国有企業全体、またはその構成単位の事実上の民営化（「自然発生的民営化」）に道を開いた（OECD, 1995, p.67. 表2-34）。ベレゾーフスキー、マンツーロフ、ミローノフらのこの時期の活動（後述）は、そのことを示す例である。

メンシコフらによれば、この過程は闇経済の拡大をももたらした。すなわち、1988年の闇経済の規模は979億ルーブルであり、これが生産国民所得に占める比率は、1985年に13%であったが、1988年には16%に上昇した（Menshikov, 1991, pp.91-92. 邦訳44-45頁。表1-4）。ただし別の計算では、1989年の闇経済のGDPに占める比率は12%であった（http://www.

2－3 「国有企業法」体制のなかでの国有企業の「自立」と民間企業の発生　121

表 2-34　ソ連・ロシアの民営化戦略

民営化の諸段階	時期	主要な方法	得をした集団
自然発生的民営化	1987－1991	資産の剥ぎ取り	ノーメンクラツーラ、コムソモール
大衆的民営化	1992－1994	ヴァウチャーの配布	インサイダー（経営者と従業員）
貨幣的民営化	1994－1997	資産の売却・転売	アウトサイダーと若干のインサイダー（経営者）
担保スキーム	1995－1996	銀行への詐欺的売却	オリガルヒ
民営化の中断	1997－2000	－	オリガルヒ
「個別的」民営化	2001－	資産の売却	オリガルヒ、外国人投資家、アウトサイダー

（出典）　Андрефф, 2004, стр.58.

krugosvet.ru/articles/103/1010314/print.htm）。

　闇経済が成長したかどうかは定かでない。むしろ、「国有企業法体制」の中で、計画経済体制下で闇経済に属していた活動の一部が合法化された。メンシコフ自身が述べるように、問題は量的成長ではなく、それが獲得した新たな性格であった。すなわち、従来は計画経済体制と共存していた闇経済が、民間セクター（合法化された「旧」闇経済ともいえる）とともに、計画経済体制を揺り動かし始めたことであった（Menshikov, 1991. 邦訳 124-125）。

　のちに有名実業家となる人々が、この時期にビジネスの世界に飛び込んで頭角を現し始めた（資料１）。10 大企業グループ総帥となる人々のうちでは、ソ連建設銀行で働いていたヴィノグラードフが、アバルキン副首相らの支持を得て、民間銀行「インコム銀行」を設立した（http://www.flb.ru/index_open.php?person_id=169）。技師として鉄鋼工場で働いていたフリードマンは、協同組合「アルファフォト」を設立し、写真業を始めた。科学者で（Госкомстат СССР, «Народное хозяйство СССР в 1989 г.» стр. 264-265）あったベレゾーフスキーは、協同組合「ロゴVAZ」（Logovaz）を設立し、国営企業「アフトVAZ」（ヴォルガ自動車工場）幹部を「ロゴVAZ」に参画させ、イタリア製自動車の輸入と「アフトVAZ」製自動車「ジグーリ」の販売を始めた（Hoffman, 2002, pp.141-145）。マールキンは

計算機開発の協同組合を設立した。

　また、V. N. マンツーロフは、国有企業「ダリエネルゴマーシ」の木材加工職場を賃借した。A. ミローノフは、国有企業「MOVEN」（モスクワ換気扇工場）の企業長をしていたが、この時期に従業員とともに協同組合を設立し、企業買取を前提とした賃貸契約を省との間で締結した。

2－4　国有企業「脱国有化」の開始と民間セクターの成長

　マクロ経済が崩壊へと向かった 1990－1991 年、国有企業の生産活動も落ち込んだが、国有企業の「脱国有化」が進み、民間セクターが急速に成長していった。

　前述のように国民経済はマイナス成長に落ち込んでおり、国有企業の生産活動は縮小に向かった。しかし、国有企業は賃金を引き上げ（表 2-33）、インフレを昂進させる役割を果たした。また、インフレが続く中で、国有企業はより価格設定を自由に行うことのできる民間セクターに製品を流し始めた。

　国有企業における自主管理については形骸化が指摘された。1988－1990 年に行われた、さまざまな工業部門に属する約 150 企業の 250 以上の労働集団評議会の活動に関する調査によると、労働集団評議会の活動の基本モデルには次の 3 つがあった。1）管理部に付属する協議機関。労働集団評議会は従業員の意見を管理部に伝え、管理部が意思決定を行う。このタイプが 80％以上であり、うち 60－70％では労働集団評議会はただ形式的に存在しているだけで、実際には活動していなかった。2）所有者としての労働集団の代表。これは、1990 年以降、本格的に登場する賃借企業、集団企業（後述）の場合であり、このタイプは 5％以下であった。3）管理部と共同・対等に意思決定を行う機関。このタイプは約 15％であった（Герчиков, 1990, стр. 97）。

　「国有企業法」が想定したような、戦略的意思決定機関としての労働集団評議会は現れず、たんなる協議機関、あるいは管理部との協同決定機関とし

ての労働集団評議会であった。ソ連の「企業法」、ロシアの「企業・企業活動法」は、このような状況を追認したものであった。上記の調査では、従業員に対して、「労働集団の活動のさまざまな側面の管理に参加したいと考えているか」という質問もされた。その調査結果によると、労働・福祉領域の管理には50－65％が、生産管理には1－2％が、企業資産の管理（賃借企業、集団企業、株式企業などへの移行、それに伴う持分の決定、配当など）には、10－25％が参加したいと答えた（Герчиков, 1990, стр.101）。

「賃貸借法」の施行に伴い国有企業の賃貸借が発展した。1990年には6200企業（従業員数360万人）が賃借企業となった。工業、建設、一般自動車輸送、商業、外食、日常生活サービスなどでめだった（表2-35～39）。1991年には賃借企業はさらに拡大し、そこで働く従業員は840万人となった（表2-40）。

事実上の民間企業である新型「協同組合」も増大し、1990年には24万5400存在し、609万8200人が従事していた（表2-32, 2-41, 2-42）。GNPに占める新型「協同組合」生産額の比重は7％となった。新型「協同組合」の80％以上は国有企業に付属して創設され、国有企業の生産ファンドを用いて活動し、したがって国有企業・組織の需要に対応していた。新型「協同

表2-35　ソ連の賃借企業の活動の主要指標（1990年）

		賃借企業数(1000)	就業者		生産額	
			人数(1000人)	部門就業者総数に占める比率（％）	額（10億ルーブル）	部門生産総額に占める比率（％）
全体		6.2	3600		121.8	
内訳	工業	2.4	1700	4.7	48.0	5.2
	建設	1.0	600	5.6	6.3	5.8
	一般自動車輸送	0.4	233	10.9	2.1	9.2
	商業、外食産業	2.0	883	11.8	64.5	13.8
	日常生活サービス	0.4	200	9.6	0.9	10.0

（出典）　Госкомстат СССР, «Народное хозяйство СССР в 1990» стр.53.

表 2-36 工業の賃借合同・企業の活動の主要指標

	全工業企業		賃借企業	
	1989	1990	1989	1990
生産額の増加率（対前年比）	101.7	98.8	105.8	103.4
製品納入の契約義務の遂行率	98.6	97.8	99.2	98.7
契約義務を遂行しなかった企業の比率	19	25	16	22
生産額1ルーブルあたりの費用の変化（対前年比）	0.3	1.3	−1.3	−0.7
食料品以外の消費財（軽工業製品を除く）の生産				
国家注文（10億ルーブル）	118.0	126.7	4.9	9.0
国家注文の遂行率	102.5	101.0	105.0	107.0

（出典）　Госкомстат СССР, «Народное хозяйство СССР в 1990 г.» стр.53.

表 2-37 ソ連の賃借建設組織の活動の主要指標（1990）

建設組織が自力で遂行する請負作業高		
	金額（10億ルーブル）	6.3
	対前年比（％）	94
	国民経済全体に占める比率（％）	5.8
完工建築物		
	住宅、寮（100万㎡）	5.5
	一般教育学校の座席数（1000）	28.7
	就学全施設の座席数（1000）	14.9

（出典）　Госкомстат СССР, «Народное хозяйство СССР в 1990 г.» стр.54.

表 2-38 ソ連の国有・協同組合商業の賃借企業・組織の小売流通高

	流通高（10億ルーブル）		流通総額に占める比率	
	1989	1990	1989	1990
小売流通高計(外食産業を含む)	23.4	64.5	5.8	13.8
小売流通高	21.3	59.3	5.7	13.8
外食産業	2.1	5.2	6.4	14.3

（出典）　Госкомстат СССР, «Народное хозяйство СССР в 1990 г.» стр.54.

表 2-39 ソ連の諸共和国の日常生活サービス省の賃借企業による生活サービス販売高

販売高（100万ルーブル）		サービス販売総額に占める比率	
1989	1990	1989	1990
388	936	4	10

（出典）Госкомстат СССР, «Народное хозяйство СССР в 1990 г.» стр.55.

表 2-40 経済セクター・経営形態別就業人口

	1990		1991	
	人（100万人）	比率	人（100万人）	比率
就業人口総数(100万人)	132.0	100.0	131.3	100.0
国有企業・組織	103.0	78.0	94.3	71.8
賃借企業	4.4	3.3	8.4	6.4
株式会社	0.1	0.1	1.2	0.9
経営アソシエーション（コンツェルン、合同）	0.4	0.3	1.4	1.1
社会団体（基金）	1.1	0.8	1.2	0.9
合弁企業	0.1	0.1	0.1	0.1
コルホーズ・協同組合セクター	18.3	13.9	17.7	13.5
民間・個人企業活動の領域（契約・請負などで働くファーマー経営、個人副業経営、個人労働活動）	4.6	3.5	6.3	4.8
その他の企業	—	—	0.7	0.5

（出典）Статистсческий комитет СНГ, 1992, стр.9.

表 2-41 ソ連の協同組合活動の主要指標

	1987	1988	1989	1990
活動中の協同組合数(期末、1000)	13.9	77.5	193.1	245.4
働き手の数(期末、1000人)	155.8	1396.5	4855.4	6098.2
うち兼業者		653.9	1712.2	1897.0
賃金ファンド（兼業者の賃金を含む、100万ルーブル）	120.0	2160.6	16842.5	26836.0
製品（作業、サービス）の年間売上高（100万ルーブル）	349.7	6060.8	40339.1	67313.0
うち直接、住民向け		2368.8	6184.0	8463.8

（出典）Госкомстат СССР, «Народное хозяйство СССР в 1990 г.» стр.55.

表 2-42　ソ連の協同組合の業種別主要活動指標（1991年1月1日）

	活動中の協同組合数(1000)	働き手の数（1000人）	うち兼業者	製品（作業、サービス）の販売高（1990年、100万ルーブル）	うち直接住民向けの販売高	賃金ファンド（兼業者の賃金を含む、100万ルーブル）
協同組合全体	245.4	6098.2	1897.0	67313.0	8463.8	26836.0
民需商品生産	41.8	1010.0	281.6	11994.4	2920.6	4069.7
住民向け日常生活サービス	27.6	420.8	123.2	2888.3	1226.7	1291.1
外食産業	4.6	44.5	7.8	449.1	338.1	89.6
2次原料の生産・加工	3.2	87.9	27.0	1186.4	132.2	452.0
建設	75.5	2548.2	631.3	25961.5	773.7	13015.4
調査プロジェクト	4.4	125.9	70.4	1061.5	33.6	569.9
農業（家畜、鶏の飼育、養魚、野菜・花・きのこ栽培など）	10.4	118.0	21.8	1217.6	278.7	326.1
商業	1.6	19.2	3.9	705.7	410.6	124.2
買い付け	5.3	52.6	10.3	1858.7	799.7	153.5
生産技術関連の製品の生産	8.9	380.1	97.6	5941.4	211.9	1730.5
科学技術	12.6	312.5	196.7	4503.2	133.2	1191.9
芸術	4.8	64.5	20.0	470.1	35.8	255.8
スポーツ・健康	1.7	25.5	13.5	185.2	74.2	68.2
医療サービス	3.3	60.6	40.2	357.9	204.4	197.5
旅客輸送サービス	2.0	50.8	17.0	399.9	83.6	151.2
レジャー	2.1	26.2	12.3	325.8	133.8	73.9
その他の種類の協同組合	35.6	750.8	322.2	7806.3	673.1	3075.5

（出典）　Госкомстат СССР, «Народное хозяйство СССР в 1990 г.» стр.57.

組合」の製品（作業、サービス）の 80％は国有企業・組織向けであった（Госкомстат СССР, «Народное хозяйство СССР в 1990 г.» стр.52）。

　また、国有企業を基礎にした新しい経営形態が成長した。まず、ソ連の「企業法」第 3 条に基づいて企業の連合組織が多数形成された。1990 年末に、120 以上のコンツェルン、約 50 の部門間国有合同、1420 のアソシエー

ション、102 のコンソーシアム、100 以上の地域的部門間合同が存在した（Госкомстат СССР, «Народное хозяйство СССР в 1990 г.» стр.52）。そこで働く人々は約 40 万人であった。1991 年にはさらに増え、約 140 万人となった（表 2-40）。この人々は主として産業部門省から排出された人々で、これらの連合組織が、部門の生産を組織する機能を部分的に果たした。

また、1990 年には 1200 以上の株式会社も設立されていた（Госкомстат СССР, «Народное хозяйство СССР в 1990 г.» стр.52）。同年制定されたソ連の「所有法」、「企業法」で「株式会社」形態が認められており、同年同月にソ連閣僚会議により「株式会社・有限会社規定」（溝端佐登史訳が『日ソ経済調査資料』1990 年 9 月号にある）も承認されていた。「所有法」ならびに「株式会社・有限会社規定」は、民間株式会社の設立の可能性も排除してはいないが、主として国有企業の改組による株式会社設立に言及している。実際に、1200 の株式会社の大多数もそのような株式会社であったと推定される。1990 年には約 10 万人がそこで働いていたが、1991 年にそれは約 120 万人に増大した。

以上のような企業形態上の変化は、少なくともロシアにおいて 1991 年にはもはや、エピソード的な、国有企業体制周辺部での事態ではなくなっていた。表 2-43 を見ると、ロシアの総固定資本の 22％が国有から非国有に移行していたことがわかる。また国有企業を民営化するという方針は示されたが、どのような企業をどのような方法で民営化するのかまだ政策が形成されていない状況の中で、事実上、「自然発生的民営化」（стихийная, спонтанная приватизация; spontaneous privatization）が進行していた。

チュバイスによれば、これは「全人民所有の横領」であった。「ソビエト人も、あらゆる他の普通の人間と同様に『ホモ・エコノミクス』（経済人）であるということが、非常に急速に明らかとなった」。すなわち、「国有財産乗っ取りの 2 つの方式が作り出された」。ひとつは、国有企業の財産を、新設の株式会社の財産の一部に移し変えてしまうという方法、もうひとつは、「買取権つき賃借」の結果として国有財産を私的財産にするという方法であった（Чубайс, 1999, стр.29）。

表 2-43 ロシアの総固定資本の所有形態別分布 (年初)

	全体	国有	非国有
1985	100	90	10
1990	100	91	9
1991	100	91	9
1992	100	69	31
1993	100	53	47
1994	100	44	56
1995	100	42	58
1996	100	44	56
1997	100	45	55
1998	100	45	55
1999	100	45	55
2000	100	43	57
2001	100	42	58
2002	100	42	58
2003	100	42	58

(出典) Госкомстат России, «Российский статистический ежегодник» 1996, стр.273; 2003, стр.305.

1991年初めまでに合弁企業は約3000設立されていた。そのうちの80％近くは米国、西独、フィンランド、その他の資本主義諸国の企業が参加して形成された。定款ファンドの資金の約3分の1が外国パートナーの出資によるものであった。登録企業の35％だけが実際に活動していた（Госкомстат СССР, «Народное хозяйство СССР в 1990 г.» стр.52）。そこで働く人々は約10万人であった（表 2-40, 2-44, 2-45）。

そればかりでなく、市場インフラを形成する新しい業態が登場した。ソ連邦ゴススナブ（国家供給委員会）とその他の省庁の商品供給網を基礎にして、生産手段の卸売商業のための商店その他の商業組織が設立され始めた。1991年初めに約1400の協同組合銀行が存在し、貸付残高の8％が商業銀行に属した（Госкомстат СССР, «Народное хозяйство СССР в 1990 г.» стр.52）。1990年5月にモスクワ商品取引所（МТБ）が設立され（http://

2－4 国有企業「脱国有化」の開始と民間セクターの成長　　129

表 2-44　ソ連・CIS の合弁企業数（年初）

1991	1992
2349	2593

（出典）Статистический комитет СНГ, 1992, стр.87.

表 2-45　ソ連の合弁企業の貿易活動（100 万外貨ルーブル）

	1990	1991
輸出	663.3	1466.0
輸入	2502.9	1705.6

（出典）Статистический комитет СНГ, 1992, стр.88.

www.meo.ru/catalog/297/59466.html）、1991 年末までにロシア共和国内で商品取引所、有価証券取引所が 182 設立された（表 2-46）。

　このような過程の中で、体制転換後のロシアの企業家層の形成が始まった。

　1996－1997 年の時点でロシアの最有力経済エリートといえる 303 名の伝記的調査を行ったレンとロス（Lane and Ross, 1999）によると、1981－1988 年の間にこれら経済エリート全員がさまざまな地位に就いていた時間比率を計算すると、次のようになる。27％が工業企業幹部、12％が知的専門職、10％が学生、10％が経済組織職員、10％が研究者、8％が企業家、8％が政府員、6％が党機関とコムソモール機構の幹部としての時間であった。

　すなわち、比率としては高くないが、すでに登場してきた企業家たちがのちに最有力経済エリートとなっていくのである。1997 年の 10 大財閥総帥のうちグーシンスキー、フリードマン、ベレゾーフスキー、ホドルコーフスキー、マールキンがそうである（資料 1）。

　この時点でまだ工業企業幹部にとどまっていた人々も、賃借企業や株式会社への移行などを通じて「企業家」的性格を持ちつつあった（資料 1）。

　N. I. ベフは、1987 年から「カマス」（「カマ自動車工場」。トラック製造）合同長をしていたが、1990 年 6 月に政府が「カマス」の株式会社改組を決定したので、1991 年に「カマ自動車工場」を株式会社化し、その会長、社

表 2-46 ロシアの取引所（商品、商品－原料、商品－証券、証券）の活動指標（1991）

取引所数（年末）	182
従業員数（兼業者を除く、1000 人）	7.4
兼業者数（1000 人）	2.1
ブローカー会社数（年末、1000）	23.5
取引件数（1000）	4.9
成約取引数（1000）	106.3
取引所の流通高（10 億ルーブル）	69.9
内訳　消費財	22.2
内訳　生産財	34.0
内訳　有価証券	1.2
内訳　その他の種類の商品・サービス	12.5

（出典）　Госкомстат России, «Народное хозяйство в Российской федерации 1992», стр.61.

長に就任した。「カマス」はソ連で最も早く設立された株式会社のひとつとなった（http://www.kamaz.net/rus/corporation/history/tale/）。

V. I. ブカートは国営専門銀行幹部を歴任していたが、1990 年までに自らが理事会議長を務める「ジルソツバンク」の株式会社化を提案し、同年 7 月、ソ連閣僚会議決定によりそれを認められ、株式銀行「ソツバンク」の理事会議長となった。その後、ロシア政府との交渉の結果、同年 12 月、「ソツバンク」は「モスビジネスバンク」に改組され、取締役会議長となった（http://www.biograph.ru/bank/bukato.htm）。

官庁の企業への衣替えに伴い、官僚が企業家に転進する事例も見られた。ソ連石油・天然ガス工業省副大臣のアレクペーロフ、モスクワ市執行委員会技術管理総局長のエフトゥシェーンコフらがそうである。

コメコン銀行に勤務していたポターニンは、貿易会社「インテルロス」を設立した。

2－5　まとめ―社会主義国有企業体制崩壊―

　以上に述べてきたゴルバチョフ時代のソ連企業の変容過程は、およそ次のようにまとめることができる。
　ゴルバチョフ政権は、伝統的な社会主義計画経済体制の構造的弱点を克服すべく、法制度の改革と既存の経済管理機構の解体を進め、社会主義市場経済（労働者自主管理を組み込んだ「規制される市場経済」）、さらには（形容詞のない）市場経済への移行を目指した。そのさい当然のことながら国有企業についても、国家経済機関から指令されるだけの組織から、市場を目当てに活動する組織へと変化するよう促した。そして民間企業活動も徐々に容認していった。
　この過程でマクロ経済状況は、期待されたような成長ドライブを見せず、むしろ不安定さを増し、やがて危機的な状況に落ち込んだ。
　企業に目を向けると、国有企業の場合、従来よりはるかに広範な自主権を獲得した。しかしそれの活用の仕方は産業、立地等により大きく異なっていた。自社製品に市場での優位性を持たせることが比較的容易な企業は対市場活動に積極的となり、未成熟な市場での独占的地位を利用した価格操作も辞さなかった。他方、国家よりほかに需要家を探すことが困難な企業は、国家発注の継続あるいは国家による保護を求めた。
　容認された民間企業活動は徐々に拡大していった。民間企業は、伝統的な体制のなかで満たされなかった需要を、使われなかった人的・物的資源を利用することによって満たしたと、一般的にはいえる。だが同時に、経済において圧倒的な地位を占める国有企業や、多くの資産を有し経済活動を規制できる国家機関と関係を持たずに企業活動はできなかった。民間企業と国有企業、国家機関との関係は、事例ごとに多様であるが、多くの場合、相互に利用しあった。
　ここで注意せねばならないことは、ソ連企業のこのような大きな変容は、社会主義の放棄、ソ連邦解体、冷戦の終結というより大きな社会・政治的変

化のなかで起こったということである。本章では、制度改革の進行、マクロ経済状況、企業動向を個別に分析したが、それにより、実際にこれらの諸側面は一面で関連しあいながら、他面では相対的に独立して推移したことが明らかとなった。もう少し具体的には次のように説明できる。

　まず、制度改革の進行を中心に見ると、その進行はマクロ経済状況の悪化に一定程度貢献しており、企業動向に制度的裏づけを与えたが、同時に、制度改革はマクロ経済状況の悪化に促されて進行しており、また企業を国家が統制できなくなっていったことが新たな制度改革を促した。

　マクロ経済状況を中心に見ると、その悪化は制度改革の進行による混乱、企業の自立化による混乱にも影響されていたが、原油の国際価格の急激な低下という国際的要因、ゴルバチョフ政権の制度改革以外の政策（特に放漫財政）による悪影響のほうが大きかった。

　企業動向を中心に見ると、企業は制度改革に支えられ、マクロ経済状況に影響されてはいたが、しだいに企業経営者が改革意図から離れて意思決定をして改革を逆に促していくようになったし、また、潜在インフレというマクロ経済状況を利用し、強化するようにもなった。

　このように、企業の変容は、制度改革やマクロ経済状況の影響を受けながら、同時に、それらに影響を与えながら、進行した。

　このような特徴を持つ、企業の変容過程を振り返りながら、本章冒頭に提示した3つの問題を検討し、そこから本論文の3つの課題と関係するインプリケーションを引き出してみよう。

　① ゴルバチョフ時代の企業システムは上からの制度改革にどのように対応し、どのような新しい特徴を獲得していったか？

　企業システムは全体として、国家経済機関から指令されるだけの組織から、市場を目当てに活動する組織へと変容し始めたが、他面では国家の保護を求める傾向を示した。このような変容において、国有企業の姿勢は初期には受身であった。その後、しだいに国有企業経営者は積極的にこのような変化にコミットしていったが、一般従業員の多くは受身であり続けた。国有企業経営者以外で変化にコミットしようとした人々は、民間の起業家となって

2-5 まとめ—社会主義国有企業体制崩壊—

いった。

　そして、「国有企業法」体制で想定されていた、社会主義市場経済（労働者自主管理を組み込んだ「規制される市場経済」）を支える労働者自主管理企業構想は流産した。

　企業管理者選挙が実施され、労働集団評議会が選出された企業は、短期間の間に従業員数において国有企業全体の5％程度を占めるにいたった。続いて賃借企業が認められ、これも短期間の間に従業員数において就業者総数の6.4％を占めるようになった。

　しかし、労働者自主管理において一般従業員の管理への参加はほとんど実質化しなかった。また、労働者自主管理が企業の経済効率の向上、ひいては国民経済の成長をもたらしはせず、むしろ経済混乱の原因のひとつと批判されることもあった。

　こうして、労働者自主管理企業というかたちで新たな社会主義企業システムを生き延びさせるという構想は潰えた。

　② 市場メカニズムの導入が企業システムにどのような影響をもたらしたか？

　ゴルバチョフ時代における市場メカニズムの導入は、1980年代末におけるソ連経済を危機的状況に追い込む一因となった。また、一部の企業の活動を反社会的なものにしたり、また他の一部の企業の活動を国家支援以外に寄る辺ないものとした。

　③ ゴルバチョフ時代の企業システムのあり方が現在のロシアの企業システムにどのような影響をもたらしたか？

　ゴルバチョフ時代の企業システムは、市場経済化ならびにそれに伴う困難と結びついており、したがって現在のロシアの企業システムとの関係では、それを市場経済化へと導き、同時に固有の困難性を付与したといえる。

　固有の困難性として指摘すべきなのは、次のようなことである。まず、第1に、レント・シーキング、非合法活動に傾斜する企業と、国家の保護に依存する企業の二極化が起こり、正常な企業活動が衰退し始めた。第2に、国有企業では経営陣によるインサイダー支配が広がった。第3に、マフィア、

官僚との結合が民間起業の条件であった。

　これらの困難性は、エリツィン時代に引き継がれ、ノーメンクラツーラ・マフィア資本主義を支える企業システムの特徴を形成していくことになる。

第3章
エリツィン時代のロシア企業

　エリツィン時代にロシア企業は、市場経済下で活動する企業へと基本的に転換した。

　本章では、その過程を詳しく跡付けることにより、① 企業システムの転換において、社会主義企業としての過去はどのような役割を果たしたか、② 企業システムの転換によって企業活動は効率化されたか、③ エリツィン時代の企業システムのあり方が現在のロシアの企業システムにどのような影響をもたらしたかを明らかにする。

3－1　急進的市場経済化政策と移行不況

　エリツィン時代はマクロ経済の動態と経済政策という観点からは、3つの時期に区分できる。経済自由化期（1992－1994）、安定化期（1995－1998）、金融危機とその後（1998－1999）である（田畑・塩原、2004、1-2頁）。

3－1－1　経済自由化期（1992－1994）
3－1－1－1　憲法の制定と政府機構の構成
　1991年末、ソ連邦が解体し、15の連邦構成共和国はすべて主権国家となった。上述のように、市場経済移行の方法・テンポをめぐってソ連邦内で見解の相違があったが、連邦解体により、各共和国はそれぞれの移行政策を採用することとなった。

　旧ソ連最大の領土と人口を有するロシアでは1993年12月に憲法（邦訳は、ユーラシア研究所編、1998）が制定・施行され、どのような経済システ

ムを形成しようとするのかが明示された（大江ほか、2003）。その第2章「人と市民の権利および自由」では、「各人は、企業活動および法律によって禁止されていないその他の経済活動のために、自己の能力および財産を自由に使用する権利を有する」（第34条第1項）、「私的所有権は、法律によってこれを保護する」（第35条第1項）、「相続の権利は、これを保障する」（第35条第4項）、「市民およびその団体は、土地を私的に所有することができる」（第36条第1項）などとして、自由な経済活動と私的所有権の保護が強調された。そして、社会主義計画経済体制を想起させるものはもはや何もない。

第3章「連邦構造」のなかでは、ロシア連邦とロシア連邦構成主体の経済的権限について規定されているが、それらは連邦国有財産の管理、市場の法的基礎の形成、連邦予算、連邦税の決定などであり（第71条）、市場経済下の一般的な国家権限の範囲を出るものではない。なお、連邦権限に含まれないものは連邦構成主体の権限となるとされ、地方に事実上、大きな裁量権が認められている。とりわけ、土地、地下資源、水資源、その他天然資源の占有・使用・処分の問題が、連邦構成主体の権限とされた。

政府機構も、経済活動の自由の承認に対応したものとなった。上述のように、ゴルバチョフ時代からすでに、計画経済体制の司令部としての政府機構の役割は削減され、それに応じた機構改革が進められつつあったが、エリツィン政権下のロシアの政府機構には、企業に個別的に指令するような機構はもうなかった。ソ連時代の政府機構の構成（表1-2）とロシアの政府機構の構成（表3-1）を比較すると、その相違は明瞭である。

表3-1　ロシア連邦政府の構成（2005年2月現在）

(1) ロシア連邦大統領が業務を監督する連邦省、連邦局、ならびに連邦庁。それらの連邦省管轄の連邦局・連邦庁
内務省
連邦移民局
民間防衛・非常事態・自然災害復旧省
外務省
国防省

連邦軍事技術協力局
　　連邦国防発注局
　　技術・輸出管理に関する連邦局
　　連邦特殊建設庁
法務省
　　連邦刑執行局
　　連邦登記局
　　連邦執達局
国家伝書局
対外諜報局
連邦保安局
麻薬・向精神性物質流通統制に関する連邦局
連邦警備局
大統領特別プログラム総管理部
大統領業務部

(2) ロシア連邦政府が監督する連邦省。それらの連邦省管轄の連邦局・連邦庁
保健・社会発展省
　　消費者権と人間福祉の保護の分野の監督に関する連邦局
　　保健・社会発展分野の監督に関する連邦局
　　連邦労働・雇用局
　　連邦保健・社会発展分野庁
　　連邦体育・スポーツ・旅行庁
　　連邦医学・生物学庁
文化・マスコミ省
　　マスコミ分野と文化遺産保護における法令順守の監督に関する連邦局
　　連邦文書保管庁
　　連邦文化・映画庁
　　連邦出版・マスコミ庁
教育・科学省
　　知的財産、特許、商標に関する連邦局
　　教育・科学分野の監督に関する連邦局
　　連邦科学・イノヴェーション庁
　　連邦教育庁
天然資源省
　　連邦水資源庁
　　連邦林業庁
　　天然資源利用分野の監督に関する連邦庁
　　連邦地下資源利用庁
工業・電力省
　　連邦工業庁
　　連邦建設・住宅・公益事業庁
　　連邦技術規格・度量衡庁

138　第3章　エリツィン時代のロシア企業

　　　連邦電力庁
地域発展省
農業省
　　　連邦動植物衛生監督局
　　　連邦漁業庁
　　　連邦農業庁
輸送省
　　　連邦輸送分野監督局
　　　連邦航空輸送庁
　　　連邦道路輸送庁
　　　連邦鉄道輸送庁
　　　連邦海運・河川運輸庁
　　　連邦測量・地図作成庁
情報技術・通信省
　　　連邦通信分野監督局
　　　連邦情報技術庁
　　　連邦通信庁
財務省
　　　連邦税務局
　　　連邦保険監督局
　　　連邦財務・予算監督局
　　　連邦金融監督局
　　　連邦出納局
経済発展・貿易省
　　　連邦関税局
　　　連邦国家備蓄庁
　　　連邦不動産台帳庁
　　　連邦資産管理庁

(3) ロシア連邦政府が監督する連邦局ならびに連邦庁
連邦反独占局
連邦関税局
水文気象ならびに自然環境観測に関する連邦局
連邦国家統計局
連邦金融市場局
環境・技術・原子力監督に関する連邦局
連邦原子力庁
連邦宇宙庁

（出典）　http://www.gov.ru/main/ministry/isp-vlast44.html

3－1－1－2　経済自由化

　この3年間の主要経済指標（表序-1）を見ると、この時期がマクロ経済的

には大混乱の時期であったことが明らかである。すなわち、GDP の大幅減少と、ハイパーインフレーションが同時に起こった。生産低下は特に製造業において顕著であった（表 3-2～8。田畑、1999）。1990 年代に市場経済移行を経験した旧ソ連諸国、中東欧諸国ではほとんど例外なく、インフレを伴う不況が起こり、「移行不況」といわれたが、ロシアのインフレと不況は相対的により強かった。最低生活費以下の所得の住民の比率は 3 割に達し、貧富の格差も拡大した（表 3-9, 3-10）。

ロシアのエリツィン政権は、この時期、市場経済化を進めつつ、旧ソ連から引き継いだ破滅的な経済状況の建て直しをめざした。その政策の柱は、経済自由化、企業民営化、マネタリズム的マクロ経済安定化である。これらの政策は、一面では市場経済化を推し進めることに成功したが、他面では、上述のような「移行不況」をもたらした（あるいは、阻止できなかった）。そして、形成されつつあるロシア企業システムの特徴に強い影響を及ぼした。

まず、経済自由化政策は、価格自由化、所得・賃金への規制の廃止、対外経済開放、その他の規制緩和の 4 つの側面で展開された。

1992 年 1 月に価格自由化が実施された。小売価格の 80％、卸売価格の 90％が自由化された。一連の消費財（パン、牛乳、乳製品、乳幼児用食品、塩、砂糖、植物油、ウォッカ、マッチ、薬）と、都市交通、住宅、公共サービスの価格については国家統制が残されたが、3－5 月に国家統制は廃止され、地方当局にゆだねられた。1993 年の時点で、連邦政府の統制下に残っていたのは、自然独占製品——天然ガス、電気、鉄道輸送、石油輸送など——の価格・料金のみであった。しかし他方で、地方当局による価格規制が広範に行われるようになった（Ясин, 2003, стр.192-198）。

1992 年 1 月には大統領令「商業の自由について」が出され、だれでも特別の許可なしに商業ができることになった（Ясин, 2003, стр.196）。

価格自由化と商業の自由化により、消費財市場での物不足は急速に解消された。食品の市場充足度は 1992 年 2 月に 35％であったが、1993 年に 70％、1994 年 10 月に 92％に達した（Ясин, 2003, стр.198-199）。

1992 年 1 月には所得・賃金への規制の廃止も実施された。1991 年 11 月の

第3章 エリツィン時代のロシア企業

表3-2 GDPの生産構成（当年価格、1990-2003）

	1990	1991	1992	1993	1994	1995	1996	1997	1998	1999	2000	2001	2002	2003
商品生産	60.5	59.8	46.2	45.4	44.3	41.0	42.4	41.0	39.7	40.5	39.7	37.4	35.5	35.1
サービス生産	32.6	36.5	52.0	45.5	47.9	51.4	48.7	49.8	50.9	49.3	48.9	50.3	53.0	53.0

（出典）Госкомстат России, «Российский статистический ежегодник» 1996, стр.286; 2004, стр.304.

表3-3 ロシアの工業の主要指標（1990-2003）

	1990	1991	1992	1993	1994	1995	1996	1997	1998	1999	2000	2001	2002	2003
実在組織数（年末、1000）	26.9	28	61.1	104	138	137	156	159	160	158	161	155	151	145
工業生産高（10億ルーブル、1995-1998は1兆ルーブル）	556	1183	17281	120657	356112	1108	1469	1626	1707	3150	4763	5881	6868	8498
工業生産従事者数（1000人）	20998	20117	20020	18864	17440	16006	14934	14009	13173	13077	13294	13282	12886	12384
うち労働者	17007	16273	16344	15640	14201	13000	11870	11014	10395	10245	10440	10344	9947	9485
総合財務成果（利潤−損失、100万ルーブル、1990-1998は10億ルーブル）	79.3	221	4015	27159	52706	154458	84143	90254	−8772	469022	719023	579633	443742	613919
販売された商品・製品（作業・サービス）の収益率（％）	12	27.1	38.3	32	19.5	20.1	9.2	9	12.7	25.5	24.7	18.5	14.4	13.5
製品1ルーブルあたりの年比での）費用減少（マイナス）・増大	1.3	−4.3	−8.2	6.4	10.8	−1.2	10.5	0.2	−4.2	−10	−0.6	5.3	4.5	1.2

（出典）Госкомстат России, «Российский статистический ежегодник» 1996, стр.491; 2004, стр.359.

3－1　急進的市場経済化政策と移行不況　　141

表 3-4　ロシアの部門別工業生産高指数（対前年比）

	1991	1992	1993	1994	1995	1996	1997	1998	1999	1999 (1990年を100とする)	2000	2001	2002	2003
工業全体	92	82	86	79	96.7	95.5	102.0	94.8	111.0	50.8	111.9	104.9	103.7	107.0
電力	100	95	95	91	96.8	97.3	98.2	97.7	98.8	73.5	102.3	101.6	99.3	101.0
燃料工業	94	93	88	90	99.2	96.9	99.6	97.4	102.5	66.2	104.9	106.1	107.0	109.3
石油採掘	90	94	91	93	96.3	98.3	101.4	99.0	100.5	68.4	105.9	107.7	108.9	111.2
石油加工	98	90	87	86	101.0	101.2	99.2	92.6	101.8	63.1	102.2	102.7	104.7	102.0
天然ガス	101	97	95	94	99.6	98.7	97.6	100.8	102.2	86.5	102.3	100.4	103.2	105.2
石炭	88	106	92	88	98.7	98.0	95.0	95.0	109.6	72.3	105.0	105.4	96.4	108.2
製鉄	93	84	83	83	109.6	95.2	100.9	92.4	116.8	61.1	115.7	99.8	103.0	108.9
非鉄冶金	91	75	86	91	102.8	96.4	106.0	95.7	110.1	59.1	115.2	104.9	106.0	106.2
化学・石油化学工業	94	78	79	76	107.6	92.9	103.7	94.3	123.5	53.1	114.9	104.9	100.7	104.6
機械製造, 金属加工	90	85	84	69	90.9	95.4	103.6	91.4	117.4	42.7	119.9	107.1	101.9	109.2
木材・木材加工・製紙工業	91	85	81	70	99.3	77.4	99.6	100.4	117.8	39.7	113.4	102.6	102.4	101.5
建設資材工業	98	80	84	73	92.0	74.5	95.9	93.7	110.2	32.6	113.1	105.5	103.0	106.4
軽工業	91	70	77	54	69.8	71.8	96.1	89.7	112.3	12.8	120.9	105.0	96.6	97.7
繊維工業	92	68	76	54	74.0	73.3	101.9	83.6	130.7	15.5	127.0	106.7	98.5	97.2
アパレル工業	88	80	84	57	65.4	87.4	102.4	105.0	97.4	20.2	123.6	108.8	88.9	93.5
皮革・毛皮・靴工業	90	78	78	50	67.9	73.0	88.5	78.9	134.2	12.7	106.9	96.4	103.0	104.1
食品工業	91	84	91	83	91.8	90.7	97.2	100.8	103.6	48.8	114.4	108.4	106.5	105.1
食料品	97	89	95	78	94.4	95.3	103.9	103.7	122.5	76.0	113.2	110.4	106.5	104.9
肉・乳製品	87	75	88	88	79.7	91.4	90.3	93.8	99.0	30.9	110.1	110.2	110.5	106.8
魚	96	81	88	80	108.3	101.5	99.0	89.5	104.3	55.6	130.6	98.6	92.1	98.1

(出典) Госкомстат России, «Российский статистический ежегодник» 1996, стр.492; 2004, стр.359.

表 3-5　部門別生産勘定（1989-1991、当年価格、10億ルーブル）

	1989 付加価値総額	1989 対GDP比	1990 付加価値総額	1990 対GDP比	1991 付加価値総額	1991 対GDP比
商品生産	361.2	0.63	392.6	0.61	797.6	0.61
工業	206.8	0.36	228.1	0.35	500.9	0.39
農業	89.0	0.16	99.1	0.15	159.0	0.12
林業	0.4	0.00	0.5	0.00	1.5	0.00
建設	60.2	0.11	57.3	0.09	119.9	0.09
その他の商品生産	4.8	0.01	7.6	0.01	16.3	0.01
サービス生産	172.9	0.30	209.9	0.33	484.1	0.37
市場サービス	107.9	0.19	132.7	0.21	348.9	0.27
輸送	44.4	0.08	52.8	0.08	78.7	0.06
通信	3.8	0.01	7.2	0.01	9.9	0.01
商業ならびに外食	19.7	0.03	29.5	0.05	85.2	0.07
資材・機械補給ならびに販売	3.8	0.01	4.1	0.01	13.3	0.01
調達	2.6	0.00	2.7	0.00	5.2	0.00
情報・計算サービス	0.9	0.00	1.3	0.00	1.3	0.00
仲介業者による隠れた商業活動	—	—	—	—	84.2	0.06
不動産取引	—	—	—	—	1.0	0.00
住宅事業	22.4	0.04	22.7	—	16.5	0.01
公益事業					6.1	0.00
非生産的種類の住民向け日常サービス					2.7	0.00
金融・信用・保健・年金サービス	3.3	0.01	4.9	0.01	30.5	0.02
科学、学術サービス	3.3	0.01	3.3	0.01	10.3	0.01
保健、体育、社会保障	1.9	0.00	2.4	0.00	1.4	0.00
教育、文化、芸術	1.8	0.00	1.8	0.00	2.3	0.00
管理	—	—	—	—	0.3	0.00
非市場サービス	65.1	0.11	77.2	0.12	135.2	0.10
道路事業	0.2	0.00	0.2	0.00	0.3	0.00
科学、学術サービス	13.2	0.02	13.1	0.02	18.2	0.01
保健、体育、社会保障	13.1	0.02	14.2	0.02	36.0	0.03
教育、文化、芸術	25.2	0.04	30.5	0.05	50.4	0.04
金融・信用・保健・年金サービス	0.4	0.00	0.0	0.00	0.2	0.00
国防	6.7	0.01	11.0	0.02	13.8	0.01
管理	4.6	0.01	6.0	0.01	14.6	0.01
社会団体	1.7	0.00	2.2	0.00	1.7	0.00
間接的に計算された金融仲介サービス	-2.4	0.00	-3.1	0.00	-32.7	-0.03
諸部門計	531.7	0.93	599.4	0.93	1249.0	0.96
製品に対する税	106.1	0.19	115.5	0.18	141.1	0.11
製品に対する補助金（—）	64.8	0.11	70.9	0.11	90.0	0.07
市場価格でのGDP	573.0	1.00	644.0	1.00	1300.1	1.00

（出典）　Госкомстат России, «Российский статистический ежегодник» 1994, стр.242-244.

3 − 1 急進的市場経済化政策と移行不況　143

表 3-6　部門別生産勘定（1992-1994、当年価格、10億ルーブル）

		1992		1993		1994	
		付加価値総額	対GDP比	付加価値総額	対GDP比	付加価値総額	対GDP比
商品生産		9413.6	0.50	82393.7	0.48	285597.7	0.47
	工業	6559.2	0.35	55638.7	0.32	192313.6	0.31
	農業	1363.8	0.07	12667.5	0.07	35592.7	0.06
	林業	23.7	0.00	250.1	0.00	1069.1	0.00
	建設	1222.8	0.06	1282.7	0.07	53328.7	0.09
	その他の商品生産	244.1	0.01	1010.4	0.01	3293.6	0.01
サービス生産		10020.2	0.53	79488.4	0.46	297747.2	0.49
	市場サービス	8448.7	0.44	59547.9	0.35	215964.0	0.35
	輸送	1301.0	0.07	12132.4	0.07	49521.6	0.08
	通信	115.1	0.01	1222.3	0.01	6444.2	0.01
	商業（生産手段商業を含む卸売、小売、貿易）ならびに外食	5587.7	0.29	30245.9	0.18	106212.4	0.17
	調達	40.6	0.00	548.3	0.00	1655.6	0.00
	農業サービス組織	−	−	19.9	0.00	208.8	0.00
	情報・計算サービス	13.4	0.00	118.8	0.00	586.4	0.00
	不動産取引	43.8	0.00	634.7	0.00	3244.9	0.01
	市場機能確保に関する全般的な営利活動	26.0	0.00	2085.0	0.01	4039.7	0.01
	地理学、地下資源探査、測地、水文気象サービス	61.1	0.00	307.4	0.00	1398.7	0.00
	住宅経営	39.0	0.00	349.3	0.00	3287.1	0.01
	公益事業	173.7	0.01	904.1	0.01	5359.9	0.01
	不生産的種類の日常生活サービス	22.3	0.00	286.5	0.00	941.0	0.00
	金融、信用、保険	894.0	0.05	8335.6	0.05	25056.6	0.04
	科学、学術サービス	84.7	0.00	623.2	0.00	1075.7	0.00
	保健、体育、社会保障	25.0	0.00	649.1	0.00	2403.1	0.00
	教育、文化、芸術	17.3	0.00	242.8	0.00	830.9	0.00
	管理	4.0	0.00	842.6	0.00	3067.4	0.01
	非市場サービス	1571.5	0.08	19940.5	0.12	81783.2	0.13
	道路事業	23.0	0.00	634.7	0.00	1993.0	0.00
	農業サービス組織	22.1	0.00	263.8	0.00	1129.2	0.00
	住宅経営	91.6	0.00	2801.6	0.02	5949.0	0.01
	公益事業	49.6	0.00	948.4	0.01	3011.6	0.01
	科学、学術サービス	97.9	0.01	1164.5	0.01	4003.4	0.01
	保健、体育、社会保障	301.1	0.02	3707.2	0.02	16392.0	0.03
	教育、文化、芸術	541.3	0.03	5863.7	0.03	22251.8	0.04
	国防	241.6	0.01	2569.4	0.01	16233.8	0.03
	管理	168.7	0.01	1655.2	0.01	8404.1	0.01
	社会団体	34.6	0.00	332.0	0.00	2415.3	0.00
間接的に計算された金融仲介サービス		−763	−0.04	−5930.0	−0.03	−20650.9	−0.03
諸部門計		18670.8	0.98	155952.1	0.91	562694.0	0.92
製品・輸入に対する税		3592.0	0.19	26028.6	0.15	71923.4	0.12
製品・輸入に対する補助金（−）		3257.3	0.17	10471.2	0.06	24025.1	0.04
市場価格でのGDP		19005.5	1.00	171509.5	1.00	610592.3	1.00

（出典）　Госкомстат России, «Российский статистический ежегодник» 1996, стр.291-293.

144　第3章　エリツィン時代のロシア企業

表3-7　部門別生産勘定（当年価格、1995-1998は10億ルーブル、1999-2003は100万ルーブル）

	1995 付加価値総額	対GDP比	1996 付加価値総額	対GDP比	1997 付加価値総額	対GDP比	1998 付加価値総額	対GDP比	1999 付加価値総額	対GDP比	2000 付加価値総額	対GDP比	2001 付加価値総額	対GDP比	2002 付加価値総額	対GDP比	2003 付加価値総額	対GDP比
工業	372110	0.26	545198	0.27	633714	0.27	716154	0.27	1348799	0.28	2049182	0.28	2258355	0.25	2638794	0.24	3234274	0.24
農業	95640	0.07	131497	0.07	137539	0.06	134231	0.05	317449	0.07	420156	0.06	525535	0.06	558692	0.05	616328	0.05
林業	1656	0.00	2447	0.00	2905	0.00	3162	0.00	4890	0.00	6996	0.00	8531	0.00	13278	0.00	15916	0.00
建設	121258	0.08	164509	0.08	178910	0.08	176383	0.07	266786	0.06	428837	0.06	58029	0.01	680012	0.06	851265	0.06
その他の商品生産	6208	0.00	11466	0.01	12602	0.01	17377	0.01	21571	0.00	34464	0.00	53303	0.01	78216	0.01	90016	0.01
輸送	142208	0.10	198624	0.10	221478	0.09	212337	0.08	337472	0.07	488574	0.07	590740	0.07	722715	0.07	871014	0.07
通信	20678	0.01	3174	0.00	43243	0.02	47317	0.02	73587	0.02	97827	0.01	126430	0.01	173634	0.02	243944	0.02
商業、外食、調達	282399	0.20	360152	0.18	398206	0.17	489979	0.19	1005145	0.21	1545467	0.21	1775628	0.20	2162012	0.20	2652045	0.20
情報・計算サービス	977	0.00	1587	0.00	1656	0.00	2232	0.00	3247	0.00	5338	0.00	10621	0.00	17213	0.00	24312	0.00
不動産取引	19693	0.01	24600	0.01	40079	0.02	68352	0.03	147750	0.03	210066	0.03	322385	0.04	375474	0.03	443968	0.03
市場機能確保に関する全般的な営利活動	18112	0.01	23345	0.01	32202	0.01	43560	0.02	131221	0.03	241512	0.03	294115	0.03	385787	0.04	426533	0.03
地理学、地下資源探査、測地、水文気象サービス	3605	0.00	5646	0.00	7513	0.00	7804	0.00	13095	0.00	22876	0.00	27521	0.00	28606	0.00	33343	0.00
農業サービス組織	3587	0.00	5511	0.00	5514	0.00	4891	0.00	6757	0.00	9266	0.00	10703	0.00	13935	0.00	14261	0.00
道路事業	1606	0.00	1767	0.00	2275	0.00	3560	0.00	4125	0.00	6531	0.00	8036	0.00	9240	0.00	9972	0.00
住宅経営	29946	0.02	36378	0.02	46769	0.02	49231	0.02	65491	0.01	76781	0.01	98787	0.01	132509	0.01	166057	0.01
公益事業	27634	0.02	37033	0.02	43498	0.02	47631	0.02	60080	0.01	87216	0.01	111398	0.01	146544	0.01	196054	0.01
不生産の種類の日常生活サービス	2490	0.00	2548	0.00	2871	0.00	3728	0.00	5900	0.00	7750	0.00	9933	0.00	13954	0.00	19642	0.00
金融、信用、保険	23899	0.02	10373	0.01	16764	0.01	10334	0.00	44169	0.01	91201	0.01	197745	0.02	297747	0.03	400581	0.03
科学、学術サービス	13242	0.01	25696	0.01	24893	0.01	24664	0.01	35819	0.01	59150	0.01	90926	0.01	106557	0.01	140576	0.01
保健、体育、社会保障	34998	0.02	54861	0.03	71927	0.03	76186	0.03	102139	0.02	145996	0.02	195947	0.02	297135	0.03	355219	0.03
教育	38628	0.03	58976	0.03	75923	0.03	83094	0.03	106365	0.03	148444	0.02	200914	0.02	314369	0.03	359721	0.03
文化・芸術	7201	0.01	11560	0.01	12780	0.01	14779	0.01	19372	0.00	30985	0.00	45408	0.01	67802	0.01	84296	0.01
管理（国防を含む）	64623	0.05	83551	0.04	117261	0.05	146927	0.06	210849	0.04	305780	0.04	405202	0.05	513549	0.05	631170	0.05
社会団体	2674	0.00	3874	0.00	4796	0.00	5672	0.00	7265	0.00	10015	0.00	18621	0.00	24560	0.00	33279	0.00
間接的に計算された金融仲介サービス	-15446	-0.01	-5163	0.00	-7399	0.00	-6321	0.00	-11467	0.00	-58239	-0.01	-129720	-0.01	-179288	-0.02	-209120	-0.02
諸部門計	1319625	0.92	1828209	0.91	2127919	0.91	2383260	0.91	4327873	0.90	6472199	0.89	7846093	0.88	9593045	0.89	11704666	0.88
製品に対する税	184071	0.13	269095	0.13	320256	0.14	338825	0.13	613855	0.13	980880	0.13	1268911	0.14	1430348	0.13	1787011	0.13
製品に対する補助金（−）	75174	0.05	89479	0.04	105661	0.05	924461	0.35	118494	0.02	147433	0.02	171422	0.02	189222	0.02	206436	0.02
市場価格でのGDP	1428522	1.00	2007825	1.00	2342514	1.00	2629623	1.00	4823234	1.00	7305646	1.00	8943582	1.00	10834170	1.00	13285241	1.00

（出典）Госкомстат России, «Российский статистический ежегодник» 2004, стр.306-307.

3－1 急進的市場経済化政策と移行不況　145

表 3-8　ロシアの主要工業部門別生産高構成（1999年価格、全体に対する比率）

	1992	1995	1997	1998	1999	2000	2001	2002
工業全体	100.0	100.0	100.0	100.0	100.0	100.0	100.0	100.0
電力	8.2	10.5	11.0	11.2	10.1	9.2	8.8	8.5
燃料工業	14.0	16.9	17.8	18.1	16.9	15.8	15.9	16.4
石油採掘	9.0	10.9	11.7	12.0	11.1	10.4	10.7	11.2
石油加工	2.3	2.6	2.8	2.7	2.5	2.3	2.2	2.3
天然ガス	1.4	1.8	1.8	1.9	1.8	1.7	1.6	1.6
石炭	1.2	1.5	1.5	1.4	1.5	1.4	1.4	1.3
製鉄	6.7	7.7	8.1	7.8	8.3	8.6	8.1	8.1
非鉄冶金	7.3	9.0	10.1	10.0	10.1	10.3	10.3	10.5
化学・石油化学工業	6.4	6.3	6.6	6.5	7.3	7.5	7.4	7.3
機械製造、金属加工	23.8	19.2	18.8	17.9	19.2	20.5	20.8	20.5
木材・木材加工・製紙工業	5.9	5.1	4.3	4.5	4.8	4.8	4.7	4.7
建設資材工業	4.4	3.8	2.9	2.9	2.9	2.9	2.9	2.9
軽工業	5.2	2.3	1.8	1.6	1.7	1.8	1.8	1.7
食品工業	14.5	15.3	14.8	15.5	14.7	14.9	15.3	15.8
製粉・引き割り、配合飼料工業	2.1	2.0	1.8	1.9	1.9	1.6	1.6	1.4

（出典）　Госкомстат России, «Россия в цифрах» 2003, стр.178.

表 3-9　ロシアにおける最低生活費以下の所得の住民の人口比（1992－2002、％）

1992	1993	1994	1995	1996	1997	1998	1999	2000	2001	2002
33.5	31.5	22.4	24.7	22.0	20.7	23.3	28.3	28.9	27.3	25.0

（出典）　Госкомстат России, «Российский статистический ежегодник»1996, стр.116; 2003, стр.169.

表 3-10　ソ連・ロシアの貨幣所得総額の分配（1985－2002）

	1985	1990	1991	1992	1993	1994	1995	1996	1997	1998	1999	2000	2001	2002
貨幣所得総額	100	100	100	100	100	100	100	100	100	100	100	100	100	100
住民を所得に応じて20%ずつにグループ分け														
第1グループ（所得最小）	10	9.8	11.9	6	5.8	5.3	5.5	6.1	5.8	6	6	5.8	5.6	5.6
第2グループ	14.6	14.9	16.8	11.6	11.1	10.2	10.2	10.7	10.5	10.5	10.4	10.4	10.4	10.4
第3グループ	18.3	18.8	18.8	17.6	16.7	15.2	15	15.3	15.2	15	14.8	15.1	15.4	15.4
第4グループ	23.1	23.8	22.8	26.5	24.8	23	22.4	21.8	22.3	21.5	21.1	21.9	22.8	22.8
第5グループ	34	32.7	30.7	38.3	41.6	46.3	46.9	46.1	46.2	47	47.7	46.8	45.8	45.8
ジニ係数（所得集中指標）			0.26	0.289	0.398	0.409	0.387	0.385	0.39	0.394	0.4	0.395	0.398	0.398

（出典）　Госкомстат России, «Российский статистический ежегодник»1996, стр.118; 2003, стр.185.

大統領令「賃金ならびに、消費に向けられる資金の増加に対する規制の廃止について」により、1991年12月より規制が廃止され、最低賃金だけが国によって定められることになった（Ясин, 2003, стр.201-202）。表序-1からも明らかなように、賃金規制の撤廃はインフレに貢献しなかった。住民貨幣所得に占める賃金の割合が1992年の69.9％から1995年の37.8％へと減少した。逆に「企業家活動などによる所得」の割合が16.1％から49.4％に高まった（Ясин, 2003, стр.202）。

ゴルバチョフ時代にある程度進んでいた対外経済開放も、1992年にほぼ全面化された。1991年11月の大統領令「ロシア共和国における対外経済活動の自由化について」により、すべての企業・合同は特別の登記なしに対外経済活動を行うことができるようになった。外貨取引は許可制であり、許可を受けた銀行は、すべての市民・法人のために外貨口座を開設することが許された。1992年7月にルーブルの市場レート制が導入された。しかし、1993年1月から保護主義的政策が始まった。すなわち、輸入関税率が品目ごとに決定されるようになり、上限は30％となった。また、輸出割当制、許可制が導入された（Ясин, 2003, стр.205-207）。

その他の規制緩和も単純には進まなかった。

計画・配分制度そのものは1993年末までに消滅した（Ясин, 2003, стр.208）。

計画経済を支えていた経済機関の多くも廃止された。その過程は、1992年初めにソ連官庁とロシア官庁の統合、改組、廃止に伴って起こった。しかし、ソ連時代の経済機関はただ消滅したのではなく、次のような形態で生き残った。(1)職員の一部が、新しいロシアの官庁に転籍した。(2)省を基礎にして部門連合（ソユース）やアソシエーションが形成され、それらは、管轄下にあった諸企業が支払う自発的加盟料やサービス料で運営された。例：「アフト・セリホス・ホールディング」（旧ソ連農業関連機械製造・自動車工業省）、「ロス・テクスタイル」（旧ロシア軽工業省）など。(3)省が何らかの国有企業や官庁に改組された。例：「ロス・コントラクト」（旧ソ連ゴススナブが改組された卸売会社）、「ロス・フレボ・プロダクト」（旧ソ連穀物調達

3－1　急進的市場経済化政策と移行不況　147

省が改組された国有企業)、ロシア株式会社「ロシア統一エネルギー・システム」(旧ソ連発電・電化省)、「ガスプロム」(旧ソ連ガス工業省。前述のとおり、すでに1989年にコンツェルンに改組)、経済省(ソ連とロシアの旧ゴスプランが統合)、財務省(ソ連とロシアの旧財務省)。

　交通省(鉄道をすべて保有)と原子力発電省(原子力発電所をすべて保有)は存続した(いずれも2004年3月に廃止。http://www.rzd.ru/static/?he_id=279. http://www.minatom.ru/News?Main/view?id=1756)(Ясин, 2003, стр.208-209)。

　政府は、流動資金の補填などのために企業への財政支援を増やした。その他、播種期のため、「北方地域」支援のための追加補助金なども出し、1993-1994年に巨額の債務を負った(Ясин, 2003, стр.209)。

　1993年の法律「品質証明書について」により、商品・サービスの品質証明が義務付けられた。それは現在、商品の70－80％に適用されている。1993年5月の政府決定により、ほとんどすべての事業活動について地方当局の許可が必要とされるようになった(Ясин, 2003, стр.210)。

　このように、この時期には経済自由化が進むと同時に、すでに国家規制への動きが現れており、腐敗の温床を形成しつつあった。このような動きは、多数の要因の結果であったが、次のような3者の利己的な動機の影響を受けたものでもあった。1)不況に苦しみ、国からの援助を熱望していた国有企業、2)官僚層からの援助を得て、自分と自分の身内の利益のために市場を独占しようとする民間企業と国有企業、3)「うまい汁」を吸おうとする官僚層(Ясин, 2003, стр.209)。国家規制が作動し始めると、それは、これら3者のロビー活動の動機をいっそう強めることになった。

3－1－1－3　国有企業民営化

　前述(2－1－3－2)のように、1991年7月にすでにロシア「民営化法」が採択されており、同時に、「自然発生的民営化」が始まっていたが、1992年7月、「1992年度国有・公有企業民営化国家計画」(«Портфель приватизации и инвестирования», стр.185-220)がロシア最高会議に

よって承認された。その内容は次のとおりであった。

1）民営化禁止企業、政府等の決定によってのみ民営化できる企業、民営化されるべき企業の種類が列挙された。

2）企業規模に応じて3つの民営化方式が定められた。小企業（従業員200人までで固定資産額100万ルーブル未満）は競売（аукцион, auction）または入札（конкурс, tender）。大企業（従業員1000人以上で固定資産額5000万ルーブル以上の企業）は公開型株式会社への改組。その他の企業は、前二者のうちいずれかの方法。

3）公開型株式会社への改組の場合は、労働集団メンバーに特典が与えられることになっていた。特典には次の3つのヴァリアントがあり、労働集団がそのうちの1つを選択することができた。第1ヴァリアント―労働集団メンバーは、資本金の25%までの優先株を無料で受け取ることができ、さらに10%までの普通株を額面の30%割引で購入することができる。経営陣は5%までの普通株を額面で購入できる。第2ヴァリアント―労働集団メンバーは51%までの普通株を資産管理委員会の定めた価格で購入することができる。第3ヴァリアント―企業の一部の働き手からなる集団が民営化計画の実施、破産回避の責任を負い、労働集団総会の同意を得た場合、資本金の20%までの普通株を額面の30%割引で購入することができる。

さらに、1992年8月の大統領令「民営化小切手制度の導入について」（『日ソ経済調査資料』1992年11月号に邦訳がある）により、民営化小切手（privatisation check. 通常「ヴァウチャー」と呼ばれるようになった）が発行された。これは「国有資産のロシア市民への引渡しと、広範な住民層の民営化過程への引き入れ」を目的としたものであり、ロシア市民1人に1枚ずつ配布された。無記名、譲渡自由で、民営化のさいの支払い手段として用いられるものとされた。額面1万ルーブルであり、この額は、民営化対象企業の簿価総額を人口数で除したものとされた（Ясин, 2003, стр.227）。

このようにして、少なくとも形式的にはすべての国民に民営化への参加の機会を与え、労働集団に特典を与えながら、大量の国有・公有企業を短期間で民営化することが目指された（表2-34）。このように広範な大衆の民営化

への参加を可能にするような民営化方式は「大衆的民営化」(массовая приватизация, mass privatization) と呼ばれ、中東欧諸国でも適用された (Lavigne, 1999, 邦訳、198-202頁)。

実際に、この方式で民営化は急速に進んだ。1993－1994年に6万5000近くの企業が民営化された (表3-11, 3-12)。民営化企業に占める工業企業の比重も高く、国有セクターの比重は総固定資本で69％から42％に、就業者数で68.9％から44.7％に減少した (表2-43, 3-13, 3-14)。民営化過程は現在も継続中であるが、量的には、民営化の主要な部分はこの時期に行われたといえる。

表3-11　ロシアの民営化国有・公有資産の所有形態、民営化方法別の構成 (1993－1997)

	1993	1994	1995	1996	1997
民営化された国有・公有単一企業・施設数	42924	21905	10152	4997	2743
所有形態[1]別内訳					
連邦所有	7063	5685	1875	928	374
連邦構成体所有	6521	5112	1317	715	548
公有	26340	11108	6960	3354	1821
民営化された国有・公有単一企業・施設の民営化方法別の構成 (％)	100	100	100	100	100
株式会社化	31.1	44.8	27.7	22.5	18.1
競売	6.3	4.4	4.2	3.9	5.5
商業的入札 (коммерческий конкурс)	30.4	24.0	15.9	8.9	9.6
投資的入札 (инвестиционный конкурс)	1.3	1.2	1.1	0.7	0.5
賃貸資産の買取	29.5	20.8	29.8	32.1	14.6
清算予定・清算済企業、未完成建築物の売却	0.4	1.5	4.2	5.7	9.1
不動産売却	—	—	15.4	22.9	38.5
土地売却	—	—	0.6	1.5	2.6
その他	1.0	3.3	1.1	1.8	1.5

(1) 民営化実施時点での
(出典)　Госкомстат России, «Российский статистический ежегодник» 2003, стр.330.

150　第3章　エリツィン時代のロシア企業

表 3-12　ロシアの民営化国有・公有資産の所有形態、民営化方法別の構成 (1998－2002)

	1998	1999	2000	2001	2002
民営化された国有・公有単一企業・施設数	2129	1536	2274	2287	2557
所有形態[1]別内訳					
連邦所有	264	104	170	125	86
連邦構成体所有	321	298	274	231	226
公有	1544	1134	1830	1931	2245
民営化された国有・公有単一企業・施設の民営化方法別の構成（%）	100	100	100	100	100
競売と商業的公募販売による国有・公有企業の売却	76.1	74.6	73.0	73.9	61.4
清算予定・清算済み企業の資産	6.0	5.2	5.0	3.6	1.8
不動産	47.6	47.7	56.7	59.1	47.4
民営化企業の資産中の土地区画	4.0	2.3	3.4	4.9	7.2
賃貸中の国有・公有資産の買取					
賃貸契約に従い賃借人による	6.8	8.3	18.0	20.0	32.9
賃借人がまず株式を取得する権利を有する公開型株式会社への改組による	0.3	—	—	—	—
民営化過程で設立された公開型株式会社の株式売却					
会社の働き手たちへ	9.6	12.0	3.7	3.2	3.4
特別競売で	1.6	1.9	2.0	0.4	0.0
競売と商業的公募販売で	4.6	2.2	2.8	1.3	0.8
国有・公有単一企業を公開型株式会社へ改組し、100%の株式を国有・公有に固定	0.9	0.7	0.3	0.5	0.6
国有または公有資産を会社資本金への出資として拠出	0.1	0.3	0.1	0.7	0.8
民営化過程で設立された公開型株式会社の国有・公有株式を、それらの株式取得権を証明する国・地方の有価証券の所有者に譲渡	0.0	—	0.1	—	0.1

(1) 民営化実施時点での
（出典）　Госкомстат России, «Российский статистический ежегодник» 2003, стр.330.

3 − 1　急進的市場経済化政策と移行不況　151

表 3-13　ロシアの所有形態別経済従事者数

	1985	1990	1991	1992	1993	1994	1995	1996	1997	1998	1999	2000	2001	2002
経済従事者数 (100万人)	74.9	75.3	73.8	72.1	70.9	68.5	66.4	66.0	64.7	63.8	64.0	64.3	64.7	65.4
内訳 (%)	100.0	100.0	100.0	100.0	100.0	100.0	100.0	100.0	100.0	100.0	100.0	100.0	100.0	100.0
国有・公有	91.1	82.6	75.5	68.9	53.0	44.7	42.1	42.0	40.0	38.1	38.2	37.9	37.4	37.0
私有	8.9	12.5	13.3	18.3	28.1	33.0	34.4	35.6	39.9	43.2	44.3	46.1	47.6	49.7
社会団体、宗 　教団体所有		0.8	0.9	0.8	0.9	0.7	0.7	0.6	0.6	0.7	0.8	0.8	0.8	0.8
ロシアの混合 　所有		4.0	10.1	11.7	17.6	21.2	22.2	21.0	18.3	16.4	14.9	12.5	11.6	9.4
外国所有、ロ 　シアと外国の 　合弁所有		0.1	0.2	0.3	0.4	0.4	0.6	0.8	1.2	1.6	1.8	2.7	2.6	3.1

(出典)　Госкомстат России, «Российский статистический ежегодник» 1996, стр.82; 2003, стр.136.

表 3-14　ロシアの民営化された国有・公有資産の経済部門別構成 (1993－2002)

(民営化された国有・公有単一企業総数に対する比率)

		1993	1995	1996	1997	1998	1999	2000	2001	2002
全体		100.0	100.0	100.0	100.0	100.0	100.0	100.0	100.0	100.0
	工業	28.1	20.6	17.3	13.3	10.8	9.1	7.0	5.4	5.4
	うち燃料工業	0.1	1.0	0.6	0.3	0.2	—	0.2	—	—
	農業	1.6	1.9	2.2	1.6	2.3	2.9	0.4	1.0	0.7
	建設	8.9	9.3	10.2	6.8	4.9	4.1	4.3	2.8	2.4
	輸送・通信	3.0	3.0	3.5	2.1	2.4	2.3	1.5	1.9	1.3
	商業	33.4	32.1	29.1	27.3	22.6	21.4	16.9	15.7	18.4
	外食	6.6	5.8	4.4	4.7	3.3	2.1	1.5	1.6	1.9
	住宅・公営サービス	—	6.1	7.5	13.6	14.5	11.0	11.0	9.3	8.9
	保健・体育・社会保障	—	0.8	1.2	1.4	1.1	1.3	0.9	1.3	1.3
	教育	—	0.5	0.6	1.3	0.9	0.9	0.9	1.2	0.9
	文化・芸術	—	0.7	1.4	1.0	1.0	0.8	0.9	1.0	1.2
	科学・学術サービス	—	1.8	2.2	1.2	0.9	0.5	0.6	0.4	0.6
	不生産的種類の住民生活 サービス	—	4.3	2.9	3.5	4.2	2.4	2.3	1.7	2.2
	その他の諸部門	18.4	13.1	17.5	22.2	31.1	41.2	51.8	56.7	54.8
民営化された国有・公有資産全 体のうち、「住民生活サービス」 (生産的種類と不生産的種類)		17.0	12.1	7.5	7.1	7.4	5.1	4.5	3.6	3.7

(出典)　Госкомстат России, «Российский статистический ежегодник» 2003, стр.331.

3－1－1－4　マクロ経済安定化

　経済を自由化し、国有企業を民営化しても、ソ連末期のような生産停滞とマクロ経済不均衡の状況では市場経済のメカニズムが正常には作動しないので、生産の回復とマクロ経済安定化に向けた政策が必要であった。

　これに関連してロシア政府が採用した政策は、基本的には、マネタリズム的マクロ経済安定化政策であった。このような政策選択は、債務のリスケジュールと金融支援をめぐる西側諸国との交渉過程と結びついていた。すなわち、1992年4月、G7（先進7カ国）はIMFコンディショナリティ（経済政策ガイドライン）付きのロシア金融支援プログラムを発表したが、IMFコンディショナリティは、経済自由化とマネタリズム的マクロ経済安定化に力点を置いたものであった（酒井、2001、53-56頁）。当時、IMFと世界銀行は、金融危機に陥った国が危機から立ち直るのに必要なのは、自由化とインフレ抑制であると、一般的に考えており（ワシントン・コンセンサス）(Lavigne, 1999, 邦訳179-182頁)、その考え方が対ロシア支援にも適用されたのである。

　実際には1992－1994年のインフレはすさまじく、消費者物価の年上昇率は、1992年には2610％、その後、沈静化に向かったが、それでも940％、320％であった。ロシア政府は、IMFのコンディショナリティを遵守することはできなかったが、1991年にはGDPの20％を超えていた財政赤字をGDPの5％前後に抑えた（表序-1, 3-15～17）。

　ロシア政府は、1992年の初めの3－4カ月間、IMFのコンディショナリティを守ろうとし、「ショック療法」と呼ばれたような厳しい緊縮財政を実施した。歳入を増やすために税制が改正された。付加価値税が所得の30％、貿易による所得では44％、利潤税は所得の13％で、企業の利益の約半分が徴収されることになった。歳出面では、国防費がGDPの4％、投資が2.8％にまで削減された。さらに、歳入が計画通りに入ってこなかったので、計画された歳出の75％しか実行されなかった。特に、基本投資は58％、社会的施策は62％にとどまった。

　物価の上昇率よりもM2の増加率が抑えられたため「未払い」(неплатеж,

3－1　急進的市場経済化政策と移行不況　153

表3-15　ロシアの主要経済指標（1991－2003，実数）
(価値表示は当年価格，1998－2002は1998年1月1日の価格)

		1991	1992	1993	1994	1995	1996	1997	1998	1999	2000	2001	2002
人口（年末）	100万人	148.3	148.3	148.3	147.9	147.6	147.1	146.7	146.3	145.8	144.8	144.0	143.1
経済就業者数（抜き	100万人	73.8	72.1	70.9	68.5	66.4	66.0	64.7	63.8	64.0	64.3	64.7	65.4
失業者数　取り調査による（ILO方式）	1000人		3599	4160	5478	6712	6732	8058	8902	9094	6999	6303	6153
住民貨幣所得	100万ルーブル	830.5	7099.9	79949.0	364834.1	10922.0	1357073.0	1656105.0	1776016.0	2906822	3980745	5318353	6790705
経済従事者の名目平均月給	10億ルーブル ルーブル	548.0	5995.0	58663.0	220351.0					1522.6	2223.4	3240.4	4360.3
	1000ルーブル					472.4	790.2	960.2	1051.5				
GDP	10億ルーブル	1398.5	19005.5	171509.5	610592.3					4823.2	7305.6	9039.4	10863.4
	1兆ルーブル					1428.5	2007.8	2342.5	2629.6				
工業生産高	10億ルーブル	1183	17281	120657	356112					3150	4763	5881	6868
	1兆ルーブル					1108	1469	1626	1707				
農業生産高	100万ルーブル	260	2663	22418	73729	203878	286899	309217	307583	607121	774482	961158	1029255
小売売上高	100万ルーブル	529	5600	58762	213430	512026	728929	852857	1042799	1796256	2349415	3063430	3753649
連結予算の歳入	10億ルーブル	310	5328	49730	177420	437007	558532	711620	686808	1213631	2097693	2683674	3519228
	対GDP比%	24.0	29.0	31.0	28.0	30.6	27.8	30.4	26.1	25.2	28.7	29.7	32.4
連結予算の歳出	10億ルーブル	348	5970	57674	234840	486112	652720	839489	842093	1258011	1960074	2119350	3422264
	対GDP比%	27.0	33.0	36.0	37.0	34.0	32.5	35.8	32.0	26.1	26.8	26.8	31.5
連結予算の黒字（赤字）	10億ルーブル	-37.6	-642	-7944	-62658	-49105	-94188	-127869	-155285	-44380	137619	264324	96964
	対GDP比%	2.9	3.4	4.9	9.9	3.4	4.7	5.4	5.9	0.9	1.9	2.9	0.9
M2貨幣量（年末）	10億ルーブル				33.2	220.8	295.2	384.5	448.3	704.7	1144.3	1602.6	2119.8
	1兆ルーブル				97.8	5.1	1.256	1.075	1.232				
固定資本投資	100万ルーブル	210.5	2670.0	27125.0	108810.0	266974.0	375958.0	408797.0	407086.0	670439	1165234	1504523	1758680
消費者価格指標	12月の価格の対前年12月比倍率	2.6	26.1	9.4	3.2	2.313	1.218	1.110	1.844	1.365	1.202	1.186	1.151
生産者価格指標	12月の価格の対前年12月比倍率	2.4	20.5	9.9	5.1	2.750	1.256	1.075	1.232	1.673	1.316	1.107	1.171

(出典)　Госкомстат России, «Российский статистический ежегодник» 1996, стр.25-29; 2003, стр.30-31.

表 3-16 ロシア連邦連結財政 (1992-1994、1兆ルーブル)

	1992	1993	1994
歳入計	5.30	49.7	172.4
利潤税	1.60	16.8	49.0
付加価値税	2.00	11.2	37.4
個人所得税	0.43	4.4	17.5
対外経済活動収入	0.47	2.3	23.5
消費税	0.21	1.8	7.5
地下資源、天然資源使用料	0.10	1.2	3.1
有用鉱物探査費補填のための予算控除	0.07	—	—
土地税	0.07	0.3	1.6
民営化収入	0.06	0.3	0.8
その他所得	0.30	11.4	32.0
歳出計	6.00	57.7	230.4
個々の経済部門への支援	2.10	16.2	64.0
社会・文化施策	1.40	14.3	55.7
行政、司法ならびに治安確保	0.35	4.2	18.1
国防	0.86	7.2	28.5
国際活動	0.42	2.8	5.0
その他支出	0.90	13.0	59.1
赤字	0.64	7.9	65.5

（出典）　Госкомстат России, «Российский статистический ежегодник» 2003, стр.547.

non-payment）が増大した。「未払い」については後述するが、政府、企業、家計、銀行の間で、「合意された期間内に行われない支払い」（塩原、2004、237頁）である。主要なものでは、政府の取引先企業への代金「未払い」、国有企業従業員への賃金「未払い」、企業の税金「未払い」（表 3-18）、取引先企業への代金「未払い」（表 3-19）、従業員への賃金「未払い」などがある。著しい生産低下も起こった。国民の実質所得は激減し、貯蓄は消失し、需要が減退した。生産低下、未払い、需要減退は悪循環を形成した。

　やがて緊縮財政に対する抵抗が高まり、1992年半ばごろから徐々に財政支出が増やされた。すると、生産低下が緩和され、同時にインフレ率が上

3－1 急進的市場経済化政策と移行不況　155

表 3-17　ロシア連邦連結財政
(1995－2002、1995－1998 は 1 兆ルーブル、1999－2002 は 10 億ルーブル)

			1995	1996	1997	1998	1999	2000	2001	2002
歳入計			437.0	558.5	711.6	686.8	1213.6	2097.7	2683.7	3519.2
	税収		364.3	473.0	594.1	564.6	1007.5	1707.6	2345.0	3136.8
		法人利潤税	117.6	96.7	104.9	99.3	221.0	398.8	513.8	463.3
		個人所得税	36.6	56.6	75.2	71.5	117.3	174.8	255.8	358.1
		付加価値税	95.7	143.9	482.8	170.3	288.2	457.3	639.0	752.7
		消費税	24.0	53.4	68.1	72.2	109.1	166.4	243.3	264.1
		財産税	16.9	36.9	47.8	47.7	53.2	64.8	89.6	120.5
		天然資源利用料	12.3	21.2	37.2	22.7	45.3	77.6	135.7	330.8
		貿易ならびに対外経済業務に対する税	24.9	22.8	27.2	34.4	86.2	229.2	331.3	323.4
	税以外の収入		53.4	57.2	64.0	66.8	84.7	135.4	198.7	266.4
		対外経済活動からの収入	23.4	16.9	11.6	18.7	36.4	37.4	51.5	65.4
		国有・公有資産または国有・公有組織の活動からの収入	6.3	9.0	9.6	14.0	24.1	72.3	115.8	160.5
	無償の振替		2.7	3.5	9.5	10.2	15.1	1.2	−15.0	−56.7
	特別目的予算基金の収入		18.4	28.0	45.1	45.2	106.3	253.5	146.7	160.3
	企業活動ならびにその他の収入をもたらす活動からの収入		－	－	－	－	－	－	8.3	12.4
歳出計			486.1	652.7	839.5	842.1	1258.0	1960.1	2419.4	3422.3
	国家管理と地方自治		11.9	17.2	29.0	31.1	46.3	72.9	111.0	149.0
	国際活動		27.3	26.7	2.6	17.6	59.1	10.9	23.8	34.2
	国防		49.6	63.9	81.4	65.1	115.6	171.7	247.7	295.4
	司法ならびに国の治安確保		27.2	39.2	59.0	45.4	74.6	132.5	183.9	240.4
	工業、発電、ならびに建設		35.3	38.9	50.3	26.2	31.4	58.5	237.4	324.5
	農業、漁業		22.3	25.2	31.1	24.3	35.5	55.0	67.4	59.8
	輸送、道路建設、通信、ならびに情報技術		13.2	17.0	23.5	19.1	26.3	40.3	86.3	122.2
	自然環境・天然資源の保護、水文気象、地図作成、測地		2.1	2.9	4.1	3.4	5.2	8.2	10.0	16.0
	住宅・公益事業		65.2	88.6	112.6	96.8	127.3	199.8	196.0	221.9
	社会・文化施策		129.1	188.4	270.5	245.7	367.0	536.4	727.6	1356.8
	国債・公債の利払い		28.0	44.6	41.4	148.7	190.0	276.7	244.4	243.7
	特別目的予算基金への支出		17.2	20.9	36.1	43.5	101.1	248.2	152.4	169.3
	その他支出		57.7	79.2	97.9	75.2	78.6	129.0	131.5	189.1
赤字			−49.1	−94.2	−127.9	−155.3	−44.4	137.6	264.3	97.0

(出典)　Госкомстат России, «Российский статистический ежегодник» 2003, стр.548.

表 3-18 ロシア連邦予算への税債務 (1995－2001)
(年初、1995－1998 は1兆ドル、1998－2001 は 10 億ドル)

	1995	1996	1997	1998	1999	2000	2001
連結予算への税債務	15.1	56.8	128.2	181.8	259.0	371.6	461.7
未納	15.1	25.9	110.5	160.7	235.6	335.7	354.2
期限超過支払	7.4	30.9	17.7	21.1	23.4	35.9	82.8

(出典) Госкомстат России, «Российский статистический ежегодник» 2003, стр.551-552.

表 3-19 ロシア工業における決済構造 (1992－2000、%)

	1992	1993	1994	1995	1996	1997	1998	1999	2000
代金未払い	25.2	22.9	18.8	13.8	11.6	8.3	14.8	7.5	7.6
バーターと相殺	7.5	11.4	21.6	27.9	44.4	53.5	64.7	50.7	36.8
貨幣決済	67.3	65.7	59.7	58.3	44.0	38.2	20.5	41.8	55.6

(出典) Ясин, 2003, стр.278.

がった (Ясин, 2003, стр.252-254)。

1993 年夏・秋に財政緊縮が再び行われ、インフレ率が低下し始めたが、生産低下、未払いは再び強まった。

1993 年 12 月の下院選挙で与党が敗北すると、再び財政支出が増やされた。播種や北方地域支援のための融資が行われた。さらにロシア中銀が 1994 年にルーブル安定化政策をとり、ルーブル相場を人為的に引き上げ、国民にとって状況が良くなったように思わせた。しかし 10 月 11 日 (「ブラック・チューズデイ」) にルーブル相場は 30％下落した (Ясин, 2003, стр.256-258)。

10 月 11 日のあと、IMF の勧告により、中央銀行による財政赤字補填融資 (表 3-20) をやめることになり、3 度目の財政緊縮が試みられ、それ以後、マクロ経済は安定化に向かっていった (Ясин, 2003, стр.258-266)。

このように、この時期、マクロ経済の大混乱が起こり、政府の安定化政策は数カ月おきに揺れ動いた。その過程で、大規模な生産低下と「未払い」の連鎖が正常な企業活動を困難にした。

表 3-20　ロシア連邦財政赤字の補填源（1994）

	1兆ルーブル
総補填額	71.8
「ロシア銀行」融資	48.1
「ロシア銀行」利潤	1.6
有価証券売却収入	13.9
外国からの融資	5.6
その他源泉	2.6

（出典）　Госкомстат России, «Российский статистический ежегодник» 1995, стр.276.

3－1－2　安定化期（1995－1998）
3－1－2－1　「民法典」と「株式会社法」の制定・施行

　憲法に続いて、経済システム、企業システムの法的基礎をなす重要法令のひとつである「民法典」（«Законодательство России» М. Май 2004. 邦訳は『ロシア研究』別冊4、1995年、ならびに、http://www.pref.hokkaido.jp/keizai/kz-sykei/russia/houritsu/joubun/minpouten/index.htm）がこの時期に制定・施行された。「民法典」は3部からなっており、第1部が1994年10月制定、1995年1月施行、第2部が1996年1月制定、3月施行、第3部が2001年11月制定、2002年3月施行された。

　すでに述べてきたように、ゴルバチョフ時代以来、企業システム法制は急速に変化してきたが、「民法典」第1部において、市場経済を前提とし、日本など市場経済諸国の法制と同質の企業システム法制が成立した。

　特に注目されるのは、第1部第1編第2章第4節「法人」である。それによれば、法人には、会社（хозяйственные товарищества и общества）、生産協同組合（производственный кооператив）、国有・公有の独立採算制企業（унитарное предприятие, unitary enterprise）、非営利団体（некоммерческая организация）の4種類がある（第66－123条）。

　会社には、合名会社（полное товарищество）、合資会社（товарищество на вере）、有限会社（общество с ограниченной ответственностью）、補充責任会社（общество с дополнительной ответственностью）、株式

会社 (акционерное общество) の5種類がある。合名会社は無限責任社員のみから構成される。合資会社は無限責任社員と有限責任社員から構成される。有限会社は50人未満の有限責任社員のみから構成される。補充責任会社では、社員は無限責任社員のみであるが、責任は出資額に応じて配分される。株式会社は有限責任社員のみからなる。

　表3-21は2004年の統計であるが、それによれば営利法人の84.8%が会社であり、そのうちの15.4%が株式会社である。ロシアでも他の市場経済諸国と同様、巨大資本を有する会社の大部分は株式会社形態を取っている。

　そこで以下、株式会社についてみてみよう。株式会社に関してはロシア連邦法律「株式会社について」(以下、「株式会社法」。1995年12月制定、1996年1月施行。翻訳は、『ロシア東欧貿易調査月報』1996年4月号、ならびにhttp://www.pref.hokkaido.jp/keizai/kz-sykei/russia/houritsu/index.htm) も、この時期に制定・施行された。株式会社に関する「民法典」の規定のうち、ロシアに特徴的なのは、公開型株式会社と並んで閉鎖型株式会社が認められていることである (第97条)。「閉鎖型株式会社」は株式譲渡制限のある株式会社である。「第2章－1－3－2」に見たロシアの「企業・企業家活動法」にすでに規定されていて、国有・公有企業の民営化過程の初

表3-21　ロシアの組織的・法的形態別組織数
(2004年10月現在、統一企業・組織国家統計 (EGPRO) による)

			組織数 (1000)
総数			4343.5
	営利法人		3485.7
		独立採算制企業	72.0
		会社	2964.1
		株式会社	456.3
	非営利法人		686.0
		消費協同組合	77.4
		財団	29.5
		施設	289.1

(出典)　Федеральная служба государственной статистики, 2004, стр.145.

期において優勢な形態となった。現在でも、その設立経緯からして公開型株式会社よりもむしろ堅実だとする見方もある（大江ほか、2003）。ただし、「閉鎖型株式会社の社員の数は、株式会社に関する法律に定める数を超えてはならない」とされており、「株式会社法」はそれを「50人」と定めている。

　管理機関の構成は、「民法典」第103条によれば、株主総会、取締役会（Совет директоров（наблюдательный совет），board of directors（Aufsichtsrat））、監査委員会（監査役）（ревизионная комиссия（ревизор））、ならびに執行機関（合議制の機関としては執行役会（правление, дирекция）、単独には社長（директор, генеральный директор））からなっている。取締役会、執行機関ならびに両者の関係については「株式会社法」に具体的に規定されている。すなわち、取締役会は「会社業務の全般的指導」（第64条第1項）を行う。執行役会の構成員が取締役会の構成の4分の1以上を占めることはできず、社長は取締役会議長を兼ねることはできな

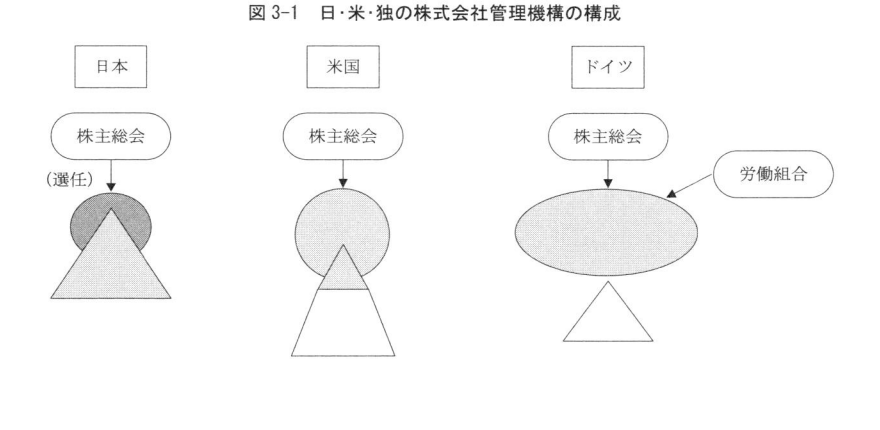

図3-1　日・米・独の株式会社管理機構の構成

	日本	米国	ドイツ
	株主総会	株主総会	株主総会／労働組合
（選任）	●	●	●
	▲	△	△

●　＝　受託管理機関（日米の場合は取締役会、ドイツの場合は監査役会）

△　＝　執行機関

（出典）　風間、1999、25頁を参考に筆者作成。

い（第66条第2項）。他方、執行機関は「会社の経常的業務の指導」を行い、社長には代表権が与えられる（第69条第2項）。したがって、ほぼ米国型の管理機関の構成と見ることができよう（図3-1）。

3－1－2－2　経済自由化―部分的逆転―

　この5年間の主要経済指標（表序-1）を見ると、GDPの減少幅は小さくなり、1997年には移行後、初めてプラス成長を記録し、インフレも収まりつつあり、少なくとも前期と比べるとはるかに安定した時期であったことがわかる。

　この時期の政策の柱は、経済自由化の部分的逆転、企業民営化の貨幣民営化段階への移行、国債大量発行によるマクロ経済安定化であった。

　1995年に、連邦法「許可制度について」が制定され、許可を必要とする事業の数が減らされるはずであったが、事業が明確に限定されていなかったため、官僚に抜け道を与えた。

　1997年5月に「商品・製品に偽物でないことを示す適合証のマークを貼付することについて」の政府決定が出された。このマークの製造、配布は閉鎖型株式会社「スペツズナーク」と「コドズナーク」に委託された。1998年10月の決定では、入札が必要となった。入札では、閉鎖型株式会社「スペツズナーク」が落札したが、この会社の発起人は「ゴススタンダールト」（国家規格委員会）の複数の組織といくつかのオフショア会社であった。地方レベルの適合証も、1997年から連邦を見習って導入された。企業は、連邦規格に加えて地方の適合証も添付しなければならなくなった。

　1996年に保健省は「医薬品、医療器機、ならびに医療目的製品の登録ビューロー」を設置し、それらの登録を義務付けた。

　このような国家規制の強化策のなかには必要なものもあったが、行政的障壁を高めて自由な企業活動を損なうものもあった（Ясин, стр.210-214）。

3－1－2－3　企業民営化―「貨幣的民営化」―

　1994年6月に民営化小切手の有効期限が切れて「ヴァウチャー民営化」

は修了し、「貨幣的民営化」が開始された。それの主要な課題は、「戦略的投資家」の育成と、国有資産の売却益の確保であった。

まず、投資入札（инвестиционный конкурс）方式が実施された。投資計画を公募し、審査のうえ適切な投資家に株式を売却するという民営化方式である。しかし、実際に投資が行われるかどうかの確認が行われなかったし、義務を果たさない者に効果的な影響力を及ぼす手段が作り出されていなかった。そのため、この方式の有効性が疑われるようになり、適用が減っていった。

他方、財政赤字の拡大のため、政府にとっては民営化利益の確保が急務となっていった。そうしたなかで1995年3月にポターニンが「担保競売」（залоговый аукцион）を提案したので、エリツィン政権はこれを受け入れた。これは、銀行が企業の政府株を担保に政府に融資するという契約の締結を、競売方式で決定するものである。一定の期間の経過後、政府は、担保になっている株式を公募販売して、売却益から融資の返済をおこなうか、株式を債権者に引き渡す。1995年末までに「担保競売」により政府は約10億ドルを獲得した。民営化の課題は達成され、金融安定化が実現した。「担保競売」には12企業の株式パケットが出された。多くの「オリガルヒ」（後述。寡占資本）がこの取引によって「オリガルヒ」となった。すなわち、巨大な資金の支配を可能にするような企業を獲得した。民営化が禁じられていた石油会社が担保に出されたのである。「担保競売」には実際に問題があり、スキャンダルとなった。

1997年に「スヴャジインヴェスト」社（電話会社）の株式を売却する最大の民営化取引が実施されたが、「担保競売」のスキャンダルで民営化には疑惑の目が向けられ、民営化は下火となった（Ясин, стр.236-241）。

3－1－2－4　マクロ経済安定化—国債大量発行—

1995年4月の「ロシア中央銀行法」で、中央銀行が財政赤字を補填することが禁じられた（岡田、1998、76頁）。それにより、M2の増大が抑えられ、インフレは沈静化していった（Ясин, стр.258-260. 表序-1）。また、

1995年7月から「目標相場圏制」（валютный коридор）が導入され、外国為替相場も安定化し、投機的為替取引が減少した（Ясин, стр.261-262）。しかし財政赤字は続いており、その補填は、短期国債と外国資金に依存することになった（表3-22）。短期国債の約30％（1998年8月）は外国投資家が保有していたといわれる（大坪、2002a、219頁）。このように、表面的にはマクロ経済の安定化が達成されたが、経済成長は始まっておらず、外国資金の動向によっては急激に不安定化する可能性をはらんでいた。

通貨発行量の抑制の継続は、「未払い」問題も継続させたが、むしろ企業間の「非貨幣取引」を増大させた。「非貨幣取引」には相殺、証券、バーターなどの形態があり（塩原、2004、243-248頁）、この時期、工業企業の

表3-22 ロシア連邦財政赤字の補填源
（1995－2001、1995－1998は1兆ルーブル、1999－2001は10億ルーブル）

			1995	1996	1997	1998	1999	2000	2001
総補填額			43.1	74.3	93.2	146.3	51.4	−102.9	−272.1
	国内資産		19.7	41.0	39.7	61.2	16.9	−2.9	−11.9
		ロシア銀行融資	−1.2	−0.2	−0.6	—	—	—	—
		ルーブルで諸銀行の口座にある予算資金の残高変更	−2.8	4.7	−2.9	−1.4	−35.9	−41.5	1.9
		短期国債（GKO）	24.7	38.1	36.4	−197.8	−11.9	−4.0	15.1
		連邦債（OFZ）	—	—	−0.1	266.0	52.8	10.6	−26.0
		国庫債（KO）	−0.8	−7.2	—	—	—	—	—
		国家貯蓄債	2.0	6.3	5.1	1.5	−9.2	−1.8	−3.0
		国有・公有資産売却収入	—	—	—	—	−4.5	27.2	9.8
		貴金属・宝石の国家在庫	—	—	—	15.5	39.9	0.6	
		その他の資金源	−2.2	−0.7	1.8	−7.1	10.1	−33.3	−10.3
	外国資金		23.4	33.3	53.5	85.1	34.5	−100.0	−260.2
		国際金融機関による融資	29.5	22.5	25.0	13.0	−54.8	−74.3	−29.5
		外国政府、外国商業銀行・会社からの融資	−6.1	10.8	28.5	78.4	106.7	33.7	−170.9
		外貨で諸銀行の口座にある予算資金の残高変更	—	—	—	−6.3	−17.4	−51.5	−35.9

（出典） Госкомстат России, «Российский статистический ежегодник» 2003, стр.551.

売上高に占める非貨幣取引の割合は50％に及んだ（表3-19）。

1997年7月にアジア金融危機が始まって以後、世界的な金融不安が高まると、ロシアの金融市場も不安定化し始めた。さらに1998年に入って、ロシアの主要輸出産品である原油の国際市場価格が急落（表2-18）すると、短期国債の金利上昇、ルーブル安が進行し、金融市場が混乱した（大坪、2002a、166-167頁）。

3－1－3　金融危機とその後

1998年8月、ロシア政府と中銀が次のような共同声明を発表し、ロシア金融危機が起こった。①ルーブル・レート変動幅を拡大（実質的なルーブル切り下げ容認）、②民間債務に関して、非居住者に対する元本の返済を90日間猶予、③短期国債を中期国債に組み換え（実質的なデフォルト）、というのがその内容であった（大坪、2002a、164-165頁）。

その結果、ルーブルは1997年末から1998年末の間に対ドルで29％にまで減価し（表2-19）、インフレも再燃した（表序-1）。国家財政が破綻した上に、銀行部門のほとんどが債務超過に陥り、金融システムが麻痺した（大坪、2002a、168-169頁）。原油価格の低下もあって、GDPは再びマイナス成長となった。

しかし、①ロシアの銀行は実体経済にほとんど融資を行っておらず、②企業はもともと「非貨幣取引」を多用していたので、金融危機の影響は比較的少なかった。むしろ、ルーブル切り下げにより国内産業が復活し、同時に原油価格が再び上昇に転じたため（大坪、2002a、168頁）、1999年にはGDPの6.4％成長を記録した。固定資本投資もソ連解体後初めて前年より増大した（図序-2）。

以上のように、エリツィン時代の終わりまでにロシアは、自由化、民営化、安定化の3つの課題をからくも達成し、市場経済国となった。しかし、3つの課題の達成の仕方には、それぞれに問題があり、安定した経済成長の軌道に乗ることができたとはいえない。とりわけ、①燃料工業の突出した産業構造と、②財政不安定が続く限り、短期的には原油価格の低下、長期

的には埋蔵資源の枯渇により、経済崩壊が起こりうる。エリツィン時代の市場経済化の歪み、不足を克服し、これらの課題を解決していくことは、プーチン政権に任せられることになった。

3－2　財閥の形成と発展

　エリツィン時代にロシア企業システムに起こった最も顕著な変化のひとつは、財閥が形成され、短期間のうちにロシア経済を支配するほどに成長したことである。

　ここでいう財閥とは、「銀行と産業会社を含む巨大企業グループ」を指しており、具体的には、いわゆる「オリガルヒ」（олигарх, oligarch, 寡頭制支配者。ここでは寡占資本家、財閥総帥の意）、またはパッペ（Паппэ, 2000）のいう「巨大統合ビジネス集団」（крупная интегрированная бизнес-группа, large integrated business group）などを含んでいる。

　1996年11月にベレゾーフスキーは『フィナンシャル・タイムズ』紙のインタビューで、「7人の銀行家がロシア経済の半分以上を支配している」と述べた。スモーレンスキー（ストリーチヌィ銀行）、ポターニン（オネクシム銀行）、ホドルコーフスキー（メナテップ）、グーシンスキー（モスト）、アーヴェン、フリードマン（アルファ）、ならびにベレゾーフスキー（ロゴVAZ、オブエジニョンヌィ銀行）自身である（http://www.cityline.ru/politika/raznoe/olig-ist.html）。

　パッペによれば、その後1997年末の時点では、上の「7人の銀行家」を含む人々が関与する「10大統合ビジネス集団」（以下、10大企業グループという）が卓越した規模とパワーを持つようになった。1998年金融危機によりそれらは動揺したが、1999年末の時点でも、「インコム銀行」グループを除き、依然として強力であった（資料2）。

　したがって、エリツィン時代のロシア企業を考える上で、この10大企業集団の形成・発展過程の分析は欠かせない。

　主としてパッペの著書に依拠しながら「10大企業グループ」の特徴、

1997年末までの発展過程、金融危機後の状況、経営者についてまとめたのが資料2である。

まず特徴を見てみよう。

企業グループ（「統合ビジネス集団」）を特徴付けるさいパッペは、統合関係と、産業部門構成の2つを指標として用いている（Паппэ, 2000, 邦訳63-67、75-77頁）。

まず統合関係により、企業グループは1）所有的（所有関係に基礎をおく）企業グループと、2）管理的（管理関係に基礎をおく）企業グループに分類される。

所有的企業グループはさらに、1a）古典的（ピラミッド状）持株会社グループ、1b）「分割された持株会社」グループ、1c）株式相互持合グループに分類される。「分割された持株会社」グループとは、単一の所有者または単一の所有者集団を有する複数の法人のもとに支配株が集中されているようなグループである。そのさい、これら法人はしばしば実体のないものであり、実際にグループを管理するのは、特別に設立された単一または複数の管理会社である。これは、外部の観察者にとって非常に不透明な種類の企業グループであるが、ロシアでは最もしばしば見られるという。

管理的企業グループは、「センター」が他のメンバーのために、2a）執行機関の役割を遂行するグループ、2b）金融投資サービスを提供するグループ、2c）供給・販売の管理を行うグループ、2d）ロビー活動を行って国の支援を確保するグループに分類できる。これら4つの型のすべてがロシア経済ではよく見られる。

また、産業部門構成では、「10大企業集団」の場合すべて、金融、産業（実体部門）にまたがっており、一部はメディアも含んでいる。パッペは、産業企業を中心とし金融会社も含んでいるようなグループを「産業・金融グループ」、逆に、金融会社を中心とし、産業企業をも含んでいるグループを「金融・産業グループ」というように呼ぶ。

このような用語法を前提に資料2を見ると、統合関係では1b型が6グループ、1a型が2グループ、2b型、2d型がそれぞれ1グループである。

すなわち、8グループが所有関係に基づいて統合しており、うち6グループは、実質的に単一の所有者または所有者集団を有するにもかかわらず形式的には複数の法人に所有が分散されている、不透明な所有構造になっている。

　産業部門構成では、金融・産業グループが4（うち1つは消滅）、産業・金融グループが3、金融・産業グループから産業・金融グループに転換したものが1、金融・産業・メディアグループからメディアグループに転換したものが1、金融・メディアグループからメディアグループに転換したものが1である。1999年末時点での産業・金融グループ4のうち3グループは石油会社または天然ガス会社を中核企業としている。全体的に、「産業」の中心的内容は石油・天然ガスを筆頭とする資源産業であることが注目される。また、「金融」の中心的内容は銀行業であるが、ロシア銀行業は初期には公的資金の受け入れ・運用ならびに外国為替業務を通じたインフレ利得の追求、1995年以後は国債投資を主要な収益源としており、産業への投資をしていなかった（塩原、2004、169-172頁）。

　次に1997年末までの状況を見てみよう。グループ形成の端緒となった時期がゴルバチョフ時代であるのが8グループ、エリツィン時代であるのが2グループである。旧ソ連の企業・官庁との継承性のない新興企業から発展したものが7、旧ソ連の企業・官庁から発展したものが3である。前者を「新興型グループ」、後者を「旧体制継承型グループ」と呼ぶとすると、「旧体制継承型グループ」のうち2つは元来、石油企業、天然ガス企業であるが、「新興型グループ」のうち6つは国有企業民営化過程で産業企業とりわけ天然資源企業を獲得した。

　金融危機後1999年末までの状況を見ると、有力銀行のほとんどは経営危機に陥り、石油企業を持たない金融・産業グループ1つが解体した。しかし、それ以外の企業集団は資源関連産業、あるいはメディア産業を機軸として生き残った。

　経営者についてみると、その多くが専門経営者であるより所有者的性格が強い。すなわち、10名のうち6名は1997年の『フォーブズ』長者番付に登場する世界的富豪であった（資料3）。急進的市場経済化開始後わずか5年

で個人にこのような巨大な富が蓄積されたのである。社会的出自を見ると、ソ連時代に連邦あるいはモスクワ市の高級官僚であり、その経歴を直接の足がかりとして経営者の地位に就いた「ノーメンクラツーラ経営者」というべき者が3名（アレクペーロフ、ヴャーヒレフ、エフトゥシェーンコフ）、そのような経緯なしに経営者の地位に就いた「新興実業家」というべき者が残りの7名である。そのうち3名（ヴィノグラードフ、ポターニン、ホドルコーフスキー）はソ連時代の銀行勤務あるいはコムソモール（共産党青年組織）役員の経歴を利用して新興実業家となることができた。経営者としての活動を始めた時期は、10名ともゴルバチョフ時代である。

　また、経営者の平均生年は1952年、1997年時点での平均年齢は、45歳である（資料1）。

　財閥と政界との結びつきはパッペの著書に明瞭に示されている（Паппэ, 2000, 邦訳 277-278頁）。たとえば次のような例がある。「ガスプロム」グループ総帥であったチェルノムィルジンは1993－1998年に首相となり、首相辞任後、「ガスプロム」社へ代表取締役としてもどった。「インテルロス」総帥のポターニンは、1996－1997年に第1副首相であった。ホドルコーフスキー「帝国」の主要企業であったメナテップ銀行副理事長ゲネラーロフは1998－1999年に燃料エネルギー相となった。ベレゾーフスキー・スモーレンスキー「帝国」総帥のベレゾーフスキーはロシア連邦安全保障会議書記、CIS執行書記となった。「コンソーシアム・アルファグループ」は、1991－1992年に外国貿易相を勤めたアーヴェンを1993年にアルファ銀行社長に迎えた。

　さらにまた、犯罪グループとの関係も推測された（加藤、2002b、105頁）。

　以上のことから、ロシア財閥の特徴を次のようにまとめることができよう。財閥総帥の多くは比較的若く、ゴルバチョフ時代にその経歴を多かれ少なかれ利用して経営者の座に就き、短期間の間に巨大な個人的富を蓄積した。それを可能にしたのが、政界との結びつきの利用である。ロシアの場合、まず貿易・外貨取引、メディア産業への参入、そして国有企業民営化へ

の関与、天然資源産業への参入などがその対象であった（Rutland, 2001, pp.15-26）。このような背景の下で財閥は、銀行と天然資源採取業を核として成長して、持株関係を通じて、金融、産業、メディアの3つの部門で傘下企業を増やしてきたが、製造業にはほとんど進出しておらず、金融投機、国有資産の「剥ぎ取り」によって資本を蓄積していった。

3－3　国有企業の民営化と、民営化企業の市場経済への適応

3－3－1　国有企業の民営化

　財閥の発展は、ロシア市場経済化の最も華々しい一側面であったが、国有企業の民営化はロシアの企業のほとんどすべてに及ぶものであり、それがロシア企業システムに与えた影響は財閥の発展に劣らぬものであった。

　「第3章－1」ですでに述べたように、ゴルバチョフ時代にすでに「自然発生的民営化」のかたちで始まっていた国有企業民営化は、エリツィン政権下で急速に進行した。そして、民営化の方式により、1992－1994年は「大衆的民営化」段階、1994－1997年は「貨幣的民営化」段階とよぶことができる（表2-34）。

　このような民営化により、実際に企業で何が起きたかを検討してみよう。

　まず大衆民営化段階では、「第3章－1－1－2」で述べたように、小企業は競売または入札、大企業は公開型株式会社への改組の方式をとることになっていた。

　小企業の民営化は「小民営化」（малая приватизация, small privatization）といわれたが、小民営化は1993年半ばまでに急速に進み、その後、減速し、1996年ごろまでに完了した（Институт экономических проблем переходного периода, Российская экономика в 1994 году; Мировая экономика）。1995年1月1日までに、小民営化対象企業の4分の3が民営化された。業種別に見ると、商業で71.7％、外食産業で78.3％、日常生活サービスで80.6％であった。その方法は、入札と賃借者による買取が大勢を占めていた（表3-23）。したがって、小民営化の結果、所有者となるのは多くの

3-3 国有企業の民営化と、民営化企業の市場経済への適応　169

場合、労働集団であった（表 3-24）(Институт экономических проблем переходного периода, Российская экономика в 1994 году)。

しかし実際には、経営者、地方当局ならびに「第三者」がしばしば違法行為をも伴いながら小民営化過程に強い影響力を及ぼしたといわれる。小企業経営者と地方当局者が共謀して民営化企業の資産を支配したり、地方当局者が所有者になろうとする人々から賄賂を受け取ったりした（Berkowitz and Holland, 2001, p.54）。

また、次のような違法行為が行われた。「小民営化の過程で、労働集団の利益を隠れ蓑にして、商店、靴修理店、クリーニング店、企業の株式パケット（大きさの大小にかかわらず）などを第三者が二束三文で手に入れている。しばしばそれは、法律を無視し、国家民営化プログラムに違反して行われる。買い取られる資産の価格が何分の一にも引き下げられ、法的文書である労働集団総会の議事録や民営化計画書には矛盾や改竄が見られる。このようにして、民営化から得られる収入が減らされて地方予算、連邦予算に損失

表 3-23　小民営化企業数の方法別内訳
（当該年に民営化された企業総数に対する比率、%）

	公募販売	競売	賃借	株式会社化
1992	45.2	19.2	32.1	3.4
1993	35.3	4.6	56.2	3.9
1994	52.2	0.9	31.7	15.4

（出典）Институт экономических проблем переходного периода, Российская экономика в 1994 году.

表 3-24　小民営化企業の所有者別内訳（当該年に民営化された企業総数に対する比率、%）

	労働集団	法人	自然人
1992	60.0	26.5	13.5
1993	77.1	17.3	5.6
1994	53.3	36.5	10.2
1994 年 6－12 月	37.0	52.7	10.3

（出典）Институт экономических проблем переходного периода, Российская экономика в 1994 году.

がもたらされる。このような権利濫用の原因はさまざまである。何よりもまず、民営化企業の労働集団は必ずしも自己の権利を守ることができず、しばしば形式的に署名簿や議事録に民営化への同意署名をする。それがもたらす結果についてよくわからないままにである。新しい民営化企業の経営管理者たちは通常、旧経営陣——企業長、企業長代理、会計士長——からなっており、かれらは積極的な働き手を排除しようとする。民営化文書を資産委員会（公有財産を管理する委員会であり、民営化実施機関でもある）に提出した後、企業では解雇やその他の配置転換が起こる。これは法律違反なのだが」（Бекляшев и др.）。

こうして、小民営化は急速に行われ、表面的には労働集団の手に小企業が渡されたかに見えながら、実際には、経営者、地方当局、「第三者」がこの過程で小企業を支配下におさめたり、個人的利益を得たりした。

大企業は公開型株式会社に改組後、まずヴァウチャー（民営化小切手）と引き換えに株式が売却されることになっていた。表3-11において1993、1994年では、株式会社化により民営化された企業・施設の割合がそれぞれ31.1％、44.8％となっているが、これがこの方法の民営化の実施された企業・施設の割合に相当するであろう。

この方法で民営化される場合、「第3章－1－1－2」で述べたように、労働集団メンバーは3種類の特典のうちのいずれかを選択することができることになっていた。実際には、第1ヴァリアントの選択が24％、第2ヴァリアントの選択が75％、第3ヴァリアントの選択が1％であった（Ясин, 2003, стр.229）。すなわち、4分の3の企業で労働集団は51％までの普通株を獲得する権利を求めたのである。

第2ヴァリアントが選択された場合、まず内部申込（закрытая подписка, closed application）で51％までの株式が労働集団メンバーに売却され、続いて平均18.9％の株式が競売にかけられた（Андрефф, 2004, стр.60）。

その結果、大多数の企業でいったん労働集団すなわちインサイダー優位の株式所有構造が成立し（表3-25）、同時に株式所有の流動化も始まった（表3-26, 3-27）。

表 3-25 ロシア民営化企業の株式資本の株主グループ別構造 (1994.4)

株主グループ	株式資本に占める比率
インサイダー計	62
従業員	53
経営陣	9
アウトサイダー計	21
大口投資家	11
小口投資家	10
国	17
計	100

(出典) Ясин, 2003, стр.232.

なお、表3-11において1993、1994年では、株式会社化以外の民営化方法で主要なものは商業的入札と賃貸資産の買取であるが、商業的入札は小企業に関するものであり、賃貸資産の買取は、大企業、小企業の両方にかかわるものである。賃貸資産の買取による民営化では大企業の場合も小企業の場合と同様、企業の所有権は主として労働集団の手に渡った。筆者が調査した企業の事例では、モスクワの家庭用プラスチック製品製造企業「ジアパゾーン」(加藤、1992a)の場合がそうである。

以上のようにして「大衆的民営化」は、大企業においても急速に進み、民営化で放出された株式の大多数は労働集団員の手に渡り、企業の労働集団所有化が起こった。ロシアの総固定資本の所有形態別分布の推移（表2-43）を見ると、1991－1994年の間に総固定資本の47%が国有から「非国有」に移ったことになる。「非国有」の大部分は国有株の残存する混合所有企業と推定されるが、いずれにせよ民営化は急速に進んだ。

「貨幣的民営化」段階では、「第3章－1－2－2」で述べたように、まず投資入札方式が実施された。しかし、実際に投資が行われるかどうかの確認が行われなかったし、義務を果たさない者に効果的な影響力を及ぼす手段が作り出されていなかった。たとえば、「メナテップ銀行」はウスチ＝イリマ製材コンプレクスの落札に成功したが、1億8000万ドル投資する約束であったが、約束が実行された形跡はなかった。1994年に261企業、1995年に109企業、1996年に37企業、1997年に4企業にこの方式が適用された。

表 3-26 ロシアの株式資本の株主グループ別構造 (1995-1998)

株主グループ	株式資本に占める比率	
	1995年	1998年
インサイダー計	49.8	40.1
労働集団	42.0	31.1
経営陣	7.8	9.0
アウトサイダー計	40.5	51.5
外国投資家	1.8	3.7
ロシアの銀行	1.6	1.3
ロシアの投資会社・投資基金	9.0	11.8
工業企業	12.0	13.9
自然人	13.5	18.6
その他	2.6	2.2
国計	9.7	8.4
連邦	5.1	4.6
地方自治体	4.6	3.8
計	100	100

(出典) Ясин, 2003, стр.234.

表 3-27 ロシア工業における株式所有分布 (1995-2003)

株主の種類	1995年	1997年	1999年	2001年	2003年	2005年(予測)
インサイダー計	54.8	52.1	46.2	48.2	46.6	53.2
経営陣	11.2	15.1	14.7	21.0	25.6	31.5
従業員	43.6	37.0	31.5	27.2	21.0	17.7
アウトサイダー計	35.2	38.8	42.4	39.7	44.0	43.5
非金融アウトサイダー計	25.9	28.5	32.0	32.4	34.4	33.0
外部の個人	10.9	13.8	18.5	21.1	20.1	17.7
他の企業	15.0	14.7	13.5	11.3	14.3	15.3
金融アウトサイダー計	9.3	10.3	10.4	7.3	9.5	10.5
国	9.1	7.4	7.1	7.9	4.5	4.4
その他株主	0.9	1.7	4.3	4.2	5.0	3.2
計	100.0	100.0	100.0	100.0	100.0	100.0

(出典) Капелюшников и Демина, 2005, стр.55.

　1995年秋から実施された「担保競売」には12企業の株式パケットが出された。そのうち最大のものは次の4企業である。
　「ノリリスク・ニッケル」—38％の株式を担保に「オネクシム銀行」が1億7000万ドル融資。「ユーコス」（石油会社）—45％の株式を担保に、閉鎖

型株式会社「ラグーナ」を通じて「メナテップ」──1億5000万ドル融資。「シブネフチ」（シベリア石油）──51％の株式を担保に「ストリーチヌィ貯蓄銀行」と「メナテップ」が1億30万ドル融資。「シダンコ」（石油会社）──51％の株式を担保に「オネクシム銀行」が1億3000万ドル融資（Ясин, 2003, стр.236-241）。

　この担保競売に参加することのできた実業家たちは、これを足がかりとして「オリガルヒ」（財閥総帥）になることができた。すなわち、巨大な資金の支配を可能にするような企業を獲得した。民営化が禁じられていた石油会社が担保に出されたのである。「担保競売」には実際に問題があり、スキャンダルとなった。1996－1997年にこれらの取引の合法性が捜査や裁判の対象になった。結局、違法性は指摘されなかったが、それは取引が透明であったことを意味するよりむしろ、当時の法制度の未整備の結果であった（Институт экономических проблем переходного периода, 1998, стр.453）。

　1997年に「スヴャジインヴェスト」社（電気通信業）の25％の株式を売却する最大の民営化取引が実施されたが、この場合には透明性が確保された。しかし、「担保競売」のスキャンダルで民営化には疑惑の目が向けられ、民営化は下火となった（Ясин, 2003, стр.236-241）。

　この間に、株式会社化、商業的入札、賃貸資産の買取などの形態の民営化も続き（表3-11）、同時に、民営化された企業の国家株・自治体保有株の売却、ならびに大衆民営化段階で労働集団員の手に渡った株式の所有権の移動が進んだ。全体としてみると、その主要な結果は企業の株式所有構造の変化、すなわち、インサイダー所有比率の低下、インサイダーの内訳では経営陣の所有比率の上昇と従業員の所有比率の低下、アウトサイダー比率の上昇であった（表3-26, 3-27）。これは、民営化開始当初にロシア政府が宣伝した、「国有企業を国民各人、とりわけ当該企業で働く労働者の手に」という路線が幻影となりつつあることを意味した。しかし依然としてインサイダー所有比率は高く、なかでも従業員所有比率は高く、それはロシア企業の所有構造の顕著な特徴をなしていた。

以上のように、大衆的民営化、貨幣的民営化の2段階で1997年ごろまでに急速に実施された国有・公有企業民営化は、企業の所有権を国・自治体の手から民間の手に移した。

3－3－2　民営化企業の市場経済への適応

民営化企業はたんに所有者の交代を経験しただけでなく、市場経済に適応していったが、その適応過程は錯綜したものであった。

まず第1に、多くの企業がソ連時代末期からすでに国・自治体の統制下から離れつつあったが、民営化によりさらに大きな自由と独立を、少なくとも形式的には獲得した。上述のように、民営化企業はインサイダー支配の所有構造となり、理屈上は経営者と従業員が企業を意のままに動かすことができるようになった。

第2に、企業活動そのものは実際上、著しく縮小した。マクロ経済指標の落ち込みについてはすでに述べたが、表3-28を見ると、とくに落ち込みの激しい工業における企業活動の衰退の状況がよくわかる。設備利用水準は54％にまで、労働力利用水準も72％にまで下がった。半数以上の企業が2カ月以上設備を購入しなかった。そして、主要な生産制約要因として企業が指摘しているのはまず資金不足、次に需要不足であった。過去半年赤字企業も20－30％を下ることはなかった。投資が行われないので、生産設備の老朽化も進んだ（表3-29）。

このような企業活動の縮小が起こった原因は、民営化そのものにあるわけではもちろんない。「第3章－1－1」、「第3章－1－2」で述べたような通貨発行量抑制政策のもとでは当然、民間資金が不足しがちであり、しかも金融仲介をすべき銀行はリスクを恐れてロシア産業への投資をせず、他方で外国市場との関係ではロシア企業は旧ソ連諸国、コメコン諸国の市場の多くを失い、国内市場も外国製品の脅威にさらされた。このような状況は、民営化企業がその「自由と独立」を利用するにはあまりにも厳しいものである。要するに、民営化企業は市場インフラの未成長の市場に放り出され、国家の産業政策による支援も得られなかったのであるから、企業活動の縮小をせざ

3-3 国有企業の民営化と、民営化企業の市場経済への適応　175

表 3-28　ロシア工業企業の活動状況（年末、%）

	1991	1992	1993	1994	1995	1996	1997	1998	1999	2000	2001	2002	2003
設備利用水準[1]	78	75	69	64	57	54	60	57	65	66	68	71	76
労働力利用水準[1]				79	73	72	78	78	85	88	85	88	89
2カ月以上設備購入のない企業				54	55	58	66	63	65	54	51	41	49	36
生産制約要因[2]													
需要不足	4	48	50	42	53	59	50	43	42	40	49	52	54
原材料不足	82	40	14	25	19	22	27	34	30	29	27	18	12
資金不足	18	56	65	62	68	69	72	67	64	62	54	52	47
労働力不足	28	6	3	3	2	0	0	3	5	11	10	4	10
設備不足		2	0	4	2	2	5	3	6	10	8	6	10
過去半年赤字企業				23	21	38	33	48	28	23	23	27	23

1) 月正常水準を100とした値。
2) 回答企業の比率。
（出典）　The Russian Economic Barometer, vol.13, no.2, pp.49-71.

表 3-29　ロシア工業における生産設備の年齢構成

	1985	1990	1995	1996	1997	1998	1999	2000	2001	2002	2003
設備全体	100.0	100.0	100.0	100.0	100.0	100.0	100.0	100.0	100.0	100.0	100.0
5年まで	33.1	29.4	10.1	7.2	5.2	4.1	4.1	4.7	5.7	6.7	7.8
6-10年	28.2	28.3	29.8	27.5	24.1	20.1	15.2	10.6	7.6	5.8	4.9
11-15年	16.0	16.5	22.0	23.4	24.7	25.3	25.7	25.5	23.2	20.0	16.4
16-20年	9.8	10.8	15.0	16.1	17.5	18.9	20.1	21.0	21.9	22.6	22.7
20年以上	12.9	15.0	23.1	25.8	28.5	31.6	34.8	38.2	41.6	44.9	48.2
設備の平均年齢	10.1	10.8	14.3	15.2	16.1	17.0	17.9	18.7	19.4	20.1	20.7

（出典）　Госкомстат России, «Российский статистический ежегодник» 2004, стр.372.

るを得なかったであろう。

　第3に、企業は「生き残り戦略」（Rutland, 2001, p.15）を追求して生き残った。赤字企業・組織の割合が50%超にまで高まった（表3-30）にもかかわらず、企業の破産件数は1997年ごろまで非常に少なかった（表3-31）。それは、代金未払いの連鎖の発生を伴った。その後、企業はバーターと相殺による取引の比重を高めていき（表3-19）、低い設備稼働率であったり、赤

表 3-30　ロシアの赤字企業・組織の割合（%）

1992	1994	1995	1996	1997	1998	1999	2000
15.3	32.5	34.2	50.6	50.1	53.2	40.8	41.6

（出典）　Госкомстат России, «Россия в цифрах 2001», стр.295.

表 3-31　ロシアの企業破産件数（年間累積件数）

	1993	1994	1995	1996	1997	1998	1999	2000
破産申立て件数				3,740	5,687	12,781	15,600	24,900
破産事件数	<100	240	1,180	2,618	4,320	8,337	10,900	19,000

（出典）　藤原、2001、179頁。

字であったりしながらも多くの企業が操業を継続していった。これは一面では、移行不況の社会的ショックを和らげる効果をもたらし、マクロ経済の縮小の大きさに比して、失業率の上昇を抑えることになった（表3-32）。

　第4に、「生き残り戦略」の追求は他面ではロシアの企業成長の展望と結びついておらず、いくつかの否定的な側面を持っていた。

　すなわち、バーター等の非貨幣的決済は必然的に闇経済の比重を高め、犯罪勢力の経済分野への浸透を促進した（加藤、2001d、216頁）。また、財閥の発展に大きな役割を果たした政界との結びつきの利用は、一般企業の「生き残り戦略」にとっても重要な役割を果たした（Rutland, 2001, pp.24-25）。ソ連時代の「パターナリズム」、「バーゲニング」、「ソフトな予算制約」といった現象が形を変えてエリツィン・ロシアでも存続しており、それが企業の「生き残り戦略」を後押ししたのである。

　表3-33は、連邦政府、地方自治体から生産企業に与えられた補助金額の推移を示している。明示的補助金は減少していったが、他方でそれ以上に黙示的補助金が増加し、1997年では補助金の総額はGDPの19.2%に達していたことになる。ここで、明示的補助金は「国民経済費」の項目での政府支出の額であり、企業の経常費の補填と投資資金の融資を含んでいる。黙示的補助金のうち「相殺」は、企業の製造した商品で現物納税を行う場合を意味しており、商品額が約30%市場価格より高く見積もられているとされ、その額が補助金とみなされている。インフレが昂進している状況下での税滞納も

表 3-32 ロシアの失業率

	失業率[1]	登録失業率[2]
1992	5.1	0.8
1995	9.6	3.3
1996	9.8	3.6
1997	12.0	2.9
1998	13.4	2.9
1999	12.9	1.7
2000	10.0	1.5
2001	9.1	1.6
2002	8.7	2.1
2003	8.1	2.3

(1) 労働年齢にあって経済的に積極的な人口に占める失業者の比率
(2) 経済的に積極的な人口に占める登録失業者の比率
(出典) Госкомстат России, «Российский статистический ежегодник 2004», стр.134.

実質的に補助金とされている。国家独占体への料金・代金支払いの滞納もやはり補助金とみなされ、バーターによる支払いは30％の補助金とみなされている。

　さらに、企業がソ連時代から保有していた社会資産（住宅、学校、病院など）の維持費を地方自治体が支払う場合も、実質的に企業への補助金となりうる。エリツィン時代になって、企業は社会資産を自治体に移すことになっていたが、まだ多くの企業にそれは残っていた。世界銀行の調査では、移管が完了している企業は2000－2001年でも32％に過ぎなかった。企業が社会資産を持ち続けていることが企業の「予算」と自治体の「公的予算」との関係を不明瞭なものにしていた（塩原、2004、295-302頁）。

　第5に、企業に「衰退の心理」が蔓延した。これは「生き残り戦略」の結果でもあり、原因でもあった。

　クレイネルによれば、工業企業の機能・管理構成主体（社長、従業員、経営幹部、株主）の企業に対する見方や期待が企業発展を促すものでない（表3-34）。

　まず、社長の見方。社長の多くは主として、自分個人が早く豊かになると

表 3-33　ロシアの生産部門に提供された補助金（対 GDP 比）

補助金のタイプ			1994	1995	1996	1997	1998
1．予算からの明示的補助金			10.2	8.6	7.9	8.6	5.9
	連邦		3.0	2.5	1.7	1.8	0.7
	地方		7.2	6.1	6.2	6.8	5.2
	予算外基金		n.a.	n.a.	n.a.	n.a.	n.a.
2．黙示的補助金			0.7	3.2	7.6	7.4	10.4
	連邦		0.7	1.9	2.1	2.2	3.0
		相殺	0.7	0.6	0.8	0.8	0.4
		税滞納のネット増加	n.a.	1.3	1.2	1.4	2.7
	地方		n.a.	1.2	1.9	3.0	3.1
		相殺	n.a.	n.a.	1.3	1.9	1.8
		税滞納のネット増加	n.a.	1.2	0.6	1.1	1.3
	予算外基金		n.a.	n.a.	3.6	2.2	4.2
		相殺	n.a.	n.a.	n.a.	n.a.	n.a.
		税滞納のネット増加	n.a.	n.a.	3.6	2.2	4.2
Ⅰ．予算からの補助金の総額			10.9	11.8	15.5	16.0	16.3
Ⅱ．国家独占体からの黙示的補助金総額			3.9	4.0	4.2	3.2	n.a.
	「ガスプロム」		1.3	1.8	1.8	1.6	n.a.
		他産業に供給した天然ガス代金滞納のネット増加	0.6	0.9	0.9	0.8	n.a.
		不等価バーターの形の補助金	0.7	0.9	0.9	0.8	n.a.
	「統一エネルギーシステム」		2.6	2.2	2.4	1.6	n.a.
		他産業に供給した電力料金滞納のネット増加	1.5	1.0	0.9	0.1	n.a.
		不等価バーターの形の補助金	1.1	1.2	1.5	1.5	n.a.

（出典）　Pinto, Drebentsov, and Morozov, 2000.

いう観点から企業を見ている。そのさい、ロシアでは「衰退の心理」の惰性が広まっていて、多くの経営者がそのとりことなっている。そのため、2つのタイプの経営者が多い。1つのタイプは、企業規模の「限定的最小化」、すなわち社長が不自由のない生活を確保できる程度まで企業規模を縮小することをめざす。もうひとつのタイプは、企業を倒産・清算させてしまおうと

表 3-34　ロシアにおける企業の見方の変化（1990 年代初めと終わり）

機能・管理構成の主体	改革前の企業の見方	改革後の企業の見方
社長	生産高の縮小（計画課題の軽減）	企業の清算すら含む規模縮小
従業員	恒常的な職場、生活と自己実現のための手段の源泉	一時的な「避難場所」
経営幹部	幹部としてのポストを保障する職場、生活手段の源泉	生活手段の主要源泉、キャリアの継続または事業活動への移行のための踏み台
外部株主	存在せず	企業の清算や株式売却の場合の所得源泉
上級組織の代表者	商品生産者、計画課題の遂行主体	存在せず

（出典）　Клейнер, 2000, стр.72.

するものである。というのは、企業が「搾取的支出」を（国家や他の企業などから）迫られるよりも、これのほうが社長にとって有利だからである。

　従業員の見方。改革前には、企業に対する従業員の態度においては、「愛社精神」がみなぎっていた。しかし、10 年の間に、賃金遅配、不公正な賃金レベルの設定、解雇、不完全労働週への強制的移行、企業資産の配分のさいの詐欺などの結果、「愛社精神」は非常に侵食された。社長の利害と従業員の利害との間には大きな溝が生まれた。彼らにとって、企業での仕事はもはや「運命」というより一時的なことと受け止められている。その結果、労働集団を管理することは困難になっている。

　企業経営幹部の見方。経営幹部の立場は中間的であるので、企業に対する彼らの態度は二重である。すなわち、ある程度は自ら管理者であり、社長の路線を実行するのだが、同時に彼らは従業員と同様に社長の指示を受ける。管理者には、従業員の場合よりも将来のキャリアの幅が広く、それが彼らの企業に対する態度に影響を与える。すなわち、当該企業でのポスト、他の企業への異動、企業内または企業との密接な関連のもとでの「自分の事業」の発展、独立した企業活動の開始、などである。各管理者が答えようとする重要な問題は、企業の利害を最もよく代表しているのは従業員なのか社長なのか、という問題である。それは、企業の保存か縮小かという問題でもある。管理者

の立場は従業員の立場のほうに近いが、個人的安全のためには社長を支持せざるをえない。

　企業の所有者（株主）の見方。ロシア証券市場の特殊性により、株式相場は操業状態とあまり関係がない。株が最も多くの利益をもたらすのは、企業が清算されるときかもしれない。このような状況はロシア工業の発展にとって非常に危険である。社長と投資家の利害が一致すれば、彼らは企業の利益に反した方向へ進む可能性が高い。

　このように、ロシア工業の機能・管理構成主体のなかには、企業の発展を願う者がいない状況である（Клейнер, 2000.　加藤、2001d、217-219頁）。

3－4　中小企業の発展[3]

　移行諸国にとって、中小企業の役割は3つの意味で重要である。すなわち、(1)企業家精神を持った諸個人（起業家）と結びついていること、(2)今日、世界大の競争の焦点となっている「柔軟な専門化」への適応に不可欠であること、(3)経済体制の移行に伴って不可避的な失業の受け皿となりうること（Kirby and Watson, 2003, pp.197-198）。したがって、中小企業の成長は市場経済化進展のひとつの指標であり、また経済成長と社会的安定のためのひとつの条件と考えることができる。

　中小企業の定義は国ごとに異なるが、ロシアでは法律上、「小企業」という言葉が用いられており、その定義は表3-35①のとおりである。

　ソ連時代には企業規模が全体に大きく、中小企業が経済において占める比重はわずかであり、また、私的企業活動は禁じられていた。1980年代半ば、ゴルバチョフ政権が「ペレストロイカ」政策を開始したところからロシアの中小企業発展の歴史が始まると見ることができ、それ以後4つの時期を区分することができる（Radaev, 2003, pp.114-117）。

　ラダーエフによれば、第1期は1986－1991年である。「個人労働活動法」(1986)、「協同組合法」(1988)により、民間の企業活動が事実上解禁され、

3　加藤、2004a　参照。

表 3-35　各国の中小企業定義

① ロシアの中小企業定義

基準	業種	小企業
民間・営利	全	営利組織であり、その資本金に占める国、自治体、非営利組織の持分の比率が25%以下
独立性	全	小企業でない単一または複数の法人の持分の比率が25%以下
従業員	工業・建設・運輸	≦100人
	農業・科学技術	≦60人
	卸売業	≦50人
	小売業・日常生活サービス	≦30人
	その他	≦50人

（出典）「小企業への国家支援法」(1995)により作成。

自然発生的に多数の小企業が現われた。国有企業の経営上の自主性が広範に認められるなど、全体として経済活動が徐々に自由化されていったことも、それを後押しした。国有部門が多くの「ニッチ」を残していたので、小企業はそれを利用することができ、特に消費財（特に生活用品、建設資材）生産、生活関連サービス、小売業、卸売業（特に外国製品の輸入）などの分野で発展した。

　第2期は1992-1994年である。1992年はソ連解体後の新生ロシアの初年であり、この年に急進的市場経済化が開始された。特に、自治体が所有する消費財生産、生活関連サービス、小売業などの小企業がほぼすべて民営化された。こうして1992-1993年には小企業数が急増した。しかし、この時期、マクロ経済状況が極めて悪かったため、小企業の発展分野は広がらず、また、1994年になると小企業数の伸びは止まった。

　第3期は1995-1997年である。1995年に「小企業支援法」が制定され、小企業支援プログラムが本格的に開始されるようになった。だが、小企業セクターは拡大しなかった。大企業の民営化過程を通じて、新興財閥が形成され、経済力の集中化が起こり、これら財閥が主要な市場を分割した。マクロ経済状況も依然として悪かった。そこで、小企業は2つのグループに分かれた。ひとつは、大企業への商品、資金の仲介サービスを提供する小企業であ

る。大企業経営者と官僚の両方とのコネを利用してこのような事業が可能となるのであり、このグループは高い利益を上げていたといわれる。もうひとつは、従来どおりの分野で活動する小企業であり、これらの企業はあまり利益を上げることができず、市場の変動の影響を受け、また官僚による搾取の犠牲にもなった。

　第4期は1998年以降である。1997年に市場経済移行後初めてプラス成長を達成し、経済が安定化するかに見えたが、1998年にロシアは金融危機に陥り、多数の銀行が倒産し、需要が急速に縮小し、当然、小企業も困難に直面した。しかし、翌年からマクロ経済状況が好転したこともあり、金融危機の小企業への影響は当初予想されたほど破滅的ではなかった（Radaev, 2003, pp.128-130）。だが、小企業が経済において占める比重を統計数字で見ると、1997年以後、明らかに下がっている。その代わり、法人格を持たない自営業者の比重が増大している。その理由は、自営業のほうが特典が多く、制約が少ないからだとされている。すなわち、「企業の形をとるビジネスから人々が離反する傾向」が生じているといわれる（РЦМП, 2002, стр. 32-33, 38-39, 55）。

　以上のように、エリツィン時代初期に中小企業が急速に成長したのであるが、それは公企業が民営化されたものであり、伝統的な中小企業分野に限られていた。1995年ごろからは中小企業の成長は止まり、しかも、官僚とのコネを利用するような企業しか成功できなくなった。

3-5　コーポレート・ガヴァナンスの特徴

　エリツィン時代のロシアの大企業を支配するのは誰であったろうか？　財閥と民営化企業では状況が異なるが、全体として、経営者支配の傾向が強く、経営者の専横が目立つという特徴がある。

　財閥の場合は、「第3章-2」で見たように、所有関係が極めて不透明であるが、単一の所有者または単一の所有者集団が実質的な所有者となって財閥全体を実効的に支配している場合が多かった。ここでは所有者＝経営者で

あり、所有と経営の分離の問題は顕在化しない。

　民営化企業の場合は、「第3章-3-1」で見たように、全体としてインサイダー（従業員、経営陣）の持株比率が高い。それは、1994年（表3-25）では62％であり、その後、低下してきたが、1999年（表3-27）でも46.2％である。インサイダーの内訳を見ると、この間に従業員の持株比率が53％から31.5％に低下したのに対して、経営者のそれは9％から14.7％に上昇した。従業員の持株は多人数に分散されているが、経営者のそれは少人数に集中していることを考慮すると、経営者の個人株主としての地位はかなり高いと推定できる。また、経営者はアウトサイダー（外部投資家）と比べて従業員株主の支持を集めやすいので、経営者は実質的には従業員持株をも利用して企業の支配者となっている。ここでは、所有と経営は分離しているが、経営者は自己の持株と従業員持株を基盤として比較的容易に支配権を獲得していた（溝端、2003a、97頁）。

　ただし、外部投資家の持株比率が21％から42.4％に上昇しており、企業支配をめぐる経営陣と外部投資家との闘争が顕在化していった。

　経営者による支配はしばしば専横を伴い、少数株主、外部投資家の権利を無視し、ディスクロージャー不在のものであった。「企業法制違反は最も『野蛮な』形態をとった」といわれる。不都合な株主の株主名簿からの削除、1株1票ではなく挙手による株主総会での投票、「特別」配当を要求できる「特別」株式の発行、総会についての情報の秘匿または遅延、会社役員となるための最低持株数の設定、株主に秘密での低価格での財産の売却、小株主から低価格で強制的に株式を買取などがそれである（Радыгин, 1999, стр. 55）。外部投資家が経営者の専横を排して会社支配権を勝ち取った場合、外部投資家は経営者となって同じような専横的支配を行った。また、会社を支配できない外部投資家は経営者と共謀して自分のための個人的利益を引き出した。

　このような経営者支配と経営者の専横が生じることになった主要な原因は3つあろう。第1は、急速に成長した創業者型企業では創業者個人に所有と支配が集中する場合が多いという経験則が、財閥の場合に当てはまることで

ある。第2は、国有企業民営化の方式が当初、「大衆的民営化」であり、それがインサイダーによる所有・支配を可能にしたことである。第3は、法と法執行の制度に不備があったことである。まず、「株式会社法」と「有価証券市場法」（連邦法「有価証券市場について」）が施行されたのは1996年のことであり、しかもこれらの法律にはさまざまな欠陥があった。また裁判制度も株主利益を保護できなかった。裁判所の裁定そのものがしばしば違法なものであった。また、企業支配をめぐる違法行為に対して意味のある刑罰が課されなかった。企業支配に関連した刑罰が刑法に規定されたのは1996年のことであった（National Council on Corporate Governance, 2004, pp.36-38）。

　いずれにせよ、上述のようなロシア大企業のコーポレート・ガヴァナンスはやはり正常ではなく、ロシアの企業と経済にとって否定的な影響を与えた。ひとつには、経営者による会社の私物化を招いた。「第3章－3－2」で述べたような、経営者の態度ならびに経営者と共謀する外部投資家の態度がその現れである。実際、かれらは会社利益を犠牲にして自己の利益を追求し、次のような行動を取ると批判された。資金の流れや輸出業務だけをコントロールしようとする傾向、不必要の分社化、資産売却・賃貸、投機対象または融資の担保としてのみ自己保有株を利用、などである。このような経営者や外部投資家の態度は、マクロ経済の動向全体によっても規定されたものであるが、コーポレート・ガヴァナンスの影響もある（Радыгин, 1999, стр.64-65）。

　もうひとつの否定的な影響は、会社発展に貢献するような「効率的な」（effective）外部投資家とりわけ外国投資家による投資の不足である。「第4章－1－2」に後述するように、ロシアへの外国直接投資は相対的に少なく、西側調査機関はその原因のひとつとして、「所有権の不十分な保護」を挙げている。それは少なくとも一部には上述のようなコーポレート・ガヴァナンスの状況を指している。

3－6 「ノーメンクラツーラ・マフィア資本主義」

　以上のように、エリツィン政権の市場経済化政策の下、ロシア企業は急速に変貌を遂げたのであるが、その過程で、「ノーメンクラツーラ・マフィア資本主義」と呼ばれるような独特の性格を持つロシア資本主義の姿が立ち現れてきた。

　ここで「ノーメンクラツーラ」（номенклатура）とは、もともと「名称リスト」という意味のロシア語で、ソ連時代には、「国家的に重要な組織の重要な職位のリスト」ならびに「それら職位に就くべき人々のリスト」をさしていた。そして、これらのリストに関係した任命・解任には共産党組織の同意が必要であった。「ノーメンクラツーラ」には、共産党、労働組合、国家行政機関、企業、研究所、教育機関等の役員・管理者が含まれており、100万人から300万人と計算されている（Voslensky, 1987, 邦訳10-12、171-176頁。Lane and Ross, 1999, 邦訳223-224頁）。

　「第2章－4」ですでに見たように、エリツィン時代の最有力経済エリートは、出自としてはソ連時代のノーメンクラツーラ、あるいはそれに近い人々であった。要するに「ノーメンクラツーラ」と呼ばれたかつてのソ連エリートたちが能力・人脈・情報収集力等によって市場経済化の波を乗り越え、資本家への転進に成功したのである。そこで、ロシア資本主義はしばしば「ノーメンクラツーラ資本主義」と規定されている。

　ノーメンクラツーラの資本家への転身にはそれなりの合理性があると思われるが、同時にそれは汚職の蔓延と結びついていた。「トランスペアレンシー・インターナショナル」は世界各国の政府腐敗度の調査結果を公表しているが、それによると、エリツィン時代にロシアの腐敗指数は急速に低下し（腐敗が進み）、世界で最も腐敗した国になった（栖原、2001）。

　そしてまた、そのことは企業の行動様式そのものを歪めていた。すなわち上述のように、財閥はその発展のために、民営化企業は「生き残り」のために、政界へのロビー活動に異常に傾斜した。これは公共経済学でいう「レン

ト・シーキング」(rent-seeking) を生み出した。「レント」とは本来「地代」を指す。19世紀、古典派経済学において、労働によらずに自然に存在している土地が市場価値をもつのはなぜか、またどのようにその価格は決定されるのかが研究された。そして、土地の希少性が市場価値をもたらすと考えられた。そこから転じて、同じように労働によらず希少性により市場価値を持つものにかんして、その価値を「レント」と呼ぶようになった。公共経済学では、政府による独占権認可、公益料金決定、関税などが企業にとって「レント」を発生させる可能性があり、このような「レント」を追い求める活動を「レント・シーキング」と名づけている（Milgrom and Roberts, 1992. 邦訳 299 頁）。それはしばしば汚職等を伴って巨額の社会的費用を生む。ロシアの場合がまさにそうであったといえる。

　さらに、ロシア資本主義は「マフィア資本主義」とも言われる。ゴルバチョフ時代にマフィアが、合法化された私的ビジネスへの転進を始めたことはすでに述べたが、エリツィン時代にもマフィアは合法、非合法にまたがって経済活動に関与した。ロシアの当局者が、「50％以上の企業が犯罪組織の支配下に入っている」（Известия, 21 сен. 1995）とか「国民総所得の 25％は組織犯罪活動から得られている」（http://www.acsp.uic.edu/iasoc/newstage.htm）と述べている。

　また、1997－1998 年にロシア 21 地域における 227 人の企業経営者に対する調査の結果によると、79％の経営者が、経済活動において暴力的強要が存在すると考えており、42％の経営者が自分自身、脅迫や暴力的方法に遭遇している。そして、脅迫や暴力に遭遇したときにどうするかという質問に対しては、34％の経営者は「自力で解決する」、15％は「犯罪組織に頼る」、13％は「警察に訴える」、30％は「わからない」と答えている（Радаев, 1998, стр.83, 84, 88）。このようにビジネスにおいて暴力が蔓延しており、防衛策として警察が当てにならないので、企業は「みかじめ料」を払って犯罪集団の保護を受けるような現象が生じた。

　エリツィン時代のロシア資本主義は、しばしば「オリガルヒ資本主義」とも呼ばれる。「オリガルヒ」（財閥総帥）は市場経済化の過程で目覚しい形で

登場した、ロシア資本主義の象徴のような人々だが、「オリガルヒ資本主義」という用語は「ノーメンクラツーラ・マフィア資本主義」の一側面を表現したものといってよい。財閥発展の経緯とその行動様式からそのように考えることができる。

3－7　まとめ
　　　―「ノーメンクラツーラ・マフィア資本主義」の企業システム―

　エリツィン時代に、社会主義国有企業システムに代わる新しいロシア企業システムが形成されたが、それはさまざまな問題をはらんだものであった。
　まず、いくつかの財閥が成長し、そこにはわずか数年の間に巨大な経済力が集中し、さらに財閥総帥個人が『フォーブズ』長者番付に顔を出すほどの富を蓄積した。しかし、それらを可能にしたのは、官僚とのコネを利用したレント・シーキング活動であった。また、陰で違法な活動を行っているといううわさも絶えなかった。
　国有企業は急速に民営化された。第1段階（「大衆的民営化」段階）では、多くの企業で従業員支配の所有構造が形成されたが、第2段階（「貨幣的民営化」段階）では、資源関連の諸企業が財閥の手に渡され、また、多くの企業で従業員の持株比率が下がり、経営者支配の強化が見られた。しかし民営化企業では、生産の縮小が続き、「衰退の心理」の蔓延が見られた。
　エリツィン時代初期に中小企業セクターの急成長が見られた。しかしその後、成長にブレーキがかかり、国際的な比較からすると、中小企業セクターは小さいままである。
　また、大企業のコーポレート・ガヴァナンスは経営者支配の傾向が強く、経営者の専横が目立つという特徴があり、それが経営者による会社の私物化や外国からの投資の不足を招いた。
　これらの状況の背後に共通してあるものは、「ノーメンクラツーラ・マフィア資本主義」あるいは「オリガルヒ資本主義」としてのロシア資本主義の性格である。単純化して言えば、出自においてノーメンクラツーラ的、マ

フィア的な人々が、コネと暴力というそれぞれ得意の手段を用いて企業を支配・運営していくという負の特徴を持つようになったのであり、財閥総帥（オリガルヒ）はそれに最も成功した人々である。

以上のことから本章冒頭に提示した3つの問題を検討し、本論文の3つの課題と関係するインプリケーションを引き出してみよう。

① 企業システムの転換において、社会主義企業システムとしての過去はどのような役割を果たしたか？

ソ連社会主義企業システムの基本特徴である国家による企業指導は意図的に放棄され、むしろ企業は強制的に「自由」にされたが、社会主義企業システムの派生的特徴であった国家・企業・従業員のパターナリズム的な関係、バーゲニング、闇経済的な諸関係の普及は、市場経済化の過程にも強く作用した。否定的な面ではそれは、ビジネスにおけるコネと犯罪の横行として現れた。肯定的な面ではそれは、企業も勤労者も補助金や闇経済に部分的に頼りながら生き延びさせ、移行のショックを和らげることができた。だが、それは同時に移行不況を長引かせたという側面もある。

企業を国家の指導から引き離して企業民営化が行われる際、企業は勤労者のものという社会主義時代からのイデオロギーにそって、民営化企業はいったん従業員支配の下に置かれるかにみえたが、それは一時的・形式的であった。多くの勤労者が貧困状態に陥り、労働運動も不活発であった。

したがって、社会主義企業の遺産は多面的な影響を転換過程に与えたが、少なくとも市場経済下での労働疎外の発生を阻止する要因とはならなかった。

② 企業システムの転換によって企業活動は効率化されたか？

企業活動はレント・シーキングに異常に傾斜した。そのことと、経済全体の天然資源（とりわけ石油・天然ガス）依存体質とは、相互に強めあう関係にあった。イノベーションの担い手となるべき中小企業の成長は遅滞した。大企業のコーポレート・ガヴァナンスは、経営者支配と経営者の専横を特徴とした。

③ エリツィン時代の企業システムのあり方が現在のロシアの企業システ

3-7　まとめ―「ノーメンクラツーラ・マフィア資本主義」の企業システム―　189

ムにどのような影響をもたらしたか？

　1965年改革からゴルバチョフ時代まで徐々に変容させられてきた社会主義企業システムがこの時期に市場経済下の企業システムへと本質的に転換した。しかし、「ノーメンクラツーラ・マフィア資本主義」あるいは「オリガルヒ資本主義」を背景とした新たな企業システムにも多くの問題があり、その克服がプーチン政権の課題となった。

第4章
プーチン政権下のロシア企業

　エリツィン政権下で形成されたロシア企業システムはプーチン政権下でさらに変貌しつつある。本章では、この変貌の様相を明らかにしつつ、① この変貌の過程において、社会主義企業の歴史はどのような影響を与えたか、② プーチン政権下でさらに進展した市場経済化は企業の効率化につながったか、③ このように変貌したロシア企業システムの展望はどうか、を検討する。

4-1 「ノーメンクラツーラ・マフィア資本主義」の企業システムの持続可能性[4]

4-1-1 「ノーメンクラツーラ・マフィア資本主義」の企業システムの特徴

　ソ連では、1980年代後半、ゴルバチョフ政権の下で、経済・政治・外交の大幅な改革が開始され、それはやがてソ連解体、市場経済化へと連なっていった。ゴルバチョフ政権の下で始まった市場経済化は、1991年末のソ連解体によって誕生した新生ロシアにおいて、急速に進行していった。その過程で生まれたロシア企業システムは、エリツィン政権末期、とくに1997年ごろになると、いわゆる「ノーメンクラツーラ・マフィア資本主義」、「オリガルヒ資本主義」を背景として、次のような負の特徴を持つにいたった。すなわち、① 少数の財閥、少数の財閥総帥たちに経済力が集中し、② 企業は全般的に政官界と広範かつ直接的に癒着しつつレント・シーキングに異常に

---
[4] 加藤、2004を加筆・修正。

傾斜した行動を取り、③財閥以外の大多数の企業が経営者支配の下にあって「衰退の心理」の支配下にあった。

4－1－2　「ノーメンクラツーラ・マフィア資本主義」の企業システムの経済的・社会的帰結

　「ノーメンクラツーラ・マフィア資本主義」の企業システムは、とにもかくにも市場経済への移行を果たしたロシア経済の最初の企業システムであるという点では肯定的に捉えられるし、それが、ロシア資本主義の発展経路に即して合理的な側面を持っていることも事実である（加藤、1999）が、他面ではそれがもたらした経済的・社会的帰結には次のような極めて否定的なものがあることも強調せざるをえない。

　その第1は、長く深い移行不況である（図序-2）。ソ連時代末期、市場経済移行政策が決定された1990年からロシア経済はマイナス成長となり、新生ロシアの最初の年、急進的市場経済化が開始された1992年には－14.5％という大幅なリセッションとなり、その後もマイナス成長が続いた。1997年にプラス成長に戻ったが、翌年1998年には金融危機でマイナス成長に逆戻りした。

　1990年代前半のリセッションは主として「移行不況」、すなわち社会経済体制の転換に伴って避けることのできない不況と捉えられるべきであろう。しかし、1998年金融危機の場合は、アジア危機の波及と石油価格の低落という外的要因が直接の引き金になったにせよ、上述のようなロシア企業システムの脆弱さが本質的な要因であると考えられる（武田、2000）。

　1999年以後はプラス成長が続いているが、それは主としてルーブル切り下げ効果と、ロシアの主要輸出品である原油の国際価格の高騰が原因であり、ロシア経済が安定的な発展軌道に乗ったことを示すものではないと見られてきた（EIU, Country Profile Russia 2002, p.33）。

　第2は、資源採取型産業優位の産業構造が維持・強化されていることである。ロシアの輸出入構造を例にとると、それは明瞭である（表4-1）。2000年では、輸出品目上位は、鉱物（53.8％）、金属・宝石（21.7％）などであ

表 4-1　ロシアの貿易商品構成 (当年価格)

	1992[1]	1993[1]	1994	1995	1996	1997	1998	1999	2000	2001	2002	2003
輸出計	100.0	100.0	100.0	100.0	100.0	100.0	100.0	100.0	100.0	100.0	100.0	100.0
食料・農業原料 (繊維製品を除く)	3.9	3.8	4.0	3.3	2.0	1.9	2.1	1.3	1.6	1.9	2.6	2.5
鉱物	52.1	46.7	35.9	42.0	48.1	48.4	42.8	44.9	53.8	54.7	55.2	57.3
化学製品、ゴム	6.1	6.0	8.1	9.9	8.7	8.3	8.7	8.5	7.2	7.5	6.9	6.9
皮革・毛皮製品	0.2	0.2	0.6	0.4	0.3	0.5	0.6	0.3	0.3	0.2	0.3	0.3
木材・パルプ・紙	3.7	4.2	4.0	5.6	4.2	4.2	4.9	5.1	4.3	4.4	4.6	4.2
繊維、繊維製品、靴	0.6	0.4	1.9	1.5	1.1	1.1	1.1	1.1	0.8	0.8	0.8	0.7
金属、宝石	16.4	23.2	35.6	26.1	24.1	24.0	27.6	26.1	21.7	18.8	18.7	17.7
機械、装置、輸送手段	8.9	6.5	8.4	9.9	10.0	10.7	11.4	10.9	8.8	10.5	9.5	9.0
その他	8.1	9.0	1.3	1.3	1.5	0.9	0.8	1.8	1.5	1.2	1.4	1.4
輸入計	100.0	100.0	100.0	100.0	100.0	100.0	100.0	100.0	100.0	100.0	100.0	100.0
食料・農業原料 (繊維製品を除く)	26.0	22.2	27.7	28.2	25.0	25.1	24.8	26.7	21.8	22.0	22.5	21.1
鉱物	2.7	4.0	6.0	6.4	6.7	5.8	5.4	4.0	6.3	4.1	3.7	3.8
化学製品、ゴム	9.3	6.2	9.8	10.9	14.2	14.4	15.1	16.0	18.0	18.2	16.7	16.8
皮革・毛皮製品	1.9	2.6	0.6	0.4	0.2	0.3	0.3	0.3	0.4	0.5	0.5	0.4
木材・パルプ・紙	1.2	0.5	1.5	2.4	3.2	3.6	3.8	3.6	3.8	4.0	4.2	4.2
繊維、繊維製品、靴	12.2	13.9	8.0	5.5	5.0	4.5	4.1	5.2	5.9	5.5	5.3	4.8
金属、宝石	3.3	3.5	7.3	8.4	9.9	7.1	7.2	7.3	8.3	7.4	6.4	7.3
機械、装置、輸送手段	37.7	33.8	35.2	33.7	32.1	35.3	35.6	33.3	31.4	34.0	36.3	37.3
その他	5.7	13.3	3.9	4.1	3.7	3.9	3.7	3.6	4.1	4.3	4.4	4.3

(1) 対 CIS 諸国貿易を除く。
(出典) Госкомстат России, «Российский статистический ежегодник» 1996, стр.345-346; 2003, стр.618-619; 2004, стр.654-655.

り、輸入品目上位は、機械・装置・輸送手段（31.4%）、食料品・農業原料（21.8%）、化学工業製品、ゴム（16.0%）などであり、ソ連時代以上に、資源を輸出して、食料と工業製品を輸入するという構造になっている。資源採取業は財閥のレント・シーキング活動の主要舞台となり、製造業の発展への展望は開かれていない。

　第3は、外資導入が少ないことである（表4-2〜4）。中東欧、CISの移行経済（社会主義経済から市場経済への移行経済）27カ国への外国直接投資の流入状況を見ると、GDPに対する比率においても、一人当たりの金額においても、国別格差が大きく、ロシアへの投資額は少ないほうであることがわかる。それは、ロシアの事業環境評価が14位と低迷していることと関係している。「市場の大きさ、安くて質の良い労働力、豊富な天然資源のおかげで、ロシア経済は外国企業にとってかなり大きな潜在的魅力を有している。しかしロシアは、投資家にとって世界で最も困難な場所のひとつである。主要な障害は、複雑で予測不可能な税制、不透明な規制制度、ならびに所有権の不十分な保護である。（中略）将来的にもロシアの主要な弱点となりそうなのは、制度環境（汚職、質の悪い官僚制と法の支配）と外国投資促進政策である」（EIU, East European Investment Prospects, 2001, pp.3, 36, 136）。ここでは事業環境の悪さは政府・官僚との関係で指摘されているが、これは裏を返せばロシア企業システムの問題である。

　第4は、国民の経済的格差の拡大である。ある社会の経済的格差を示す尺度のひとつであるジニ係数の推移を見ると、ロシアの場合、1991年が0.260、1997年が0.401、2000年が0.399である（Российский Статистический ежегодник 2001, стр.187）。日本、米国のジニ係数は1997年において、それぞれ0.273と0.372であった（http://www.stat.go.jp/data/zensho/topics/1999-1.htm）。すなわちロシアは、エリツィン政権下の市場経済化の過程で、日本よりも格差の少ない国から、米国よりも格差の大きい国に変化したと言うことができる。

　第5は、広範な貧困層が存在することである。単に経済的格差が拡大しただけであれば、市場経済化を受容したロシア国民はそれをも許容するかもし

表 4-2 東欧 27 カ国の事業環境のスコアとランキング

	2001－2005		1996－2000		総得点の増加	順位の上昇
	総得点	域内順位	総得点	域内順位		
Estonia	7.40	1	6.86	1	0.54	0
Hungary	7.26	2	6.42	2	0.83	0
Poland	7.07	3	6.22	3	0.85	0
Czeck Republic	7.01	4	6.18	4	0.83	0
Slovenia	6.96	5	6.08	5	0.87	0
Lithuania	6.95	6	5.74	7	1.21	1
Latvia	6.88	7	5.87	6	1.01	−1
Slovakia	6.57	8	5.46	8	1.11	0
Croatia	6.33	9	5.23	9	1.10	0
Bulgaria	5.94	10	4.03	17	1.91	7
Kazakhstan	5.59	11	4.30	13	1.29	2
Russia	5.49	12	4.12	14	1.36	2
Armenia	5.34	13	4.50	10	0.84	−3
Azerbaijan	5.28	14	4.35	12	0.92	−2
Romania	5.24	15	4.10	15	1.14	0
Yugoslavia	5.23	16	2.79	27	2.44	11
Macedonia	5.21	17	4.47	11	0.73	−6
Albania	5.09	18	4.01	19	1.07	1
Ukraine	4.95	19	3.27	23	1.69	4
Georgia	4.87	20	4.01	18	0.86	−2
Moldova	4.78	21	4.04	16	0.74	−5
Kyrgyz Republic	4.77	22	3.75	22	1.02	0
Bosnia and Hercegovina	4.66	23	3.98	20	0.68	−3
Belarus	4.16	24	3.91	21	0.25	−3
Tajikistan	3.55	25	2.81	25	0.74	0
Turkmenistan	3.46	26	3.05	24	0.41	−2
Uzbekistan	3.18	27	2.80	26	0.38	−1

（出典）　EIU, 2000, p.3.

4-1 「ノーメンクラツーラ・マフィア資本主義」の企業システムの持続可能性　195

表 4-3　東欧諸国への外国直接投資の流入（米ドル）

	1996-2000			2001-2005		
	投資流入額	対GDP比（%、平均）	1人当たり投資流入額（米ドル、平均）	投資流入額	対GDP比（%、平均）	1人当たり投資流入額（米ドル、平均）
中東欧諸国	12,955	4.4	195	16,120	4.0	243
Czech Republic	3,463	6.4	337	4,960	6.9	486
Hungary	2,029	4.4	201	2,030	3.0	205
Poland	6,528	4.3	169	6,900	3.2	178
Slovakia	699	3.5	129	1,640	6.9	303
Slovenia	236	1.3	119	590	2.4	296
バルカン諸国	3,023	3.2	55	4,530	3.8	81
Albania	73	2.4	19	180	3.7	44
Bosnia and Hercegovina	67	1.5	18	340	5.7	82
Bulgaria	594	5.1	74	950	5.6	121
Croatia	882	4.4	196	940	3.6	194
Macedonia	70	2.1	35	180	4.8	90
Romania	1,115	3.0	50	1,350	2.9	60
Yugoslavia	222	1.3	21	580	3.7	54
バルト諸国	1,173	5.5	154	1,270	4.1	169
Estonia	310	6.3	214	350	4.7	243
Latvia	403	6.7	164	470	5.5	198
Lithuania	460	4.4	124	450	3.1	121
CIS諸国	6,699	1.7	24	10,540	2.1	37
Russia	3,246	1.1	22	6,600	1.7	46
Ukraine	596	1.5	12	1,060	2.1	21
Belarus	239	1.8	24	210	1.6	21
Moldova	72	4.9	17	120	6.8	28
Armenia	112	6.1	30	130	6.0	34
Azerbaijan	681	17.5	86	450	7.4	55
Georgia	152	3.0	28	160	2.7	29
Kazakhstan	1,289	6.7	86	1,300	5.2	88
Kyrgyz Republic	59	3.7	13	90	5.0	18
Tajikistan	25	2.3	4	30	2.2	5
Turkmenistan	94	3.1	20	130	2.2	26
Uzbekistan	135	0.9	6	250	2.2	10
東欧諸国計	23,851	3.0	57	32,460	3.1	78

（出典）　EIU, 2000, p.36.

表 4-4 ロシアの事業環境

	得点（10点満点）		域内順位（27カ国中）	
	1996–2000	2001–2005	1996–2000	2001–2005
総合評価、総合順位	4.12	5.49	14	12
政治環境	3.0	3.9	17	20
政治の安定性	4.2	5.1	15	12
政治の効率性	2.1	2.9	19	22
マクロ経済環境	4.2	7.4	17	10
市場機会	5.2	6.9	4	1
民間企業・競争に関する政策	3.3	4.7	18	14
外国からの投資に関する政策	3.3	3.8	21	24
貿易・為替規制	5.5	7.2	11	11
税制	3.2	4.7	23	20
金融	3.3	4.4	11	16
労働市場	6.3	6.9	11	7
インフラ	4.2	5.1	13	13

（出典）　EIU, 2000, p.136.

れない。だが、最低生活費以下の所得の人口の比率が、1992年に33.5％、1997年に20.7％、2000年に29.1％（表3-9）と一貫して高いことは、社会的不安定要因と言わざるをえない。

　第6は、ロシア社会では、企業活動と倫理がほとんど対立概念と見られていることである。

　いくつかの世論調査結果（http://www.fom.ru）がそのことを示している。たとえば、2000年6月の世論調査では、財閥領袖の人物像を問う質問項目で、最も多かった回答は「富と権力を持つ人々」（37％）、「法を犯し法の上に立つ人々」（17％）というものであった。また、2001年12月の世論調査では、企業家の肯定的属性と否定的属性は何か、という質問項目で、肯定的属性として多くの回答者が挙げたのは「実務的な資質」（25％）であるが、否定的属性として多くの回答者が挙げたのは「道徳的資質が低いこと」（18％）、「法律を破ること」（14％）、「もっぱら利己的利益をはかること」（12％）であった。

個々の大実業家の世評も悪い。2000年6月の世論調査では、10大財閥総帥の一人ベレゾーフスキーについての質問項目があった。彼について、回答者の44％が「悪い感じを持っている」と答えており、その根拠は、「道徳的資質」（32％）であった。2000年11月の世論調査では、チュバイスという実業家についての質問項目があった。チュバイスは、エリツィン政権下で副首相を務めたあと1998年以来「ロシア統一エネルギー・システム」（電力独占体）の最高経営者になった人物である。彼について、回答者の55％が「悪い感じを持っている」と答えており、その根拠は、やはり「道徳的資質」（33％）であった。

　実業家自身も、企業活動に違法行為はつきものと考えている。たとえば、2001年ごろに行われた、「家電・コンピューター製造・販売業者連盟」会員への調査もそのことを示しており、ある会員は「わが業界に『白い』業者はいない。われわれはみな『灰色』だ」と述べている（Радаев, 2002, стр.69-72）。

　以上のように見てくると、ロシア企業システムの経済的・社会的帰結のマイナス面はきわめて深刻なものと言え、したがって、エリツィン政権末期からプーチン政権成立時にかけての時期、このシステムは変容を迫られていたと考えることができよう。

4－2　マクロ経済状況の好転

　プーチン時代に入って、マクロ経済状況は顕著に好転した。図序-2に見るように、ロシアのGDPはエリツィン時代を通じてマイナス成長を続けていたが、プーチン時代になると、プラスに転じた。エリツィン時代とプーチン時代の主要経済指標のより詳細な比較は表4-5にまとめられている。そこに明瞭なように、生産、投資、消費はマイナス成長からプラス成長に転じ、インフレは穏やかになり、輸出が増大して貿易収支の黒字も増大し、外貨準備が増え、為替レートは安定し、政府予算は赤字から黒字に転じ、対外債務は減少し、未払い額は減少し、賃金は減少から増加に転じ、失業率は低下し

表4-5 ロシアのエリツィン時代とプーチン時代の主要経済指標

		1992-1999	2000-2003
実質前年比(%)	GDP	-5.1	6.5
	鉱工業生産	-6.6	7.0
	農業生産	-5.8	4.6
	固定資本投資	-14.5	10.6
	小売売上高	-1.4	9.3
	消費者物価指数(年平均)	385.8	17.4
	生産者物価指数(年平均)	723.4	17.8
	貨幣供給量(M2)	144.7	46.3
10億ドル	貿易収支	20.9	53.8
	輸出	79.4	112.5
	輸入	58.4	58.8
	外貨準備高(年末)	9.5	43.5
	外国直接投資	3.5	4.1
	資本逃避	17.1	12.5
名目為替レート(=ルーブル/米ドル、年平均)		24.4	2.5
対GDP比(%)	政府統合予算		
	歳入	36.0	37.5
	歳出	43.1	35.1
	収支	-7.2	2.3
	対外債務(公的債務のみ)	57.9	51.2
比率(%)	欠損企業比率(=欠損企業数/総企業数)	36.3	40.5
	総未払い額(対GDP比)	25.3	16.9
実質前年比(%)	賃金	-12.0	16.9
	最終消費支出	-2.0	6.5
ILO基準失業率(%、年末値)		11.0	9.0

(出典) 徳永、2005、90頁。

た。

　欠損企業(赤字)比率の上昇が見られるが、それ以外は、マクロ経済状況の好転を示している。

　このようなマクロ経済状況の顕著な好転の原因はなんであったろうか？

これについては大きく分けると 2 つの見方がある。ひとつは、長期にわたる移行不況を経て、ロシア社会に正常な市場経済が根付き始め、その結果、長期低迷を脱したという見方である。ハンソンの論文「ロシアの経済回復：4 年連続の成長はファンダメンタルズが変わったことを意味するのか？」は、プーチン政権下で（新制度学派のいう）「経済制度」の改善が見られたと述べる。銀行・金融セクター、税制、土地所有制度、競争政策、国家行政、司法制度、労働市場、エネルギー価格、事業規制の緩和、コーポレート・ガヴァナンスなど、ロシアの制度改革の主要な領域のすべてにおいて、公式の法制度上の進歩があったと指摘し、さらに、すくなくとも実業界の一部が「公式のルールと非公式のルールの収斂」を求め始めているかもしれないと推測している（Hanson, 2003, pp.374-381）。

　もうひとつは、石油価格の上昇のおかげだという見方である。それによれば、1999 年以後のプラス成長は主として金融危機後のルーブル切り下げ効果と、ロシアの主要輸出品である原油の国際価格の高騰（表 2-18, 図 3-2）が原因であり、ロシア経済が安定的な発展軌道に乗ったことを示すものではないとする（EIU, *Country Profile: Russia*, 2002, p.33）。次第に後者の見方のほうが優勢になってきたように見える。上垣彰（2004）の分析によれば、2001 年以後、GDP の成長への石油・天然ガス輸出の貢献度が下がり、「家計消費」、「政府支出」、「投資」の貢献度が若干高まっているが、それらは石油・天然ガス輸出の増加によってきっかけを与えられたものである。世界銀行の報告書も、「伝えられているような、天然資源以外の部門での成長は、ロシアの国内産業の自律的な回復の結果というよりも、石油・天然ガスの高価格が乗数的に経済に及ぼした 2 次的効果の結果である」（The World Bank, Feb. 2004, p.4）とする。

　徳永昌弘（2005）は、このように近年の経済成長が天然資源の高価格に主として依存するものであることのひとつの結果が、経済格差の拡大であるとする。すなわち、首都モスクワと油田地帯チュメニ州が突出した経済成長を示している。また、産業別でも、回復軌道に乗り成長の展望が開けた産業と、低迷から抜け出さない産業の著しい格差が存在する。前者の中心は素材

型産業と小売・サービス業で、後者の中心は建設業と軽工業である。つまり、石油・天然ガス部門のような国内生産波及効果の小さい産業が成長の牽引力となっている結果、このように経済格差が拡大しているのである。

上に見たように、表4-5においてほとんどのマクロ経済指標が好転しているのに、欠損企業比率はむしろ上昇しており、40％を超えている。このことも、石油・天然ガス価格の上昇のみに牽引された成長という見方を裏付けているように思われる。つまり、石油・天然ガス輸出でロシアに落ちる巨額の利益で、非効率企業が倒産を強制されずに支えられているのであろう。

このような背景を持ちながらも好調なマクロ経済状況の下で、エリツィン時代に形成された市場経済下の企業システムが基本的には守られた。すなわち、経済全体にわたって膨大な数の民間企業が活動するシステムが維持された（表4-5a、4-5b）。

しかし、エリツィン時代からプーチン時代にかけて、ロシア企業システムに何の変化も起こっていないわけではない。現在進行中の事態なので、歴史分析のように全面的な分析は困難だが、明らかになってきたことを以下にいくつか指摘しよう。

表 4-5a　ロシアの経済部門別組織数
(2004年10月現在、統一企業・組織国家統計（EGPRO）による)

	組織数（1000）	比率（％）
総数	4343.5	100.0
工業	480.2	11.1
建設	407.3	9.4
農業	306.5	7.1
輸送	126.5	2.9
通信	20.0	0.5
商業、外食産業	1589.5	36.6
教育	161.8	3.7
不動産取引	67.9	1.6
社会団体	212.8	4.9

（出典）Федеральная служба государственной статистики, 2004, стр.145.

表 4-5b　ロシアの所有形態別組織数
(2004 年 10 月現在、統一企業・組織国家統計（EGPRO）による)

	組織数（1000）	所有形態別内訳					
		国有・公有		私有		混合所有	
		組織数	比率	組織数	比率	組織数	比率
総数	4343.5	408.4	9.4	3426.2	78.9	124.9	2.9
工業	480.2	18.0	3.7	413.4	86.1	23.9	5.0
建設	407.3	12.3	3.0	369.4	90.7	13.1	3.2
農業	306.5	14.5	4.7	286.0	93.3	3.8	1.2
輸送	126.5	8.7	6.9	109.2	86.3	4.0	3.1
通信	20.0	3.6	18.1	13.5	67.7	1.5	7.4
商業、外食産業	1589.5	19.7	1.2	1481.5	93.2	22.4	1.4
教育	161.8	130.4	80.6	24.3	15.0	3.5	2.2
不動産取引	67.9	2.3	3.4	61.5	90.6	1.5	2.2
社会団体	212.8	0.5	0.2	4.4	2.1	0.9	0.4

（出典）　Федеральная служба государственной статистики, 2004, стр.146.

4－3　政権・財閥関係の変化[5]

4－3－1　エリツィン政権下の財閥

　「前 3 章」で述べたように、エリツィン政権が推し進めたロシアの市場経済化は、「ノーメンクラツーラ・マフィア資本主義」あるいは「オリガルヒ資本主義」といわれるような、特異なロシア資本主義を生み出した。そこでは、出自においてノーメンクラツーラ的、マフィア的な人々が、コネと暴力というそれぞれ得意の手段を用いて企業を支配・運営していくという負の特徴をもつ企業システムがうまれたのであり、財閥総帥（オリガルヒ）はそれに最も成功した人々であった。

　そして、このようなエリツィン政権下の状況の問題性は、たんにノーメンクラツーラやマフィアが経済を牛耳っていることや、経済力の集中や、政官財の癒着に止まらない。これらの要素が複合して、企業がレント・シーキン

---
[5]　加藤、2002 の一部を加筆修正した。

グに専念し、まともな経済活動に取り組まなかったことにある。そのことが、ロシア経済の移行期の低迷をいっそう深いものにしたのであり、1998年ロシア金融危機の遠因ともなったと言えよう。

1999年8月に首相に就任し、12月に大統領代行（後に大統領）となったプーチンは、「ノーメンクラツーラ・マフィア資本主義」や「オリガルヒ資本主義」のこのような問題性をはっきりと指摘しており、その克服を政権の重要課題としてきた。そして実際に、政権と財閥との関係に変化が起こった。

4－3－2　プーチン政権初期の政権・財閥関係

プーチンがエリツィン大統領によって首相に任命された時点では、プーチンは政治家として無名であった。官僚的な実務能力と、エリツィンとその側近グループへの忠誠とが、彼の首相抜擢の理由であったと言われる。したがって、プーチンがあえて政権と財閥との関係を変えようとするとは考えられていなかった。首相就任後、財閥もプーチンを支持した。しかしプーチンはその後、急速に国民的人気を獲得し、12月31日のエリツィン大統領辞任により、大統領代行に就任した。そして2000年3月の大統領選挙に勝利して、正式に大統領に就任した（袴田、2000）。

プーチンはこのころ、プーチン政権がエリツィン政権とは異なる独自の路線を選択するかもしれない、と思わせる2つの論文を発表した。ひとつは、1999年末の「千年紀のはざまにおけるロシア」（プーチン、2000）という論文であり、ここでは、ロシアにとっては、西側諸国と共通の普遍的な価値と、ロシア独特の価値との両方が重要であり、エリツィン政権下では、前者が強調されるあまり、後者がややなおざりにされた、と指摘された。前者は、民主主義や市場経済など、後者は、愛国主義、偉大な国家への志向、強い国家権力への志向、社会的な連帯意識などである。もうひとつは、2000年2月末の「ロシア選挙民へのプーチンの公開書簡」であり、ここでは、「法の独裁」という考え方が示され、国家が強力で、法律を実効性あるものにしてはじめて、市場経済が円滑に機能すると指摘した。そして、「市場を

役人や犯罪グループから守らなければならない」とした（袴田、2000、118-123頁）。これらの論文は、エリツィン政権下での市場経済化が生み出した「ノーメンクラツーラ・マフィア資本主義」を国家の強い手で克服していこうという意図を示したものと見ることが可能である。

実際に、プーチン政権が財閥との関係でイニシャチヴをとり始めたのは、2000年5月のことであった。これ以後の政権と財閥との闘争については、「オリガルヒ一覧」（«Реестр олигархов» (http://www.cityline.ru/politika/raznoe/oligarhi.html).）とパッペの著書『オリガルヒ』（Паппэ, 2000）が詳しい。それらによると、次のような経過が見られた。

エリツィン政権末期の1997年末の時点で、資料2に見られる10の有力財閥が存在したが、プーチン政権の最初の攻撃対象となったのは「モスト銀行グループ」であった。パッペによれば、「モスト銀行」はロシア中銀の融資を受けて、金融危機を乗り越えており、グループ全体としては、危機後にむしろ、メディア部門で発展が見られた。ところが、2000年5月に検察当局は、「メディア・モスト」社保安部が違法活動を行ったという容疑で、同社の大規模な家宅捜索を行った。同月、ロシア中銀は「モスト銀行」を管理下においた。6月13日に「モスト銀行グループ」総帥グーシンスキーは、国家資金の横領の容疑で逮捕された。

これに対して6月14日、17名の有力実業家が検事総長に対してグーシンスキー釈放を求める要望書に署名した。15日にプーチン大統領が、「グーシンスキーを拘束すべきではなかった」と述べ、16日に詐欺容疑のままグーシンスキーは釈放された。

「モスト銀行グループ」に続いて攻撃対象となったのは、「ベレゾーフスキー・スモーレンスキー帝国」である。

パッペによれば、このグループは金融危機により多大の損失をこうむり、グループのかなりの部分が崩壊し、残った企業はばらばらになった。それら企業のうち、「オブエジニョンヌィ・バンク」は生き残ったが、「SBSアグロ銀行」はすべての株式を国家管理の下に置かれた。「アエロフロート」ではベレゾーフスキー派の経営者たちが排除され、「東部シベリア石油天然ガ

ス会社」では支配株をグループが売却した。グループに残ったのは、ほぼメディア部門だけであった。ただし、メディア部門は残っただけでなく、むしろ強化され、テレビ局「ORT」、「TV6」、「コンメルサント」紙、「独立新聞」など有力メディアが傘下にあり、このグループは「メディア帝国」の様相を呈した。

　このような中で2000年9月4日にベレゾーフスキーは、大統領府長官から最後通牒を突きつけられた、と発表した。「ORT」の株式49％を国家に「返還する」か、それとも「グーシンスキーと同じ目にあうか」、という最後通牒である。

　両グループと政権との抗争はさらに続く。2000年9月18日に、「ガスプロム・メディア」社（「ガスプロム」グループのメディア子会社であるが、「ガスプロム」は政府の統制下にあると見られていた）とグーシンスキーが7月20日に達したという合意が明らかにされた。それは、「メディア・モスト」は傘下のすべての会社を「ガスプロム」に譲り、その代わり「ガスプロム」は「メディア・モスト」に対して3億ドル支払ったうえ、4億7000万ドルの債務を帳消しにし、そしてグーシンスキーの刑事事件は不起訴となる、という条件であった。

　2000年11月13、15日に、グーシンスキーとベレゾーフスキーは検察庁から出頭を求められた。グーシンスキーについては詐欺の容疑がかけられており、ベレゾーフスキーについては、「アエロフロート」社の利益の一部がスイスの会社の口座に隠匿された事件についての事情聴取が行われるということであった。2人とも海外逃避を選んだ。

　2000年11月17日、「メディア・モスト」と「ガスプロム」の間で株式譲渡の契約が成立した。

　2000年12月12日、グーシンスキーは「インターポール」（国際刑事警察機構）の手配により、スペインで逮捕された。スペイン政府はグーシンスキーのロシア送還を拒否し、グーシンスキーは、亡命者としての受け入れを表明していたイスラエルに向かった。2001年5月にグーシンスキーは米国を訪問したが、米国もロシア送還を拒否した。

2001 年初頭に、ベレゾーフスキーは「ORT」の保有株 49％を売却したようだが、だれが購入したかは不明である。

　2001 年 4 月 3 日、かつて「モスト・グループ」傘下にあったテレビ局 NTV の株主総会が開催された。「ガスプロム・メディア」が 46.5％の株式所有を背景に、「ガスプロム」主導の新取締役会を選出した。人気キャスター E. キセリョーフを中心とする現場チームは 10 日間抵抗した後に、局を去り、「モスト・グループ」の別のテレビ局「TNT」に移り、その後、「ベレゾーフスキー＝スモーレンスキー・グループ」の「TV6」に移った。

　2001 年 9 月 7 日に「ORT」の取締役会が改選され、ベレゾーフスキー派はそこに残らなかった。

　2001 年 10 月 19 日、検察庁は、ベレゾーフスキーを指名手配すると発表した。

　このようにしてロシア政府は、金融危機の打撃を受けながらも有力メディアを掌握していた 2 つの財閥の総帥に対して、経済犯罪の容疑をかけて海外逃避に追い込み、経営陣を刷新させた。これにより、全国ネットのテレビ局すべてが事実上政府の統制下に入ったと見られる（『日本経済新聞』2001 年 6 月 26 日号）。

　さらにもうひとつ、プーチン政権の攻撃対象となったと思われるのは「ガスプロム・グループ」である（加藤、2002a, 280 頁）。

　「ガスプロム・グループ」も金融危機で打撃を受けなかったわけではなく、傘下の「インペリアル銀行」は倒産した。しかし、グループの中核は金融業ではなく、資源産業であったため、ルーブル切り下げからはむしろ利益を得、金融危機後、グループの事業は拡大していった。主要な成果としては、次のようなものがある。①「ルールガス」との間で、2008－2020 年に天然ガスを西ヨーロッパに大量に供給する契約を締結した。②「ブルー・ストリーム」プロジェクト（黒海海底を通ってトルコへ至る天然ガスパイプラインを敷設するプロジェクト）を確定した。③大手化学企業「アゾート」の経営権を取得した。④「レベディンスク選鉱工場」、「オスコーリスク電気冶金工場」、「オリンピースキー」銀行を、苦境に陥っていた「ロシースキー・

クレジット」銀行から買収した。こうして「ガスプロム・グループ」は、ロシア経済の中での地位を著しく高めていた。

　2001年5月30日、「ガスプロム」の社長ヴャーヒレフが解任され、A. ミレルが後任に選出された。ミレルは、エネルギー省次官であり、プーチンのペテルブルク人脈の一人と言われる。そして、38.7％の株式を保有する国が、「ガスプロム」民営化後初めて取締役会の過半数を獲得した。

　社会主義時代の省の流れをくみ、しかもロシア経済を支える屋台骨のひとつでもある「ガスプロム・グループ」については、従来から指摘されていた問題がいくつかあった。それは、① 著しい独占状態、② 国家保有株の委託を受けた経営陣による高度の経営者支配、③ 外資導入の制限、④ 不透明な財務、⑤ 経営陣による企業私物化、⑥ 投資不足による新鉱床開発の遅れ、などである。これらの問題を克服するための改革に、ヴャーヒレフを中心とする経営陣は頑強に抵抗を続けてきており、「ガスプロム」は「国家の中の国家」とまで言われていた。

　プーチン政権は、ヴャーヒレフ解任によって「ガスプロム」改革に道を開こうとしたと考えられる。

　以上のようにプーチン政権は、いわば「財閥攻撃」に打って出たわけだが、他方では、有力実業家たちと意思疎通する公式の機会を積極的に作り出している。

　まず、プーチンは、20人前後の「オリガルヒ」との会談を数カ月おきに行っている。「ポリチカ」という、前述の「オリガルヒ一覧」で紹介されているだけでも、2000－2001年の間に、2000年7月28日、2001年1月24日、2001年5月31日、2001年11月23日の4回、そのような会談が行われた。後にさらに詳しく紹介する『ラッシャン・ポリティカル・ウィークリー』紙が引用する資料（表4-6）によると、2001年初めから2001年11月23日までの間に、少なくとも5回、実業家グループと大統領との公式の会見が行われた。

　また、2000年8月5日には、政権と有力実業家との常設協議機関として、政府付属の「企業活動会議」が設置された（http://www.spprinfo.ru）。設

表4-6 ロシア大統領との会談に出席した実業家たち（2001）

氏名	企業・組織名	会談回数	生年
O. V. デリパスカ	「ロシア・アルミニウム」社長	5	1968
A. B. チュバイス	「統一エネルギーシステム」会長	5	1955
A. B. ミレル	「ガスプロム」社長	5	1962
S. M. ヴァインシュトク	「トランスネフチ」	3	1947
V. Iu. アレクペーロフ	「ルクオイル」	3	1950
A. A. モルダショーフ	「セーヴェル・スターリ」	3	1965
A. I. カジミーン	「貯蓄銀行」	3	1958
V. O. ポターニン	持ち株会社「インテルロス」会長	3	1961
E. M. シヴィドレル	「シブネフチ」	3	1964
K. A. ベンドゥキッゼ	「合同機械製作工場」（ウラルマーシ＝イジョーラ・グループ）社長	2	1956
V. L. ボグダーノフ	石油会社「スルグトネフテガス」社長	2	1951
V. F. ヴェークセリベルク	「SUAL」（シベリア・ウラル・アルミニウム）	2	1957
A. I. ヴォーリスキー	工業家・企業家同盟会長	2	1932
V. I. コーガン	「工業建設銀行」	2	1963
V. S. リーシン	「ノヴォリペーツク冶金コンビナート」	2	1956
M. M. フリードマン	「アルファ銀行」頭取	2	1964
M. B. ホドルコーフスキー	「ユコス」会長	2	1963
V. P. エフトゥシェーンコフ	「システム」	1	1948
O. V. キセリョーフ	「メタロインヴェスト」	1	1953
A. L. マムト	MDM銀行会長	1	1960

（出典）RFE/RL Russian Political Weekly, 3 December, 2001 (http://www.rferl.org) より作成。

置要綱には次のようなことが規定されている。この会議の主要な課題は、①ロシアにおける企業活動発展のための新しいアプローチの形成、②国家の社会・経済政策の実現、③課税・信用・投資分野の法制度を含め、企業活動を規制する法制度の改善、④社会的分野の強化・支援にむけて企業家が経済的関心をもつための条件の整備、⑤企業家団体・企業家と政府・自治体との相互関係の改善、⑥企業家と国家権力機関・自治体との相互作用の過

程の透明性の原則の強化、⑦企業活動についての肯定的な世論の形成の促進である。議長は首相であり、会議の構成員は政府によって決定される。会議の規則は議長が定める。会議で作成された提案は、政府機関・自治体に示される。会議の活動のための組織的・技術的・情報的な準備を行うのは、反独占政策・企業活動支援省である。

　2001年7月16日現在の会議の構成員は表4-7のとおり、28名である。その内訳は、政府側から、カシヤーノフ首相、ユジャーノフ反独占政策・企業活動支援相、そして実業家26名である。これまでに6回の会議が開催されており、その議題、報告者は表4-8のとおりである。税制、WTO加盟問題、銀行改革など財界全体にとって重要な問題を議題とし、大臣、次官らの報告を受けて、討議が行われている。

　このようにして、プーチン政権は、一方では金融危機で打撃を受けた財閥の総帥たちの経済犯罪を追及して、同時に有力マスメディアを政府の統制下に置き、また金融危機後ますます巨大化した財閥の総帥を退陣させて、経営への影響力を強めた。そして他方では、政権と財閥の公式の意思疎通の回路を設けた。

　これらのことが実際上どのような意味を持つのか、この時点では判断が困難であった。プーチン政権は悪徳実業家を征伐して「法の独裁」への道を開きつつあるのか、マスメディアさらには経済界全体への政府の統制を強めつつあるのか、あるいは、政界と癒着する実業家の名前が変わっただけなのか。プーチン政権と財閥との間で「歴史的な密約」が成立していたといわれている。すなわち、「政権が、違法性の高い民営化の結果を見直さない代わりに、財閥は政治に介入しない」という密約である（『日本経済新聞』2003年7月24日号）。2000年12月2日、ロシア共産党第7回大会で、G. A. ジュガーノフは次のように述べた。「ベレゾーフスキーとグーシンスキーを見せしめに鞭で打っても、何も変わりはしない。古いオリガルヒに代わって新しいオリガルヒが登場しただけだ」（http://www.cityline.ru/politika/raznoe/olig-ist.html）。

表 4-7　ロシア政府付属「企業活動会議」名簿（2001 年 7 月 6 日現在）

氏名	企業・団体	生年
M. M. カシヤーノフ	首相	
I. A. ユジャーノフ	反独占政策・企業家活動支援相（副首相）	
A. G. アブラーモフ	「ニジネタギリスク冶金コンビナート」社会長、「ユーラス・ホールディング」社社長	1959
T. K. ボッローエフ	ビール醸造会社「バールチカ」社長	1953
K. A. ベンドゥキッゼ	「合同機械製作工場」（ウラルマーシュ＝イジョール・グループ）社長	1956
V. L. ボグダーノフ	石油会社「スルグトネフテガス」社長	1951
O. V. ヴィユーギン	投資会社「トロイカ・ダイアローグ」副社長	
A. N. ダウールスキー	モスクワの製菓会社「オクチャーブリ」社長	1934
O. V. デリパスカ	「ロシア・アルミニウム」社長	1968
D. B. ジーミン	「ヴィンペル・コミュニケーション」社長	1933
V. S. ゾルニコフ	「リューベベルツィ絨毯」社社長	1951
I. V. ジュージン	石炭会社「南クズバス」会長	
D. B. カーメンシチク	「イースト・ライン」グループ（ドモデードヴォ国際空港）会長	1968
A. M. カラチンスキー	「情報ビジネス・システム」グループ会長	1959
S. V. キスロフ	「ユーク・ロシー」社会長	1960
V. E. コーペレフ	「DSK-1」社（住宅建設会社）社長	
Iu. I. コロパチーンスキー	「クラスノヤルスク・コンバイン工場」社社長	1965
A. P. ラヴレーンチエフ	「カザンヘリコプター工場」社社長	
N. B. マカーロフ	「ウスチ・イリマ木材コンビナート」会長	1960
A. L. マムト	MDM 銀行会長（2001 年末に辞任）	1960
O. M. ミリームスカヤ	「ルースキー・プロドゥクト」社会長	
M. A. ポゴシャーン	「スホーイ設計」社社長、国有企業「戦闘機製造コンプレクス『スホーイ』」社長	1956
V. O. ポターニン	持ち株会社「インテルロス」会長	1961
M. M. フリードマン	「アルファ銀行」頭取	1964
M. B. ホドルコーフスキー	「ユコス」会長	1963
V. N. シャターロフ	繊維会社「オカ」社長	
V. D. シテルンフェルト	「シテルン・セメント」社長	1937
V. A. シトゥイロフ	「アルロサ」（ロシア・サハ・ダイヤモンド）社社長	1953

（出典）　http://www.spprinfo.ru より作成。

表 4-8 ロシア政府付属「企業活動会議」会合

開催日	議題	報告者
2000年12月6日	1. 法人税制について	ロシア連邦財務省次官
	2. 輸入関税の合理化、ならびにその構造簡素化（2000年11月27日付ロシア政府決定第886号）	経済発展・貿易相
2001年2月19日	1. ロシア連邦税法典第2部第25章の案の起草に関する情報（法人税）	ロシア連邦財務省次官
		下院予算・税委員会税法専門会議議長
	2. 企業活動環境改善のための総合的施策について（経済主体の活動の統制、登記、許可の問題に関する法制度の改革	経済発展・貿易省次官
	3. 経済活動を行うさいに、所有形態にかかわらずすべての主体が平等に市場に接近できることを確保するための司法機関の協力について	経済発展・貿易省次官
2001年4月17日	1. WTO加盟について	経済発展・貿易相
2001年7月16日	1. ロシアのWTO加盟に関する主要貿易相手国の立場について	貿易発展・貿易省次官
	2. 銀行制度改革の主要方向に関するロシア連邦政府付属企業活動会議の構成員たちの提案について	「MDM銀行」会長
2001年10月8日	1.「ロシア連邦における労働年金の積立金運用のための投資について」の連邦法案について	ロシア連邦年金基金総裁
		経済発展・貿易省次官
2002年6月7日	1. ロシア連邦の2003年の社会経済発展予測と、産業発展の展望について	経済発展・貿易省次官

（出典）http://www.spprinfo.ru より作成。

4-4 財閥の変化[6]

4-4-1 「新財閥」実業家リスト

　財閥は、金融危機と、プーチン政権初期の政権による財閥攻撃、政権・財

6　加藤、2002の一部と、加藤、2004の一部に加筆・修正した。

閥関係の公式化の動きのなかで、どう変わったであろうか？「新財閥」といわれるプーチン時代の有力実業家はどういう人々なのかを考える上で、いくつかのリストを参考にすることができる。

① 「企業家ランキング」（2001年、表4-9）。これは、ロシア財界での影響力、企業家としての資質、支配下においている資本金の3点を基準に、67人の専門家の評価を総合して作成されたものである。67人は、マスコミの解説員・記者、政府機関の幹部、研究所・シンクタンクの研究員、大企業の幹部からなる。

② 『独立新聞』が発表した「企業家政治力ランキング」（2001年第4四半期、表4-10）。これは、政治的影響力の強さを基準に、68人の専門家の評価を総合して作成されたものである。

③ 『フォーブズ』長者番付（1997年と2001年。資料3）。

④ 政府付属「企業活動会議」名簿（2001年7月6日、表4-7）。

⑤ 「大統領との会談に出席した実業家」（2001年、表4-6）。前述のように、2001年初めから11月23日までに数回、実業家グループと大統領の公式の会見が行われ、そのさいの出席者の氏名も明らかにされている。このリストは、『コンメルサント・デーリー』紙（2001年11月24日号）が、その出席者と出席回数をまとめたものである。

⑥ 「工業家・企業家同盟常任理事会名簿」（2002年、表4-11）。

このうち、まず⑥の「工業家・企業家同盟」（http://www.rsppr.ru）について説明が必要である。正式名称を「ロシア工業家・企業家（雇用主）同盟」といい、ロシア全土に会員5000人以上を有する経営者団体である。1990年に創設された「ソ連科学・産業同盟」がその前身であり、元来、国有企業経営者の結集する組織であった。ソ連崩壊後、現在の名称に変更されたが、会長は設立時から今日まで一貫してA. I. ヴォーリスキー（1932－）である。現在の常任理事会名簿を見ると、「オリガルヒ」たちが顔を出しているが、それは2000年秋以降のことである。

この間の事情について、『ロシア・ジャーナル』RJ Weekly Report, 11th Nov. 2000（http://www.russiajournal.ru/weekly）は次のように述べて

表 4-9　ロシア企業家ランキング（2001）

順位	氏名	企業名	生年
1	A. B. チュバイス	ロシア株式会社「統一エネルギーシステム」	1955
2	V. Iu. アレクペーロフ	ルクオイル	1950
3	R. A. アブラーモヴィチ	シブネフチ、「ロシア・アルミニウム」	1966
4	S. V. プガチョーフ	「国際工業銀行」	1963
5	A. B. ミレル	ガスプロム（社長）	1962
6	A. I. カジミーン	ロシア貯蓄銀行	1958
7	M. B. ホドルコーフスキー	ユコス	1963
8	M. M. フリードマン	「アルファ・グループ」コンソーシアム	1964
9	V. O. ポターニン	「インテルロス」グループ	1961
10	A. F. ボロージン	モスクワ公立銀行＝バンク・モスクワ	1967
11	V. L. ボグダーノフ	スルグトネフチェガス	1951
12	Iu. V. ポノマリョーフ	外国貿易銀行	1946
13	S. G. クケス	チュメニ石油会社（社長）	1946
14	P. O. アーヴェン	アルファ・バンク	1955
15	V. P. エフトゥシェーンコフ	金融株式会社「システム」（会長）	1948
16	V. M. オクーロフ	「アエロフロート・ロシア航空」	1952
17	A. L. コースチン	対外経済銀行	1956
18	V. V. カダンニコフ	ヴォルガ自動車工場	1941
19	V. F. ヴェークセリベルク	「SUAL（シベリア・ウラル・アルミニウム）持株会社」	1957
20	S. M. ヴァインシュトク	トランスネフチ	1947
21	K. A. ベンドゥキッゼ	「合同機械製作工場」	1956
22	O. V. デリパスカ	「シベリア・アルミニウム」、「ロシア・アルミニウム」	1968
23	V. A. シトゥイロフ	「アルロサ」（ロシア・サハ・ダイヤモンド）社	1953
24	A. Iu. ベリヤニノフ	ロシア武器輸出会社	1957
25	E. M. シヴィドレル	シブネフチ	1964
26	V. N. ヤーシン	スヴャジインヴェスト	1941
27	V. M. ストリャレンコ	「ユーロ・フィナンス」銀行	1961
28	M. D. プローホロフ	「ノリリスク・ニッケル」（社長）	1965
29	V. I. コーガン	工業建設銀行サンクトペテルブルク	1963
30	B. A. ヨルダン	投資基金「スプートニク」、NTV、「ガスプロムメディア」	1966
31	L. S. チェルノイ	証券投資家	1954
32-33	A. E. レーベデフ	ナショナル・リザーヴ銀行	1959
32-33	V. S. ラグーチン	MGTS（モスクワ市電話会社）	1947
34	A. B. ウスマーノフ	ガスプロム・インヴェスト・ホールディング	1953
35	N. A. ツヴェトコーフ	ニクオイル・グループ	1960
36	V. G. サヴェーリエフ	ガスプロム（副社長）	1954
37	I. A. パカレーイニク	チュメニ石油会社（副社長）	1951
38	B. A. ベレゾーフスキー	証券投資家	1957
39	I. K. マフムードフ	ウラル鉱山冶金会社	
40	M. A. スミルノーフ	モバイル電話システム	1950
41	V. S. リーシン	ノヴォリペーツク冶金コンビナート	1956
42	D. V. ゼレーニン	「ノリリスク・ニッケル」（副社長）	1962
43	E. G. ノヴィーツキー	金融株式会社「システム」（社長）	1957
44	S. V. ポポーフ	「MDMグループ」	1971
45	A. A. モルダショーフ	「セーヴェル・スターリ」	1965
46	V. I. ニキーシン	メジレギオンガス	1950
47	I. V. マカーロフ	イテラ	1962
48	M. S. グツェリエフ	「スラブネフチ」	1958
49	T. K. ボッローエフ	ビール醸造会社「バールチカ」	1953
50	A. V. ザハーロフ	MMVB（モスクワ為替取引所）	1955

（出典）《Экономика и жизнь》, No.3, январь 2002 より作成。

表 4-10　ロシア企業家政治力ランキング（2001 第 4 四半期）

順位	氏名	企業名	生年
1	R. A. アブラーモヴィチ	「シブネフチ」、「ロシア・アルミニウム」	1966
2	A. B. チュバイス	ロシア株式会社「統一エネルギーシステム」	1955
3	S. V. プガチョーフ	「国際工業銀行」	1963
4	M. M. フリードマン	「アルファ・グループ」コンソーシアム	1964
5-6	V. Iu. アレクペーロフ	「ルクオイル」	1950
5-6	A. B. ミレル	「ガスプロム」（社長）	1962
7	V. P. エフトゥシェーンコフ	金融株式会社「システム」（会長）	1948
8	P. O. アーヴェン	アルファ・バンク	1955
9	V. O. ポターニン	「インテルロス」グループ	1961
10	B. A. ベレゾーフスキー	証券投資家	1957
11	A. I. カジミーン	ロシア貯蓄銀行	1958
12	A. F. ボロージン	モスクワ公立銀行＝バンク・モスクワ	1967
13	M. B. ホドルコーフスキー	「ユコス」	1963
14	S. G. クケス	チュメニ石油会社（社長）	1946
15	K. A. ベンドゥキッゼ	「合同機械製作工場」	1956
16	E. M. シヴィドレル	シブネフチ	1964
17	V. L. ボグダーノフ	スルグトネフチェガス	1951
18	A. Iu. ベリヤニオフ	ロシア武器輸出会社	1957
19	S. M. ヴァインシュトク	トランスネフチ	1947
20-22	V. V. カダンニコフ	ヴォルガ自動車工場	1941
20-22	V. I. コーガン	工業建設銀行サンクトペテルブルク	1963
20-22	I u. V. ポノマリョーフ	外国貿易銀行	1946
23	M. D. プローホロフ	「ノリリスク・ニッケル」（社長）	1965
24	O. V. デリパスカ	「シベリア・アルミニウム」、「ロシア・アルミニウム」	1968
25	B. A. ヨルダン	投資基金「スプートニク」、NTV	1966
26	V. N. ヤーシン	スヴァジインヴェスト	1941
27	V. M. ストリャレンコ	「ユーロ・フィナンス」銀行	1961
28	V. A. シトゥイロフ	「アルロサ」（ロシア・サハ・ダイヤモンド）社	1953
29	A. L. コースチン	対外経済銀行	1956
30	L. S. チェルノイ	証券投資家	1954
31	A. A. モルダショーフ	「セーヴェル・スターリ」	1965
32	B. N. クズィク	産業持株会社「新プログラム・コンセプト」	1958
33	V. F. ヴェークセリベルク	「SUAL（シベリア・ウラル・アルミニウム）持株会社」	1957
34	M. S. グツェリエフ	「スラヴネフチ」	1958
35	A. E. レーベデフ	ナショナル・リザーヴ銀行	1959
36	I. K. マフムードフ	ウラル鉱山冶金会社	1963
37	V. M. オクーロフ	「アエロフロート・ロシア航空」	1952
38	V. G. サヴェーリエフ	「ガスプロム」（副社長）	1954
39	A. V. ザハーロフ	MMVB（モスクワ為替取引所）	1955
40	A. G. アブラーモフ	「ユーラス・ホールディング」（鉱山・冶金業の企業グループの持株会社）	1959
41-42	A. B. ウスマーノフ	ガスプロム・インヴェスト・ホールディング	1953
41-42	Yu. I. リヴォフ	ガスプロムバンク	1945
43	I. V. マカーロフ	イテラ	1962
44	R. K. ヴァルダニャン	投資会社「トロイカ・ダイアローグ」	1963
45-46	A. A. ネチャーエフ	ロシア金融会社、銀行持株会社「ロスインバンク」	1945
45-46	Y. K. ボッローエフ	ビール醸造会社「バールチカ」	1953
47	I. R. アシュルベイリ	科学生産合同「ダイヤモンド」	1963
48	A. P. ヴァヴィーロフ	「セーヴェルナヤ・ネフチ」	1961
49	V. S. リーシン	ノヴォリペーツク冶金コンビナート	1956
50	V. F. ラシニコフ	マグニトゴルスク冶金コンビナート	1948

（出典）《Независимая газета》, 1 февраля 2002 г. より作成。

表 4-11 ロシア工業家・企業家同盟常任理事会名簿 (2002)

氏名	企業・組織名	生年
K. A. ベンドゥキッゼ	「合同機械製作工場」（ウラルマーシ＝イジョーラ・グループ）社長	1956
R. K. ヴァルダニャン	投資会社「トロイカ・ダイアローグ」会長	
O. V. デリパスカ	「ロシア・アルミニウム」社長	1968
V. M. ドンブロフスキー	（副会長）	
V. P. エフトゥシェーンコフ	「システム」	1948
O. V. エレメーエフ	（ロシア雇用者連盟調整会議会長）	
D. B. ジーミン	「ヴィンペル・コミュニケーション」社長	1933
O. V. キセリョーフ	持株会社「メタロインヴェスト」会長、貿易銀行「インペクスバンク」副頭取	1953
V. P. コヴェーシニコフ	「アヴァンガルド」社会長、サンクトペテルブルク工業家・企業家同盟会長	
V. I. コーガン	「工業建設銀行」	1963
M. V. コミッサール	通信社「インターファックス」社長	
V. I. ルジャーニン	「ギドロマーシ」社長、ニジェゴロド連合会長	1929
N. B. マカーロフ	「ウスチーイリマ木材コンビナート」会長（イルクーツク州）、「コンチネンタル・インヴェスト企業グループ」会長	1960
A. B. ミレル	「ガスプロム」社長	1962
A. L. マムト	MDM 銀行会長（2001 年末に辞任）	1960
A. A. モルダショーフ	「セーヴェル・スターリ」社社長（ヴォーログダ州チェレポーヴェツ市）	1965
V. A. ニクーリン	（副会長）	
V. O. ポターニン	持株会社「インテルロス」会長	1961
S. V. プガチョーフ	「国際工業銀行」頭取	1963
B. Iu. チトーフ	金融産業会社「インテルヒムプロム」会長	
Iu. A. トカーエフ	「クランエクス」社会長、イヴァノヴォ州工業家・企業家同盟会長	1954
M. M. フリードマン	「アルファ銀行」頭取	1964
M. B. ホドルコーフスキー	「ユコス」会長	1963
A. B. チュバイス	「統一エネルギーシステム」会長	1955
V. I. シチェルバコーフ	「国際投資・民営化基金」社長	1949
S. M. ヴァインシュトク	「トランスネフチ」	1947
I. Iu. ユルゲンス	副会長、全ロシア保険者同盟会長	1952

（出典）RFE/RL Russian Political Weekly, 3 December, 2001 (http://www.rferl.org) より作成。

いる。少し長いが引用しよう。

「ロシア工業家・企業家同盟（RSPP）は保守的な組織であり、『赤色企業長同盟』と呼ばれてきたが、議長アルカージー・ヴォーリスキーはそれの改

革を宣言した。150 人の実業家からなる同盟理事会は（2000 年）11 月 10 日に会議を開き、旧理事の何名かを新理事と交代させることを決定した。新理事の多くは新・旧『オリガルヒ』である。新役員には、チュバイス、ポターニン、フリードマン、デリパスカ、ベンドゥキッゼ、モルダショーフらが含まれる。RSPP の保守的な理事会を希釈すると同時に、改革派は聖域にも踏み込んだ。すなわち、常任理事会の 27 名のうち彼らはいまや多数派である。かれらはまもなく『赤色企業長』よりはるかに優位に立つであろう。RSPP は『オリガルヒ』の『労働組合』——移行期の市場をめぐる利益グループ同士のバランスを保つ組織——以上のものになるだろう。会員たちは相互調整のために活動するだけでなく、対当局の活動も行うであろう。RSPP の新会員たちは、これが改革に際しての自分たちの考え方だと述べている。ヴォーリスキーが宣言したのではあるが、この改革構想は彼の発案ではなく、新役員たちの発案である。デリパスカ、ポターニン、ベンドゥキッゼらは、以前から同盟の会員であった。『オリガルヒ』たちは、このあいまいな同盟に対して大きな関心を示したことはこれまで一度もなかった（中略）。『オリガルヒ』のスローガンは、より大きな自由主義、より少ない官僚制、税制改革であった。問題は、この組織の中で第 1 バイオリンを弾いているのは『オリガルヒ』ではなく、上述の赤色企業長たちとソビエト・ノーメンクラツーラだということであった。ヴォーリスキーはノーメンクラツーラの家長として、RSPP を指導し、RSPP を純粋なロビースト団体にしていた。しかし彼らは自分の企業の利益のためにロビー活動するというより、自分の個人的利益のためにロビー活動をしていた。その結果、RSPP は目立たない組織になっていた（中略）。もし『オリガルヒ』たちが自分たちの団結のために RSPP を使うことを決意しなかったら、RSPP はおそらく自然死するところであったろう。もちろん、『オリガルヒ』たちはまったく新しい組織を作ってもよかったが、たぶん、『オリガルヒ』たちは忙しい人々なので、すでにある同盟を改革するほうが容易だと判断したのだろう。」

　このように、有力実業家たちは 2000 年秋に、実業家同士の利害調整と政権との関係の再構築を目指して、「工業家・企業家同盟」に結集してきたの

である。ヴォーリスキー自身もほぼ同じように経緯を説明している（http://www.rsppr.ru/clause_11.htm）。

そこで、上記の6つのリストはすべて、現在の有力実業家がだれであるかを考える上で、参考にしてよいものと言えよう。実際、6つのリストに載っている人名に重なりが多く、「企業家ランキング」上位の人物を順に見ていくと、1位のチュバイスは4回、2位のアレクペーロフは4回、3位のアブラーモヴィチは3回、4位のプガチョーフは3回、5位のミレルは4回、6位のカジミーンは3回、7位のホドルコーフスキーは5回、8位のフリードマンは6回、9位のポターニンは6回、10位のボロージンは2回登場している。少なくとも、有力実業家をこのリストの範囲内で考えることに大きな問題はないであろう。

なかでも「企業家ランキング」は、データの性質からして、有力実業家のリストとして最も客観性が高いと思われるので、このリストを中心に、他のリストを補足的に利用することにする。

なお、個々の実業家についての情報は、インターネット上の各種人名録、企業のホームページのほかに、『現代ロシア史 1985－2001』（Современная история России 1985-2001, М., 2001.）など、個々の財閥、企業についての情報は、上述の「オリガルヒ一覧」とパッペの著書『オリガルヒ』などで収集した。

4－4－2　有力実業家の退場、滞留、登場

まず、「企業家ランキング」（2001年）と「10大財閥と総帥」（1997年末）とを比較してみると、この間に氏名の消えた実業家が4名いる。ヴァーヒレフ、ヴィノグラードフ、グーシンスキー、マールキンである。

ヴァーヒレフは上述のとおり、プーチン政権によって社長の座を追われた。

ヴィノグラードフは、1998年金融危機の後すぐに「インコムバンク」頭取を自発的に辞任し、実業界から退いた。「インコムバンク」は営業許可を取り消され、破産した。「サメコ」（アルミニウム製造企業）など産業企業の

保有株も売却された。

　グーシンスキーは、上述のとおりプーチン政権に追われて海外逃避中である。

　マールキンの「ロシースキー・クレジット」銀行は、金融危機後に「インペクスバンク」に継承された。マールキンは経営から離れた模様で、グループは弱体化している（http://www.cityline.ru/politika/raznoe/oligarhi.html）。

　「企業家ランキング」に残ったのは、アレクペーロフ（2位）、エフトゥシェーンコフ（15位）、フリードマン（8位）、ベレゾーフスキー（38位）、ホドルコーフスキー（7位）、ポターニン（9位）である。「企業家ランキング」上位から順に見てみよう。

　アレクペーロフは「政治力ランキング」（5－6位）、「長者番付」にも登場する。「インペリアル銀行」は金融危機の後破産したが、「ルクオイル」グループは石油会社「ルクオイル」（採油量、国内第1位）を中心として健在である。「ルクオイル」は、石油・天然ガスの探査・採掘・製油・販売を行う垂直統合企業グループとなっている。

　ホドルコーフスキーは「政治力ランキング」（13位）、「長者番付」にも登場する。「ロスプロム＝ユーコス」グループを率いている。グループの中核銀行であった「メナテップ」銀行は金融危機の後に破産したが、石油会社「ユーコス」（採油量、国内第2位）を中心として、化学、金属など関連産業に進出している。

　フリードマンは「政治力ランキング」（4位）、「長者番付」にも登場する。「アルファ＝TNK」グループを率いている。「アルファ銀行」（資本金、国内第4位）は金融危機を乗り越えた。グループは「チュメニ石油会社」（採油量、国内第5位）を保持しているが、さらに「インテルロス」グループ傘下にあった「シダンコ」の支配株を取得した。

　ポターニンは「政治力ランキング」（9位）、「長者番付」にも登場する。「インテルロス」グループも健在である。その中核銀行「オネクシムバンク」は金融危機後、「モスト銀行」、「メナテップ銀行」と合同し、「ロスバンク」

（資本金、国内第7位）が形成された。「ロスバンク」は現在では「インテルロス」グループの支配下にある。「シダンコ」を手放したが、民営化のさい獲得した「ノリリスク・ニッケル」、通信業の持株会社「スヴャジインヴェスト」を支配している。さらに「ノヴォリペーツク冶金コンビナート」、冶金工場「クラースヌィ・ヴィボルジェツ」も傘下に収めるなど、金属産業での垂直統合を進めている。

エフトゥシェーンコフは「政治力ランキング」（7位）、「長者番付」にも登場する。やはりモスクワ市政府との関係を保ちながら「システム」グループを率いている。「バンク・モスクワ」（資本金、国内第11位、モスクワ政府が36.15％出資）を中核銀行とし、モスクワ市を中心に多様な産業に進出している。「MGTS」（モスクワ市電話会社）、「モバイル電話システム」も傘下にある。

ベレゾーフスキーは、グーシンスキーと同様、海外逃避中であり、『フォーブズ』長者番付からも姿を消しているが、「企業家ランキング」（38位）には残っており、さらに注目すべきことに「企業家政治力ランキング」では10位にランクされている。「ベレゾーフスキー・スモーレンスキー帝国」はメディア部門を残して崩壊した、と見られていたが、実は、「オブエディニョーンヌイ・バンク＝シブネフチ＝ロシア・アルミニウム」に形を変えて生き残っている、と考えられるようになったからである（http://www.cityline.ru/politika/raznoe/oligarihi.html）。「シブネフチ」（採油量、国内第7位）と「ロシア・アルミニウム」（アルミニウム原料生産高、世界第2位）の2社ではアブラーモヴィチ（「企業家ランキング」第3位）が大株主になっており、「ロシア・アルミニウム」社長はデリパスカ（「企業家ランキング」第22位、「『フォーブズ』長者番付」2002年に登場）「シブネフチ」社長はシュヴィドレル（「企業家ランキング」第25位）である。

次に、「10大財閥リスト」（1997年末）には載っておらず、「企業家ランキング」（2001年）の1－10位に新しく登場したチュバイス（第1位）、アブラーモヴィチ（第3位）、プガチョーフ（第4位）、ミレル（第5位）、カジミーン（第6位）、ボロージン（第10位）について検討してみよう。

チュバイスは「政治力ランキング」2位である。ソ連時代は経済学者であった。1991年から国家資産委員会議長として、ロシア国有企業の民営化を指導し、副首相も経験した。1998年に副首相を退き、「統一エネルギー・システム」会長に就任した。「統一エネルギー・システム」は、ソ連エネルギー省が移行したものであり、現在でも52.55％の株式をロシア連邦が所有している。

　アブラーモヴィチは「政治力ランキング」1位、「長者番付」にも登場する。2000年にはチュコト自治州の知事に当選し、政界入りした。上述のように「シブネフチ」、「ロシア・アルミニウム」の大株主である。1992年から会社を設立して事業活動をしているが、1995年にはベレゾーフスキーと共同で会社を設立しており、現在もベレゾーフスキーと関係が深いと考えられている。したがって、デリパスカとともに、強大な経済力、政治力を有する企業グループを形成しているようである。

　プガチョーフは「国際工業銀行」頭取で、「政治力ランキング」第3位である。ソ連時代、「工業建設銀行」に勤務していた。1992年に「国際工業銀行」（資本金、国内第3位）が設立されたときの発起人の1人であり、一貫して頭取を務めてきた。エリツィン政権時代、大統領側近グループと親しく、そのためにロシアの大企業の口座を獲得できた、といわれる（http://www.compromat.ru/main/pugachev/a.htm）。2001年12月にトゥーヴァの政府代表に任命され、2002年1月に「国際工業銀行」頭取を辞職した（http://www.lenta.ru/russia/2002/01/24pugachev）。

　ミレルは、「政治力ランキング」第5位である。ソ連時代は経済学者で、ペレストロイカ期にペテルブルク市政府で働いており、2000年にエネルギー省次官に就任した。プーチン大統領のペテルブルク人脈の一人といわれる。2001年5月から「ガスプロム」社長である。

　カジミーンは、「政治力ランキング」第11位である。ソ連時代は経済学者で、「ソ連貯蓄銀行」でも勤務したことがある。1993年からロシア財務次官、1996年から「貯蓄銀行」（資本金、国内第1位）頭取である。

　ボロージンは、「政治力ランキング」第13位である。モスクワ金融大学を

卒業後、1989－1993年にドイツのドレスナー銀行で働いた。1993年からモスクワ市政府の経済・金融問題顧問。1995年から、「バンク・モスクワ」頭取。「バンク・モスクワ」（資本金、国内第11位）は、「システム」グループの傘下にある。

　さらにもう1人注目すべき企業家は「長者番付」に載っているボグダーノフである。ボグダーノフは「スルグトネフチェガス」（採油量、国内第3位、採ガス量、国内第2位）社長であり、「企業家ランキング」では第11位、「政治力ランキング」第17位である。ソ連時代からスルグート（シベリア）の油田で技師として働いており、1984年に「スルグトネフチェガス」の企業長、後に社長となった。

4－4－3　「旧財閥」と「新財閥」

　このように見てくると、旧財閥と新財閥の間には一定の連続性があることがわかる。

　まず、旧財閥6つとその総帥たちは、金融危機も、プーチン政権の財閥攻撃も、ともにしのいで生き残ることができた。それ以外でも、ミレルは旧財閥「ガスプロム」を率いているし、アブラーモヴィチは旧財閥総帥ベレゾーフスキーと結びついている。

　また、旧財閥と直接の結びつきは顕著でなくても、共通の特徴が見られる財閥もある。チュバイスの「統一エネルギー・システム」、ボグダーノフの「スルグートネフテガス」、カジミーンの「ロシア貯蓄銀行」は、旧ソ連時代の国有の資源独占体、独占的銀行組織が民営化されたものである。そしてこの3名はいずれも政官界との強い関係を背景に現在の地位を手に入れているが、さらに、プガチョーフはエリツィン政権の中枢部との関係を利用して自分の銀行を大銀行に育てたし、ボロージンはエフトゥシェーンコフやモスクワ政府とつながっている。

　『フォーブズ』長者番付を見るかぎり、財閥総帥個人の富もますます巨額となっているようである（資料3）。

　しかし、変化した点を3つあげることができる。

第1に、財閥は主として、金融投機や貿易で財を成し、民営化で資源関連企業を獲得して資源輸出でさらに富を蓄積したが、製造業に基礎を置かない点で脆弱であった。だが現在、民営化後の所有の再分割がおこなわれつつあり、新財閥はその中で、資源関連の垂直統合企業グループの形成を進めつつある（Дерябина, 2001）。つまり、資源関連の製造業への進出が著しいのである。

　第2に、国家との関係に変化が見られる。これはプーチン政権の財閥政策に対応したものである。すなわち、プーチン政権は一方で財閥攻撃を仕掛けると同時に、財閥との関係をより明示的・制度的なものにしようとしてきた。大統領と実業家グループとの定期的会合、政府付属「企業活動会議」などがそうである。しかも、プーチンは財閥以外の支持勢力（とくに治安・軍関係者（силовики））をもっているし、しかも国民的人気を維持しているので、かつてのベレゾーフスキーのような排他的影響力を持つ実業家はいない模様である。そこで新財閥の側も、「工業家・企業家同盟」に結集することにより、個人的にではなく、利益集団として政権に対峙する方向を模索し始めている。ただし、これらの試みを通じて、政界と財界の関係が実際に「透明性」（政府付属「企業活動会議」設置要綱）を獲得したと判断できるところまではまだ行っていない。

　第3に、若干ではあるが、有力実業家の生年が新しくなっている。1997年の「10大財閥」総帥の平均生年は1953年であるが、2001年の「企業家ランキング」1－10位の平均生年は1960年である。前者でもすでに、ロシアの有力実業家は若いといえるが、さらに若くなったのである。1960年生まれといえば、ゴルバチョフがソ連共産党書記長になったときに25歳だったわけだから、「停滞」の時期のソ連企業をほとんど知らない。「企業家ランキング」第10位のボロージン（1967年生まれ）は、ソ連企業での職業経験が文字どおり全くない。このような世代の人々が有力実業家となり始めたことは、ロシアの実業界を変えずにはおかないであろう。

4-4-4 「新財閥」と企業倫理

　プーチン政権下では、企業の倫理、社会的責任の問題が、ロシアの企業と社会の現実的関心事となり始め、「新財閥」はそれらの問題に積極的な姿勢を示している。

　シポトフは、次のように述べている。「ロシアの企業では、数年前までは、競争の不在、資金洗浄、特権の獲得、預金詐欺、脱税をした場合にのみ、すばやく成功することができた。今日、状況は変わり、事業の急速な発展の重要な条件となっているのは、国際的に採用されている倫理規範、ならびにそれら規範の利用方法を習得・遵守することである。このような条件下で大きな意義を有するのは、わが国で経営意思決定の倫理的基礎と結びついた研究を行うことである」（Шпотов, 2002）。

　経営学教育についての国家基準を見ると、学部教育では企業倫理についての教育は定められていないが、経営学修士課程では、全般的・戦略的管理、行政管理、社会的分野の管理、人的資源管理、マーケティング、生産管理、ロジスティクス、会計・監査など16分野のうち、「社会的分野の管理」のなかに「社会的責任」、「チャリティ」が項目として挙げられている。

　また、2002年4月に「企業行動基準集」が策定された。これは、OECD「コーポレート・ガヴァナンス原則」（1999）に則ったものである。OECDは、アジア、ユーラシア、ラテン・アメリカ、ロシア、南東欧に地方コーポレート・ガヴァナンス・ラウンドテーブルを設置し、「コーポレート・ガヴァナンス原則」の普及のための活動を展開している。ロシアの「企業行動基準集」の策定もこの活動の一環と考えられ、EBRDの融資事業でもある。実際に起草したのは「クーデルト・ブラザーズ」という欧米系のコンサルタント会社であり、ロシア連邦有価証券委員会が監修を行い、ロシア経営者協会で承認されている。

　だが、もっとも注目されるのは、企業倫理に関するロシア工業家・企業家同盟の立場の表明である。すなわち、2002年10月18日に、ロシア工業家・企業家同盟理事会は「ロシア工業家・企業家同盟活動原則宣言」（資料4）、「企業倫理憲章」（資料5）という2つの文書を採択した。

「ロシア工業家・企業家同盟活動原則宣言」では、「実業界と権力との間の建設的な関係の確保」、「ロシアと世界におけるロシア企業の肯定的イメージの確立」などを自己の課題として挙げており、そのために、汚職とたたかうこと、企業倫理、コーポレート・ガヴァナンス、企業活動基準などにもっと注意を払うこと、などを宣言している。

「企業倫理憲章」では、「ロシア工業家・企業家同盟」会員が従うべき倫理規範が次のような全8条にまとめられている。第1条の規定はごく一般的なものであり、「秩序正しさ、公正さ、正直さ」の原則に従って企業活動を行うことが求められているが、第2条から第7条では、従来のロシアの企業活動の反省に立って、禁止事項が列挙されている。すなわち、「所有制度の諸原則を侵さないこと」(第2条)、「法律を曲解しないこと」(第3条)、「社会的緊張を強めないこと」(第4条)、「裁判所に不法な影響力を及ぼさないこと」(第5条)、「ライバル企業との競争において不法な闘争形態に頼らないこと」(第6条)、「虚偽情報、未確認情報を流布しないこと」(第7条)などである。そして第8条では、裁判所外の紛争解決手段として「ロシア工業家・企業家同盟付属企業倫理委員会」を利用することが定められている。

これらの文書が顕著な効果を上げていることを示す証拠も見当たらないが、すくなくとも、「ロシア工業家・企業家同盟」というロシアでもっとも有力な経営者団体が企業倫理の問題に関心を寄せ、従来のロシア企業の活動に問題があることを認め、企業活動をより公正なものにする必要があると考えるようになったことは確かである。

4－4－5　プーチン政権初期の「新財閥」

全体として、プーチン政権初期に財閥は依然として「ノーメンクラツーラ・マフィア資本主義」の残滓を引きずってはいるが、製造業（ただし資源関連）に進出し始め、国家との関係を正常化しつつあり、ますます若い経営者が台頭し、そして、企業倫理への関心を高めていた。

4−5　WTO加盟準備と企業[7]

　プーチン政権下でWTO（世界貿易機関）加盟準備が本格化してきており、加盟はもはや時間の問題となってきた。ここでは、ロシアのWTO加盟交渉の現状とこれまでの経緯、財界を含む国内関係者のWTO加盟問題についての論調を検討することにより、ロシア企業にとってWTO加盟問題とは何であり、それに対してどのように取り組んできたかを検討する。

4−5−1　移行経済諸国にとってのWTO

　WTOは、自由貿易の推進を目的として、GATT（関税ならびに貿易に関する一般協定）ならびにそれを補完する貿易協定を多国間で締結し、紛争処理を円滑に行うための機関として1995年に設立された。原加盟国は128カ国であったが、WTO設立後に17カ国が加盟し、2004年4月現在、加盟国は147カ国に達している（WTOについての基本データは、http://www.mofa.go.jp/mofaj/gaiko/wto/data/gatt/ii.html; http://www.wto.org を参照）。

　冷戦時代においては、GATTは西側資本主義諸国の経済協定という性格を持っており、社会主義諸国の多くはGATTに加わっていなかった。例外は、ハンガリー、ポーランド、ルーマニア、ユーゴスラビアの4カ国である。そのうちハンガリー、ポーランドは、東欧の経済改革先進国であり、ルーマニア、ユーゴスラビアは東欧にありながらソ連の影響圏からはずれており、いずれも比較的濃密な経済関係を西側諸国との間に取り結んでいた。

　1989年の東欧革命後、チェコ、スロバキア、スロベニアがいち早くGATT加盟を果たした。

　いくつかの移行経済諸国は、WTO設立後に加盟している。アジアでは、中国、モンゴル、東欧ではアルバニア、アルメニア、ブルガリア、クロアチ

7　加藤、2004bを加筆・修正した。

ア、マケドニア、そして、旧ソ連諸国では、エストニア、リトアニア、ラトビア（バルト三国）、グルジア、キルギス、モルドバ、アルメニア（以上4カ国は CIS（独立国家共同体）加盟）がそうである。

　さらに、現在、加盟交渉中の移行経済諸国が9カ国ある。アジアではベトナム、東欧ではボスニア・ヘルツェゴビナ、旧ソ連諸国ではアゼルバイジャン、ベラルーシ、カザフスタン、ロシア、タジキスタン、ウクライナ、ウズベキスタンである。

　一般的に言って、移行経済諸国がグローバルな市場経済体制に参入するために、WTO に加盟しようとすることは自然なことである。また、WTO 加盟国側からしても、移行経済諸国が WTO 協定に従う貿易パートナーとなることは望ましい。

　移行経済諸国の中で、中国を除けば最大の経済力を持つロシアの加盟交渉は、1993年の加盟申請から10年以上を経過してもまだ終結していないが、最近になって、加盟はそう遠くないという見通しが強まってきた。

4－5－2　加盟交渉の現状

　ロシアは1993年6月に GATT への加盟申請を受理され、加盟のための作業部会（Working Party、WP）を設置された。この WP の参加国は現在67カ国である。1994年3月、ロシアは自国の貿易制度を説明するメモランダムを提出した。1995年1月に WTO が設立されると、この WP はロシアの WTO 加盟に関する WP に改組され、同年7月に第1回 WP が開催された。それ以後、2004年8月までに計23回の WP 会合が開催されてきた。この間に、WP 会合のほかに2国間交渉も頻繁に行われてきた。2002年3月からは WP 報告書案をめぐる交渉の段階に入っており、報告書案は修正を重ね、第5次案について審議されているところである（加盟申請以後の経過の詳細は、http://www.wto.org/english/thewto_e/acc_e/a1_russie_e.htm; http://www.wto.ru/russia.asp?f＝etaps&t＝10 など）。WP 報告書が採択されれば、加盟が事実上、承認されることになる。

　2002年12月の第17回 WP における総括演説で WP 議長は、「ロシア副

首相クドリンの交渉加速化の要請にこたえて、われわれは来年前半の作業プログラムを加速化させることで合意している」と述べた（http://www.wto.org/english/news_e/news02_e/accession_russian_18dec02_e.htm）。交渉の実務を担うロシア経済発展貿易省通商政策・多国間交渉部は、2004年1月の時点で、「2003年に精力的な交渉が進められた結果、ロシア代表団は、加盟交渉の最終段階に入っている」と述べた（http://www.wto.ru/russia.asp?f=dela&t=11）。

2004年2月5日の第22回WP会合終了後の2月6日、ロシア側交渉団長メドヴェートコフ（経済発展貿易省副大臣）は、「2004年中に交渉が終了するかもしれない」と述べた。ただし、その後、加盟議定書をロシア議会とWTO閣僚理事会で批准する手続きがあり、2004年中の加盟は不可能、と述べた。WP会長も、「良い方向での進展があり」、議論は「積極的な雰囲気」で行われたと述べた。会長はまた、WTO早期加盟のためのロシアの努力は、WTO加盟国から幅広い支持を得ており、「われわれは作業を加速せねばならないし、まさにそのようにしようという断固たる意思を持っている」と述べた（http://www.wto.ru/ru/news.asp?msg_id=7759）。

2004年4月1日の第23回WP会合後にもメドヴェートコフは、「主要な交渉は2004年中に終わるだろう」（http://www.wto.ru/ru/news.asp?msg_id=8171）と述べた。ただし、交渉終結時期の予測について、「保守的な予測では、私（1957年生まれ—加藤）が年金をもらうとき（60歳—加藤）までには終わる。楽観的な予測を言うのは難しい。というのは2003年には、2004年には交渉を終えるだろうと思っていたし、1996年には、1997年には終えるだろうと思っていた。どれも実現しなかった」とも述べており、まだ残っている問題をいくつか指摘した（http://www.wto.ru/ru/news.asp?msg_id=8202）。

2004年4月19日、財務大臣クドリンは、「ロシアのWTO加盟問題に関する政府委員会の座長をフラトコーフ首相が務めることになった」と述べた。その理由は、「交渉最終段階において、ロシアの全利害集団をまとめる必要があるから」ということであった。

2004年4月27日にクドリンは、2004年春にEUとの交渉が完了し、同年中には米国ならびにその他の国々との交渉が終わるという見通しを述べ、「われわれは議定書の決定に近づいている。そのあとWTO事務局による事務作業があるが、もはやこの過程が後戻りすることはない。われわれはロシア経済の開放への新しい一歩を踏み出すであろう」と述べた。

5月21日、ロシアの二国間交渉のなかでも最も困難と見られていたEUとの交渉が決着した。日本、米国などとの交渉がまだ残っているが、6月11日に、主要国首脳会議（サミット）の議長総括において、「ロシアのWTO加盟に向けた最近の進展を歓迎した」との文言が盛り込まれた（http://www.mofa.go.jp/mofaj/gaiko/summit/seaisland04/g_soukatsu_z.html）。

このようにして、2006年ごろにはロシアのWTO加盟が可能になりそうな情勢であるが、それにしても加盟申請から加盟までに13年を要することになる。さらに、いっそうの紆余曲折がないとは断定できない。

そこで次に、長期にわたるロシアのWTO加盟交渉の主要分野は何であったかを見てみよう。

4－5－3　加盟交渉の主要分野

ロシア経済発展貿易省通商政策・多国間交渉部の2004年1月作成資料（http://www.wto.ru/russia.asp?f=dela&t=11）によれば、ロシアのWTO加盟交渉は、次の4つの主要分野にかんして行われてきた。以下、その他の資料も参照しながら、交渉の状況をまとめてみる。

（1）関税交渉。その焦点になっているのは、輸入関税率の上限（譲許税率）である。ロシアが現在、どのような案を提示しているかは不明だが、2002年時点では、次のような案であった。加重平均関税率では、WTO加盟時に（2002年水準より高い）16－17％までいったん上げ、7年間の移行期間後にこの率を10％まで下げるという案である（РАН и НИС, 2002, стр. 85）。これは、近年WTOに加盟した他の移行経済諸国と比べてそれほど高くない水準である（金野、2002、8頁）が、WTO加盟にさいしていったん上げるというのは特異である。問題になってきた分野は、農産物、薬品、家

具、航空機、自動車などである。

(2) 農業問題交渉。関税問題のほかに、「イエロー補助金」（相殺措置の対象となる補助金）枠内の農業補助金の許容額、工芸作物・食料品に対する輸出補助金の水準が交渉の対象となっている。ロシアは、農業に対して年15億ドルの補助金を出しているが、それをまず170－200億ドルに増やし、その後、減らしていくという提案をしている。この提案は、原則として補助金を認めない WTO 諸国の原則的立場との隔たりが大きい（Grinberg, 2004, p.255）。

(3) サービス市場アクセス交渉。その目的は、ロシア市場への外国サプライヤーのアクセスの条件を合意することである。金融、電気通信、運輸といったロシアにとって「センシティヴな」部門が交渉の中心となってきた。

(4) 制度問題交渉。この交渉では、ロシアが WTO 加盟国としての自己の任務を果たすために法制度とその施行の分野で実施しなければならない措置が定められる。この分野全体での WTO 加盟国の要求は3つに分けられた。

(a) ロシアの法制度と法の運用状況を WTO の規範、規則に合致させること。すなわち、マラケシュ協定（WTO 設立協定）とその付属書1－3 (http://www.mofa.go.jp/mofaj/gaiko/wto/2-a.html) を受諾し、それを実効性あるものにすること。WTO 加盟国が主として懸念しているのは、関税分野の現行法の一連の規定の運用、非関税的方法ならびに衛生植物検疫措置の領域での輸入品に対する過剰な要求、産業への補助金の制度などである。交渉参加国は、これらの領域での WTO の規定を加盟と同時に無条件で充足することを要求している。これは、すべての加盟申請国に対する「標準的な」要求である。

(b) WTO によって基本的に認められた貿易分野での規制のいくつかの要素をロシアが採用すること。これは、WP 報告で定められる明示的な義務（「交渉要求」）となるかもしれない。

(c) WTO 多国間通商協定の義務には明らかに入らない、WP 参加各国の要求（「WTO ＋」の要求）。すなわち、政府調達、民間航空機貿易に関する

義務的でない協定、エネルギーの内外価格差の解消、輸出関税の廃止など。

4－5－4　加盟に向けた国家機関の国内的取り組み

　前述のように、ロシアがWTOに加盟申請を受理されたのは1993年のことであるが、加盟がロシア国内で現実的な問題になってきたのは、2002年のことだと言ってよかろう。それは、ひとつには、同年3月にWP報告書案が提示されたことに表れているが、もうひとつには、4月にプーチン大統領が年次教書演説で、WTO加盟の必要性についてかなり詳しく述べたことにも表われている（「プーチン大統領2002年教書演説」44-45頁）。

　2002年以後、国家機関がWTO加盟問題にどのように国内的に取り組んできたかを、主として、ロシア経済発展貿易省通商政策・多国間交渉部の2004年1月作成の前述の資料によって見てみよう。

　まず、交渉過程の調整は、ロシア連邦政府のWTO問題委員会が担当してきた。この委員会の座長はクドリン副首相兼財務大臣（4月の内閣改造で副首相を辞任）であったが、前述のように、2004年4月にフラトコーフ首相に交代した。この委員会にはすべての主要国家権力機関と社会団体の代表が入っている。WTO加盟交渉におけるロシア政府代表団の団長は、経済発展貿易省副大臣メドヴェートコフである。

　交渉過程はほとんど非公開であるし、また、交渉だけによって加盟が決まるわけではない。加盟に向けて国家機関が行うべき主要な国内活動は、ロシアの法律をWTOの基準・規則に合致するように整備することである。

　この点では、2001年8月8日付けロシア政府命令第1054－r号（2002年6月21日付け命令第832号の版で）により、「ロシア連邦法律をWTO基準・規則へ整合させるための諸措置の計画」が承認された。この計画は、法的基礎をWTO諸規定に合致させるという問題を全体として解決できるようにするための一連の法案の策定を定めていた（詳細は、金野、2002、6頁）。

　また、知的財産権保護の領域の法律をTRIPSに合致させるために、ロシア特許・商標庁（「ロスパテント」）は関係省庁とともに、「ロシア連邦特許法」、「商標・サービスマーク・原産地表示について」、「集積回路配置図設計

の法的保護について」、「コンピューターのプログラムならびにデータベースの法的保護について」、「著作権ならびに著作隣接権について」の5つの連邦法の改正案を作成した（http://www.wto.ru/documents.asp?f=analitica1&t=14）。

実際の立法活動は2003年に大きく進展した。「関税法典」、連邦法「技術規制について」、連邦法「貿易の国家規制の基礎について」、連邦法「商品輸入の際の保護、アンチ・ダンピング、補償のための諸措置について」、連邦法「外貨規制・外貨管理について」が採択された。また、知的財産権関連の5つの法律のうち、「著作権」法を除く4つの法律は、2002－2003年に改正を終えた（http://www.fips.ru/npdoc/zakons.htm）。

交渉団長のメドヴェートコフは、2004年4月23日に、「法整備は99％終わった」と述べている（http://www.wto.ru/ru/news.asp?msg_id=8456）。

2000－2003年に経済発展省は、さまざまな専門家団体、輸入業者団体、製造業者団体と、交渉におけるロシアの立場を議論するための会合を約500回開いてきた。ロシア工業家・企業家同盟、商工会議所、その他の財界団体、研究機関・社会団体代表とは、定期的に協議の場をもっている。

地方的な協議会「ロシア、WTO、そしてロシア財界の利益」は、2002－2003年だけで90回以上開催されている。すべての連邦管区と30以上の連邦主体において開催されており、組織者は経済発展省である。下院の複数の委員会、ロシア工業家・企業家同盟、商工会議所、地方の行政・立法機関が参加した。

最近2年間に、研究機関、財界団体の参加により、ロシアのWTO加盟の社会・経済的影響を評価するための共同研究の報告書が10以上作成された。

以上のように、ロシア国家機関はWTO加盟に向けてWTO加盟諸国と交渉を進め、法制度を整備するかたわら、国内の諸団体との意見交換を積極的に行ってきた。それは、WTO加盟問題がロシア経済にとって重要であると同時に、早く加盟すればそれだけよいというような単純な問題ではない、と考えられてきたからである。

表 4-11a　ロシアの貿易額 (収支バランスの方法による、当年価格、100万米ドル)

		1992	1993	1994	1995	1996	1997	1998	1999	2000	2001	2002	2003
輸出計		53605	59177	66862	82913	89685	86895	74444	75551	105033	101884	107301	135929
	CIS域外諸国	42376	44297	53001	65940	71119	67819	58651	63556	90783	86614	90926	114572
	CIS諸国	11229	14880	13861	16973	18566	19076	15793	11995	14250	15270	16375	21357
輸入計		42971	36055	38661	62603	68092	71983	58015	39537	44862	53764	60966	75436
	CIS域外諸国	36984	26807	28344	44259	47274	53394	43714	29158	31434	40723	48815	60250
	CIS諸国	5987	9248	10317	18344	20819	18588	14302	10379	13428	13041	12151	15186
貿易収支		10634	23122	28201	20310	21593	14912	16429	36014	60171	48120	46335	60493

(出典)　Госкомстат России, «Российский статистический ежегодник» 1996, стр.342; 2003, стр.634; 2004, стр.650,

4-5-5　加盟効果の予測

　WTO加盟がロシア経済に与える効果を予測した文献は多数あり、文献間で視点・評価の差はあるが、予測そのものに大きな相違はなく、次の6点が加盟効果として予測されていると言ってよかろう (加藤、2004c)。

　① 2010年までの予測では、WTO加盟による貿易自由化は経済成長にほとんど影響を及ぼさない。天然資源を主要輸出産品とするロシアの貿易構造がその背景にある。② 短期的な国民経済への衝撃を和らげるためには、関税率を加盟後数年間、引き上げることが必要である。③ 製造業のいくつかの部門は深刻な打撃を受ける可能性がある。保護が必要な部門もある。④ サービス業への影響は基本的に好ましいものである。ロシアのサービス業は若く、発達が遅れているので、外国企業が進出してきたとき、厳しい競争にさらされることになるが、外資との提携によって発達が促されるし、また、ロシア企業の独自性を発揮する可能性もある。⑤ ハイテク産業への影響も好ましいものである。ここでも外資導入は必要であるし、また、WTO協定によりロシア企業の知的財産権が保護されることも必要である。⑥ CIS諸国間の経済関係 (表4-11a) への影響は多義的である。WTOの最恵国待遇原則との関係で、CIS諸国間の経済関係が傷つかないように注意する必要がある。

4－5－6　加盟問題に関する諸見解

　以上のように、WTO加盟はロシア経済全体に長期的に良い影響を与えるが、短期的、ミクロ的には深刻な影響も予想される。したがって、この問題をめぐって「鋭い論争」が起こり、「論争相手の人形を燃やす」ほど加熱することがあった（「プーチン大統領2002年教書演説」44頁）のは、想像に難くない。

　前述のようにプーチン大統領は2002年教書演説において、WTO加盟問題についてかなり詳しく述べたが、それをまとめると次のようになる。①WTO加盟は、ロシアが世界市場での国益を守るための道具である。現状では、ロシアは世界貿易の規範形成過程から閉め出されている。② WTO加盟によりロシアの世界市場への統合が進むことは、ロシア企業の競争力強化に役立つ。③ 保護主義に閉じこもる国や企業には将来性がない。④ ロシアの企業・社会がWTO加盟から負の影響を受けないよう、国が全般的な準備・支援を行う。⑤ 実業界、地方自治体、労働界その他各層と継続的に意見調整をする。

　ロシア社会がこの問題をどのように受け止めているのか、各界の意見を概観してみよう。

　まず、「ロシア工業家・企業家同盟」の見解について見てみよう。これは、ロシアの最有力実業家が結集する財界団体であり（「第4章－4」参照）、政府のWTO加盟政策に最も直接的に関与してきたと推測される。「同盟」の第12回大会（2001年6月21日）決定には「ロシアのWTO加盟はわが国の経済・社会発展の戦略的利害に沿っている」と題する文書が付属していた（http://www.rsppr.biz/articles?fid=63）。この文書の中では、次の4点が指摘されている。① WTO加盟は、世界分業にロシアがより良く参加するために必要である、② 加盟交渉の過程で、国民的利益を守らねばならない。③ 加盟交渉は、農業、航空機製造業、自動車製造業をどうするかという問題と絡まっている。④ ロシア実業界は、WTO加盟で得をしなければならないのであって、損をしてはならない。

　第13回大会（2003年11月）では、ヴォーリスキー会長が報告のなかで

WTO 加盟問題に関連して、概略、次のように述べた。① この問題に関して政府と実業界の協力がうまくいっているので、これを継続する必要がある。② WTO 加盟は、輸出面ではロシアに有利だが、航空機工業、自動車工業、消費財部門、銀行、保険業には圧力となる。さらに、農業の国家支援の削減、電力・ガスの内外価格差の解消などの、ひどい要求が WTO 諸国から出されている。③ 経済の対外開放は必要だが、段階的に行うべきだし、産業政策を策定・実行すべきである（http://www.rsppr.biz/articles?fid=76&aid=632）。

同大会の大会文書のなかに、「ロシア WTO 加盟問題・関税改革ワーキンググループ」の報告書がある。このワーキンググループの座長モルダショーフは、ワーキンググループの活動について、次のように述べている。① 2001 年に「同盟」内にこのワーキンググループが設置された。そこには、経済発展貿易省の専門家、業界団体、企業経営者など総勢 200 人が加わっている。②「実業界代表としてはじめて、下院での法案作成と審議のすべての段階に合法的に参加し、公然と自己の利益を主張する可能性を得た。」③ 外国の財界団体、WTO、国連機関などとも意見交換している。④ 国内でのセミナーの開催等を通じて、情報伝達、意見交換を行っている（http://www.rsppr.biz/articles?fid=135&aid=109）。

2004 年 4 月 19 日の報道によると、モルダショーフと「同盟」副会長ユルゲンスは WTO 早期加盟に賛成の意向を表明した。モルダショーフは、「政治的意思と創造性を発揮すれば、しかるべき期間内に交渉が大きく進展する見込みがある。われわれはそれが月単位であって、年単位であってほしいと思う」とし、「競争だけがロシア経済の効率性と人々の生活水準を高める」と述べた。航空機製造、自動車工業、家具製造業、農業分野での懸案の問題の解決への期待を表明し、「われわれは、技術的、組織的に、積極的に対処するつもりがある」と述べた（http://www.rgwto.com/archive/qsp/id/5337/full_mode/1）。

もうひとつ有力な財界団体として、「ロシア商工会議所」がある。これは、「ロシア工業家・企業家同盟」と比べて幅広い財界人を結集している。すな

わち、「垂直的」には中小企業から大企業まで、「水平的」には、すべての産業—工業、商業、農業、金融、サービスなど—を包括することを特徴とする組織である。役員構成を見ると、「ロシア工業家・企業家同盟」と一部重なっている。商工会議所も、ロシアのWTO加盟の準備過程で、「中心的な役割」を担っており、ロシア政府WTO問題委員会ならびにロシア交渉団と積極的に協力している（http://www.tpprf.ru/ru/main/inform/1）。

　商工会議所は、2002年に「ロシアのWTO加盟について」という文書を発表しており、2004年5月現在もインターネット上に公開している（http://www.tpprf.ru/ru/vto.shtml）。この文書は、次のように述べている。① 戦略的にはロシアはWTOに加盟しなければならないし、ロシア実業界の最終的な選択もそうでなければならない。② しかし、WTOの基準、規則はロシア実業界にとってまったく新しい組織・法的環境を作り出すので、実業界には不安がある。② 加盟しても輸出は増えず、外国からの輸入は増えて、多くの品目で競争が激化する。③ 国家レベルでも準備ができていない。国は明確な産業政策をもっていない。すなわち、どの国内産業が、どの程度、保護、奨励を必要としているのか、考えていない。国が実業界に対して外国貿易情報を提供するシステムを持っていない。国の輸出奨励制度が事実上機能していない。関税収入の減少を法人税の引き上げで補填しないという保証がない。④ WTO諸国は、ロシアの法律のWTO基準への合致を急ぐよう要求し、また、義務的でない協定にも加盟させようとするなど、態度が予想以上に厳しい。

　商工会議所が最近この問題にどのような態度をとっているかは明らかでない。

　また、「ロシア商品生産者同盟」という財界団体が行った506工業企業のアンケート調査（2002年5月に発表された報告書に引用）の結果が知られている（Журнал «Эксперт» и др., 2002, стр.39-40）。それによれば、適当な加盟時期に関する回答で、「2002−2003年」と答えた者が10.7%、「2004年」が5.1%、「2005年」が12.3%、「2006年以降」が72.0%であった。ま

た、WTO加盟の際に企業が直面する問題に関する回答で多かったものとしては、「自然独占（エネルギー）のサービス・製品の価格の高騰」と答えた者が45％、「老朽化した設備・技術」が39％、「近代化資金の不足」が28％、「価格競争力の低さ」が24％などであった。

　全体として、実業界の態度は、2002年、WTO加盟交渉が本格化し始めた時点では、「総論賛成、各論反対」の様相を呈していたが、積極的に政策形成に参加することにより、国内体制整備と加盟交渉に対して影響力を行使し、4年を経た現在の条件では、加盟に賛成しているようである。

　労働界では、「ロシア独立労働組合連合」が組織率52％という最大組織であり、ロシアにおける政労使の「社会的パートナーシップ」の労働側代表組織のひとつでもある（http://www.fnpr.org.ru/FNPRreview_2.htm; http://www.fnpr.org.ru/?cat=4&nid=379）。2003年2月21－22日に、「ロシアのWTO加盟の経済的・社会的結果」という政労使協議会が開催されており、そこで、「連合」議長のシマコフが報告した内容が公表されている。その内容は以下のようであった。① ロシアのWTO加盟は世界経済への統合のために必要な前提条件である。しかし、現在の国民経済の状況下では、WTO加盟は優先課題ではない。② 加盟に備えてしておくべきこと―住民所得を引き上げるための国家政策の策定、産業政策の確定、効果的な社会政策の形成など―がある。③（資源産業以外の）諸部門の大多数の企業は、競争力が低いままであり、国内市場を無制限に開放すれば、大量の企業閉鎖と大量失業を招く。④ ロシア交渉団は、次の条件を確保すべきである―発展途上にある戦略的に重要な国民経済諸部門の保護、農業の国家支援制度の最大限の維持、工業における固定資本更新のための移行期間（8－10年）の設定。⑤ 2001年8月の三者委員会会議の決定では、経済発展貿易省は、加盟交渉の具体的方針を明らかにし、加盟が労働市場に与える影響についての調査を行うはずであったが、この決定は実行されていない。⑥ WTO諸国は通常のダンピングだけでなく、社会的ダンピング、環境的ダンピングの概念を導入しようとしているが、そのことに関連して財務大臣グレフは、（賃金を上げたり、環境対策費を増額するのではなく）できるだけ早く今後

の貿易自由化交渉に参加すること（これらの概念の導入にブレーキをかけること）が必要だと述べている。このような論理は労働組合として受け入れられない。⑦ 政府はWTO加盟の社会的影響の分析をまったく行っていない。交渉団も貿易問題の専門家ばかりで、輸出の増大というような問題ばかりに注目している。⑧ 電機、ガス、輸送などの価格の上昇は、国内製品の価格を上げるので、非常に深刻である。⑨ ILOの見解もわれわれの立場と完全に一致している（http://www.fnpr.org.ru/?cat=4&nid=379）。

このように、労働界も「総論賛成」ではあるのだが、政策形成過程に関与できず、労働者の立場が軽視されていると受け止めており、加盟交渉の内容が知らされていないこともあって、WTO加盟に強い懸念を抱いているようである。

以上のように、ロシアの国内世論を概括すると、次のように言えよう。① WTO加盟は原則的に必要である。② 加盟の直接的利益、あるいは未加盟の直接的不利益は顕著でない。③ 資源産業を除く多くの産業が競争激化による打撃を受ける懸念がある。④ 打撃を少なくするためには、加盟時期、加盟条件を慎重に選ぶべきだ。

4－5－7　加盟問題とロシア自動車業界

特に、競争激化にさらされそうで、しかも国民経済への影響が大きい業界として、農業、航空機製造業、自動車製造業が常に挙げられている。これらの産業の業界は、いまや目前に迫ったと見られるWTO加盟に備えてどのような施策をとってきただろうか？　ここでは、自動車業界を取り上げてみよう。

ソ連の自動車の年生産高が最高を記録したのは1987年で、生産台数230万台であった。うち200万台はロシアで生産された。ところがその後、市場経済化の過程で生産が落ち込んだ。乗用車の生産台数は1990年の110万台から1994年には80万台にまで減少した。その原因は、経済全体の不況と混乱、需要の減退、投資資金不足による設備の老朽化、消費者のニーズへの不適応などであった。1995年ごろから経済の安定化と所得の向上により自動

車産業は息を吹き返した。しかし 1998 年までには、新しい問題に直面した。それは、マクロ経済の混乱がなお続いており、しかも自動車産業の構造的な問題が克服されていない状況で、政府のルーブル安定化政策の影響もあって、価格が 6000－8000 ドル台まで上がったことである。品質の悪いロシア車がこの価格では、消費者は外国車、とくに中古車のほうを選んだ（Ashrafian and Richet, 2001, pp.32-33）。

1998 年のルーブル切り下げでロシア車は 2000－4000 ドルまで下がったので、価格競争力がつき、また生産台数が増え、2003 年の自動車生産台数は 101 万台になった（『ロシア東欧経済速報』2004 年 4 月 5 日号）。しかし、新型車の投入も、モデルチェンジもせず、製品の信頼性・快適性にも劣るロシア車が、価格の安さだけを武器にしている状況であり、国民の購買力が高まったり、輸入車（とくに中古車）の関税が下がると、再び苦境に陥る可能性が高い（坂口、2003、16 頁）。

このようにして、ロシア自動車産業は WTO 加盟で最も打撃を受ける可能性の高い産業と言われているのである。

ロシアのメーカー別乗用車生産台数（2003 年）を見ると、1 位は AvtoVAZ（ヴォルガ自動車工場）の 69.1％、2 位は Izh-Avto（イジョフスク自動車工場）の 7.7％である。AvtoVAZ の経営幹部が Izh-Avto の事実上のオーナーといわれており、この 2 社で 76.8％のシェアを占める（『ロシア東欧経済速報』2004 年 4 月 5 日号）。AvtoVAZ 経営陣による WTO 加盟に対する見解は明らかでないが、AvtoVAZ 社の 2002 年年次報告書を見ると、2 つの点が注目される。ひとつは、同社が政府に働きかけた結果として、「ロシア自動車工業発展のコンセプト」と題する政令（2002 年 7 月 16 日）が出されたとされていることである。もうひとつは、米国 GM 社との合弁企業 GM－AvtoVAZ が生産を開始したことである。政令のなかでは、特に WTO 加盟に関連して、外車の輸入関税を 7 年間変更しないことが定められている。また、GM－AvtoVAZ は Chevrolet-Niva というオリジナル車を 2003 年には 2 万 5200 台生産しており（http://www.gmeurope.com/1123.html）、2005 年までに Astra を 2 万 5000 台、Niva を 7 万 5000 台生産

する計画となっている (Business Week Online, December 29, 2003)。

このように AvtoVAZ 社は、保護関税、ならびに外資との提携による技術革新を通じて、WTO 加盟の衝撃を乗り越えようとしているものと推測される。

ロシア国産車シェア第3位の GAZ（ゴーリキー自動車工場）、第5位の UAZ（ウリヤーノフスク自動車工場）は2000年にそれぞれ「シベリア・アルミニウム」、「セーベルスターリ」（鉄鋼）という天然資源関連の新興有力企業グループの傘下に入っている。いずれも中核会社での巨大な利益を自動車工場に投資しておりリストラクチャリング効果が期待されている (Ashrafian and Richet, 2001, p.34)。また、両グループともに中核会社が輸出産業に属するので、WTO 加盟に反対というスタンスは取りがたいであろう。また、「ロシア工業家・企業家同盟」の「WTO 加盟問題ワーキンググループ」座長のモルダショーフは、「セーベルスターリ」社長であり、かれは、自動車産業の利害をも考慮しつつ、ロシア政府の WTO 加盟政策の形成に影響力を行使してきたであろう。

以上のように、ロシア自動車業界の有力企業は、政府への働きかけ（保護政策の要求、加盟交渉への影響力行使）を行うと同時に、経営体力の強化（外資との提携、巨額投資によるリストラクチャリング）を進めてきており、その結果、現在では、関税等の条件で WTO 加盟諸国との交渉が整えば、WTO 加盟は容認できると判断したと推測される。

4－5－8　WTO 加盟とロシア企業

以上、ロシアの WTO 加盟交渉の現状とこれまでの経緯、ロシア国内での WTO 加盟問題についての論調を検証してきた。

そこで、まず、なぜこれほど加盟が遅れたのかを考えてみよう。WTO 未加盟国の中で最大であるばかりか、加盟申請からすでに10年、WP 報告書案提出から2年を経ている。これは、中国と並んで長い。その原因としては、やはり大国であること、また、社会主義経済の経験が長く深いため、制度改革に長期間を要したということがある。

しかしそれ以上に決定的であったのは、「第4章－5－4」で指摘したように、「WTO加盟による貿易自由化は、経済成長にそれほど大きな影響を及ぼさない」と見られていることである。つまり、資源大国ロシアにとってWTOに加盟しなくても直接的な不都合は生じないというのである（加藤、2004c）。

　そのことが、ロシア政府の加盟交渉方針に反映していた。すなわち、2004年1月時点でも、ロシア連邦経済発展省貿易政策・多国間交渉部は、今後の加盟交渉に関するロシアの方針について、次のように述べている。「ロシアはあらゆる条件のもとでWTOに加盟するつもりはない、ということを強調する必要がある。すべての加盟条件に関する潜在的な義務（関税、農業分野での義務、サービス市場へのアクセス、制度問題）は、経済の現状と経済発展の展望に基づくものとなり、適正な競争環境の維持の下で国内生産者の必要な保護を確保するであろう」（http://www.wto.ru/russia.asp?f=dela&t=11、2004年4月15日アクセス）。もしそうならなければ、「加盟交渉がいつまで長引いてもかまわない」というような発言は、繰り返し、交渉担当者たちの口から出ていた。これは、国内世論への配慮ということもあるであろうが、そのような強い姿勢を取れる経済構造上の背景もあったのである。これは、すでに加盟している中東欧諸国とは異なる条件である。

　また、これも「第4章－5－5」で触れたが、CIS諸国とのソ連時代以来の経済関係があり、この関係の維持・発展のためにはWTO加盟は必ずしも必要でなく、むしろ加盟はその障害にすらなりえたことも加盟を遅らせた重要な要因である。

　次に、なぜ今交渉は妥結しそうなのかを考えてみよう。直接的には、外交上の要因、国内政治上の要因が最も重要かもしれない。すなわち、イラク・アフガニスタンと米国との関係、環境問題に関する京都議定書批准問題などとの関係で、米国・EUがロシアのWTO加盟に積極的な姿勢をとるようになったこと、プーチン政権が硬軟取り混ぜた政策で財界をコントロールできるようになったこと、などである。

　だがロシア政府自身、やはり加盟を急ぎたくなるような事情も生まれてい

た。すなわち、中東欧諸国の EU 加盟、さらには CIS 諸国の WTO 加盟の進展である。このような状況の中で WTO 非加盟を続けることは、資源大国であり、CIS 諸国のリーダーであるとはいえ、やはりロシアにとっても不都合である。

　財界の立場からすると、「第4章－5－6」、「第4章－5－7」で見たように、ロビー活動を通じて加盟交渉の過程に相当な影響力を行使することができた。また、その間に業界、企業がそれぞれに WTO 加盟に向けて競争力向上の努力を始めた。実際、上述のように、2001 年ごろの企業アンケート調査の結果では、多くの企業が、加盟するのなら準備期間をおいて 2006 年ごろに、と答えていたのである。加盟条件の詳細は、加盟後でないと公表されないが、財界は政府からの情報で満足すべき加盟条件を確保できたと判断しているように思える。

　このようにして、長期にわたる準備と交渉の末、ロシアは WTO 加盟を目前に控えている。加盟に向けたこの間の国内体制の整備は、ロシアの市場経済の制度的基盤を強化した。しかし同時にそれは他の移行経済諸国と比べると、加盟への歩みは緩やかであった。そのことは、一面ではロシアの国力とくに天然資源のおかげであり、急速な変化による痛みから社会を救ったかもしれないが、他面ではロシアの経済の変革を遅らせることになったように思われる。

　ロシア企業にとってもほぼ同じことが言えよう。

4－6　中小企業発展の足踏み
――中東欧、中国との比較において――[8]

4－6－1　はじめに

　ロシアは 1990 年代初めに急速な市場経済化を開始し、その直後から厳しく長い移行不況を経験したが、1990 年代末から高成長が続いている。ロシアの現状についての評価は分かれており、安定した成長軌道に乗ったという

---
[8] 加藤、2004a を加筆・修正した。

見方と、原油価格上昇等による一時的な成長を示しているに過ぎないという見方がある。やや早く1980年代末から市場経済化が緒に就いた中東欧では、ここ数年、高い経済成長が続き、2004年のEU加盟後はEUの経済成長の牽引力となることが期待されている。さらに早く1978年の「改革・開放政策」の開始に端を発した中国の市場経済化は、四半世紀を経て、中国経済が先進資本主義諸国にとって脅威と映るほどまでに進展した。

これら移行経済諸国の現状・展望とのかかわりで、最近注目されているテーマのひとつが、中小企業がそこにおいて果たす役割という問題である。近年、このテーマをめぐって、いくつかの書物が出版された（塚本、2003。西川・谷・凌、2003。Bonnel and Gold, 2002; Kirby and Watson, 2003; McIntyre and Dallago, 2003）。また、比較経済体制学会第43回全国大会（2003年6月7日）では、「移行過程におけるスモールビジネス─生成・現状・課題─」という分科会が設けられ、大原盛樹、小西豊、吉井昌彦の3氏による報告があった。

ここでは、上に挙げた5冊の書物と、この分科会で明らかにされたこと（比較経済体制学会第43回全国大会予稿集のほかに、大原、2001。小西、2003。吉井、2001）を主として参考にしながら、移行経済と中小企業の関わりについて検討し、中東欧・中国の中小企業と比較しつつ、ロシアの中小企業の発展状況について検討する。

4－6－2　移行経済における中小企業の意義
4－6－2－1　現代市場経済における中小企業

まず初めに、移行経済諸国の現状・展望とのかかわりで、なぜ中小企業が重要なのかを検討したいが、その前提として、一般的に現代の市場経済において中小企業がどのような意義を持つと考えられているかを確認しておこう（清成・田中・港、1996、7-24頁。Kirby and Watson, 2003, pp.1-2. McIntyre, 2003, pp.5-7）。

市場経済は、企業間で自由な競争が行われ、競争の結果として継続的にイノベーションが起こり、それが社会の福祉の向上につながる場合にのみ、存

立しうるであろう。そうだとすれば、市場への参入・退出の存在（非独占的市場）と企業家精神の存在が必要である。大企業体制は、市場への参入・退出を阻み、同時に、企業家精神を弱らせる傾向（大企業病）がある。これに対して、企業家精神を持った諸個人（企業家）によって経営される中小企業が新規に市場に参入し、イノベーションをもたらすことができれば、それは市場経済全体を活性化することにつながる。

　しかし実際の資本主義の歴史においては、これまで主要なアクターとなってきたのは大企業であった。機械制大工業の時代においては、「規模の経済性」が決定的に重要だったからである。その後、脱工業化社会へ移行する過程でも、依然として大企業の優位性が強調された。「規模の経済性」に代わって新たに大企業優位の根拠とされたのは「範囲の経済性」であった。

　そのような中でももちろん中小企業は存在したが、それは多くの場合、「規模の経済性」、「範囲の経済性」が効かないため大企業が見捨てた「ニッチ」市場を目当てとするものや、大企業によって景気変動の調節弁として利用されるものであった。したがって、中小企業は、「周辺的なもの」、「大企業の従属物」、「経済的弱者」と見られてきた。

　中小企業に対するこのような見方に変化が起こったのは1980年代に入ってからである。ピオーレとセイベルの『第2の産業分水嶺』（1984）はそれを象徴する著作である。彼らによれば、大量生産体制の確立が第1の産業分水嶺であるのに対し、「柔軟な専門化」（flexible specialization）の展開が第2の分水嶺である。「柔軟な専門化」は、大量生産品の市場への飽和、生産技術の発展（コンピューター化、柔軟生産の登場）、市場細分化（ニッチ市場の増大）などの条件のもとで可能となり、また優勢となったものであり、そこでは「規模の経済性」や「範囲の経済性」よりも、特徴ある財・サービスを市場に合わせて柔軟に提供することが競争優位となる。そして、このような新しい状況に適応しやすいのは、サラリーマン化した経営者が肥大化した組織を動かしている大企業よりも、企業家精神に富み、小回りのきく中小企業であるといわれる。

　さらに、同じころ、中小企業のもうひとつの役割が強調されるようになっ

た。それは、雇用創出力である。米国では、1969－1976年に新規雇用の約半分が新しいベンチャー企業によって作り出され、その半分は独立企業家の創業したものだといわれる。またイギリスでは、1995－1999年に、新規開業企業が230万人の雇用を作り出し、その85％は中小・零細企業によるものだったといわれる。

4－6－2－2　移行経済と中小企業

　西側諸国での中小企業の歴史をこのように概観してみると、1980年前後から市場経済化の緒に就いた旧社会主義諸国にとって、中小企業の役割は2つの意味で重要であることがわかる。すなわち、ひとつには、生成しつつある市場経済の本来的機能との関連においてであり、もうひとつには、世界大の競争の焦点となっている「柔軟な専門化」への適応との関連においてである。言い換えれば、イノベーションの担い手、柔軟な専門化の担い手としてである。

　さらにまた、経済体制の移行に伴って不可避的な失業の受け皿となることも期待される。すなわち、市場経済化は旧来の需給システムを大きく揺り動かすため、労働力の大幅な移動が必要で、少なくとも短期的にはかなりの失業が発生するからである（Kirby and Watson, 2003, pp.197-198）。

　このように、移行経済は中小企業に3つの役割を期待することになるのであるが、翻って、社会主義計画経済下の状況に目を移せば、そこでも中小企業は存在していた。そのあり方、ならびに経済に占めるその比重は国により異なっていたが、所有形態においておおむね国有・公有であり、市場経済を背景としない点で、西側諸国のそれとは異なっていた。したがって、既存の中小企業も、市場経済下の企業として性格転換を遂げることを求められる。

　また、市場経済移行に伴って2つの経路から中小企業が新たに登場してくることが予想される。ひとつには、過剰に大規模な国有企業が改組（民営化を含む）されるさいに、中小企業がスピンアウトすることも予想される。さらに、市民の企業活動が解禁されるので、中小企業の新規開業が予想される。

要するに、移行経済下の中小企業に期待される役割としては、① イノベーションの担い手、②「柔軟な専門化」の担い手、③ 失業の受け皿、の3つが考えられ、中小企業の出自としては、① 計画経済下の国有・公有中小企業の残存、② それらの民営化、③ 大規模国有・公有企業からのスピンアウト、④ 新規開業、の4つが想定される。

4－6－3　ロシア、中東欧、中国の中小企業発展の量的比較

　社会主義計画経済下での中小企業の比重は全般的に低かった。その原因は、西側諸国でも1970年代まで一般的であった「規模の経済性」への期待が、生産手段の国家所有制の条件下で実現されやすかったからと言ってよかろう。

　ある統計によれば、1980年代半ば、製造業従事者に占める「小企業」（従業員500人未満の企業）従業員の比重は、米国35.2%、西ドイツ57.9%、チェコスロバキア1.4%、東ドイツ1.1%、ポーランド10.0%（従業員100人未満）であった（Acs, 2003, p.27）。別の統計によれば、ソ連17.5%（従業員100人以下は2.2%）、ハンガリー40%（同じく14%）であった（中山、1993、189頁）。また、1986年、1企業あたりの平均従業員数は、日本15人に対して、ソ連827人であった（中山、1993、188頁）。たしかに、西側諸国と比べてソ連・東欧諸国では中小企業の比重が低いことがわかる。ただし、ポーランド、ハンガリーのような改革先進国ではソ連ほど低くないことも確認できる。

　中国でもやはり中小企業の比重は低かったが、「大躍進」期、「文化大革命」期の混乱のなかで、国有・公有の中小企業が温存され、また、農村では人民公社付属の「社隊企業」という形で中小企業が徐々に発展していた。工業部門の「社隊企業」は、1978年に79万4000あり、その従業員は1734万人、工業総生産額の3.8%を生産していた。さらに、都市の私営企業と個人企業の従業員がすでに15万人いた（戒殿新、2003、95、118-131頁）。

　初期条件がこのように異なるが、ロシア、中東欧、中国いずれにおいても市場経済化とともに、中小企業が発展していった。

4－6　中小企業発展の足踏み—中東欧、中国との比較において—

　ここでは、中小企業の発展を統計的に確認しようとするが、そのためには中小企業を定義する必要がある。OECDのレポートによると、国際的に統一された定義はないが、最もスタンダードに近い地位にあるのはEUの定義である（OECD, 2002, p.1）。すなわち、従業員数、年売上高または総資産、独立性を基準とする定義である。中東欧諸国はEU加盟を予定しているのでEUの定義を用いているが、ロシア、中国は別の定義を用いている。比較のために日本と米国の定義も合わせて示すと、表3-35のとおりである。

　これらの定義を見比べてみると、相互にかなり相違していることがわかる。特に注意を要するのは、中国の定義が確立されたものでなく、しかも特異なことである。すなわち、ここに挙げた定義は、中央政府が国有工業企業の規模別分類の基準として作成したものらしく、地方によっては、業種別を考慮した別の基準で分類を行っている。確立された概念規定は存在しないようである（塚本、2003、40、90頁）。また、国有・公有企業が含まれているのが特徴的である。ロシアの定義もEU定義とは異なる。ただし、ロシアの場合、EU定義を用いたデータ（РЦМП, 2003）も利用できる。

　このように中小企業の定義が国により異なり、また、確立していない定義もあり、さらに筆者自身のデータ収集が十分でないので、その発展度をここで正確に比較することはできないが、次に特徴的なデータを列挙してみる。なお、中東欧諸国のなかでは、市場経済化が最も順調に進んでいるといわれるポーランドとハンガリーだけを例に取る。

　ロシアの中小企業（従業員250人まで）は、企業総数で93％、就業者総数で45％を占め、年売上高についてみると39％（2002）を占める（РЦМП, 2003, стр.3）。ポーランドの中小企業は企業総数の約99.5％（Surdej, 2003, p.103）、就業者数の約67％を占め、GDPの48％を生産している（OECD, 2002, p.172）。ハンガリーの中小企業は企業総数の99.9％を占め、就業者数の68％を占め、GDPの41％（2000）を生産している（OECD, 2002, p.130）。中国の中小企業は企業総数の99％で、工業生産高の60％、利潤・税収の40％、就業者数の約75％を占めているといわれる（塚本、2003、100頁）。

　ちなみに、OECD諸国の平均では、中小企業は企業総数で96－99％、製

造業従業員の 60－70％を占めている（OECD, 2002, p.8）。EU 諸国では、企業総数で 99.8％、就業者数の 65.8％、年総売上高の 56.7％を占めている（РЦМП, 2002）。また、日本の中小企業は、企業総数で 99.7％、就業者数で 69.5％を占め、年売上高についてみると、製造業で 52％、卸売業で 62％、小売業で 73％（1999）を占める（OECD, 2002, p.143）。

　ここからまずわかることは、ロシア、中東欧諸国は、市場経済化の開始時と比べて中小企業が急速に発展し、企業総数に占める比率では OECD 諸国の平均に迫ってきたことである。中国における中小企業の国民経済上の地位も相当に重いことは確かであろう。

　しかし、中小企業が量的に増えてきたことと、それが上述のような期待される役割を果たしえていることとは同義でない。また、現在、中小企業がここまで発展してきたからといって、今後も発展するとは限らない。そこで次節では、質的な面から各国の中小企業の発展過程、中小企業の現状の特徴、中小企業発展の障碍、行政等による中小企業支援政策について検討する。

4－6－4　ロシア、中東欧、中国の中小企業発展の特徴
4－6－4－1　ロシア
［中小企業の発展過程］

　前述のように、ソ連時代には企業規模が全体に大きく、中小企業が経済において占める比重はわずかであり、また、私的企業活動は禁じられていた。1980 年代半ば、ゴルバチョフ政権が「ペレストロイカ」（改革）政策を開始したところからロシアの中小企業発展の歴史が始まると見ることができ、それ以後 4 つの時期を区分することができる（この時期区分は小企業を中心としてみたものである。Radaev, 2003, pp.114-117）。

　第 1 期は 1986－1991 年である。「個人労働活動法」（1986）、「協同組合法」（1988）により、民間の企業活動が事実上解禁され、自然発生的に多数の小企業が現われた。国有企業の経営上の自主性が広範に認められるなど、全体として経済活動が徐々に自由化されていったことも、それを後押しした。国有部門が多くの「ニッチ」を残していたので、小企業はそれを利用すること

ができ、特に消費財（特に生活用品、建設資材）生産、生活関連サービス、小売業、卸売業（特に外国製品の輸入）などの分野で発展した。

　第2期は1992－1994年である。1992年はソ連解体後の新生ロシアの初年であり、この年に急進的市場経済化が開始された。特に、自治体が所有する消費財生産、生活関連サービス、小売業などの小企業がほぼすべて民営化された。こうして1992－1993年には小企業数が急増した。しかし、この時期、マクロ経済状況が極めて悪かったため、小企業の発展分野は広がらず、また、1994年になると小企業数の伸びは止まった。

　第3期は1995－1997年である。1995年に「小企業支援法」が制定され、小企業支援プログラムが本格的に開始されるようになった。だが、小企業セクターは拡大しなかった。大企業の民営化過程を通じて、新興財閥が形成され、経済力の集中化が起こり、これら財閥が主要な市場を分割した。マクロ経済状況も依然として悪かった。そこで、小企業は2つのグループに分かれた。ひとつは、大企業への商品、資金の仲介サービスを提供する小企業である。大企業経営者と官僚の両方とのコネを利用してこのような事業が可能となるのであり、このグループは高い利益を上げていたといわれる。もうひとつは、従来どおりの分野で活動する小企業であり、これらの企業はあまり利益を上げることができず、市場の変動の影響を受け、また官僚による搾取の犠牲にもなった。

　第4期は1998年以降である。1997年に市場経済移行後初めてプラス成長を達成し、経済が安定化するかに見えたが、1998年にロシアは金融危機に陥り、多数の銀行が倒産し、需要が急速に縮小し、当然、小企業も困難に直面した。しかし、翌年からマクロ経済状況が好転したこともあり、金融危機の小企業への影響は当初予想されたほど破滅的ではなかった（Radaev, 2003, pp.128-130）。だが、小企業が経済において占める比重を統計数字で見ると、1997年以後、明らかに下がっている。その代わり、法人格を持たない自営業者の比重が増大している。その理由は、自営業のほうが特典が多く、制約が少ないからだとされている。すなわち、「企業の形をとるビジネスから人々が離反する傾向」が生じているといわれる（РЦМП, 2002, стр.

32-33, 38-39, 55)。

[中小企業の現状の特徴]

このように、1980年代以降、増大してきた小企業の比重は近年むしろ下がる傾向が見られるが、中小企業全体の現状はどうであろうか？

前述のように、ロシアの法律では「小企業」という概念しかなく、それはEUの「中小企業」定義より狭い。しかし近年、ロシアの「中小企業資源センター」が、EU、米国の統計データと比較可能なデータを発表している。EUのTACIS（「CIS技術援助」）プログラムに基づく研究プロジェクトの成果である『ロシア中小企業概観：2001年』(РЦМП, 2002) と、米国国際開発庁（USAID）の資金援助を受けた『ロシアの中小企業の役割と地位の分析』(РЦМП, 2003) がそれである。そこで、この2つの報告書からロシアの中小企業の量的特徴をもう少し詳しく見てみよう。

『ロシアの中小企業の役割と地位の分析』は、冒頭で、前述のような量的データを「主要な結果」として示し、次のように述べている。「このように、中小企業分野でロシアが先進国に決定的に立ち遅れているという従来の見解は批判に耐えないのであり、中小企業の発展に関する一連の指標において、わが国は市場経済の特徴を有している」(РЦМП, 2003, стр.3)。

しかし、もう少し立ち入ってEU諸国の統計（表4-12）と比較してみると、別の側面もある。

まず、ロシアの中小企業は次のように分類される。小企業（「小企業への国家支援法」に依拠）、自営業（「法人格をもたない事業者」）、個人農、中企業（EU定義に従う場合は250人まで、米国定義に従う場合は500人まで。本稿では、EU定義の数字のみ挙げる）の4つである。2002年の統計では、企業総数に占める比重は、小企業10.3％、自営業55.1％、個人農3.1％、中企業25.0％、大企業6.6％である (РЦМП, 2003, стр.14)。表3-35に見られるとおり、各カテゴリーの基準が異なるので、これは比較不可能であるが、法人格をもたない自営業の比重が高いことは注目すべきである。

就業者総数に占める比重は、小企業11.0％、自営業10.2％、個人農0.5％、

4－6　中小企業発展の足踏み―中東欧、中国との比較において―

表 4-12　EU 諸国の民間中小企業（2000）

		中小企業				大企業	計
		零細企業	小企業	中企業	計		
企業数	1000	19040	1200	170	20415	40	20455
	％	93.1	5.9	0.8	99.8	0.2	100
雇用数	1000	41750	23080	15960	80790	40960	121750
	％	34	19	13	66	34	100
総売上高	100万ユーロ	3808	3600	4080	12249	10200	22500.5
	％	17	16	19	54	46	100
1企業あたり従業員数		2	20	95	4	1020	6
1企業あたり売上高	100万ユーロ	0.2	3.0	24.0	0.6	255.0	1.1
売上高に占める輸出の割合	％	7	14	17	13	21	17
1人当たり付加価値額	1000ユーロ	40	75	105	65	115	80
付加価値に占める労務費の比率	％	66	66	58	63	49	56

（出典）　EU Commision, 2002（邦訳、44頁）より作成。

中企業 23.4％、大企業 54.8％である。これを EU 諸国の数字と比べると、ロシアでは大企業の比重が高いと言える。年売上高総額に占める比重は、小企業 20.8％、自営業 2.1％、中企業 16.4％である（個人農の比重は不明）（РЦМП, 2003, стр.19）。この数字は、総計で EU 諸国よりかなり小さい。従業員 1 人あたりの年売上高は、小企業 53 万 2500 ルーブル、自営業 5 万 8600 ルーブル、中企業 38 万 8900 ルーブル、大企業 58 万 7700 ルーブルである（РЦМП, 2003, стр.22）。ここでさらにわかることは、自営業者というカテゴリーに入るのは非常に小規模で、しかも従業員 1 人当たりの年売上高も極端に小さい業者ということである。

　小企業と自営業については、それぞれの総数の産業部門別内訳が知られている。小企業では、工業 15.7％、輸送 2.5％、建設 15.8％、商業・外食産業 44.5％、学術・研究 4.5％、その他 17.0％であり、自営業では工業 5.8％、輸送 8.9％、建設 1.2％、商業・外食産業 67.5％、学術・研究 0.1％、その他 16.4％である（РЦМП, 2003, стр.44）。

全体的に見ると、EU 諸国と比べて、経済に占める中小企業全体の比重はまだ低い。特に、自営業の従業員1人当たりの年売上高の小ささが目立っており、これは自営業者が統計に捕捉されない事業活動にも従事しているか、または、事実上、半就業状態にあることを推測させる。

［発展の障碍］

ロシアの中小企業の発展のための障碍は大きく分けて2つあるといわれる (*OECD Economic Surveys 2001-2002: Russian Federation*, pp.95-96. Radaev, 2003, pp.119-124)。第1のグループの障碍は、市場インフラの弱さとの関係で発生するものである。すなわち、資金調達の困難、ビジネス・パートナーとの信頼関係の確立の困難、情報・訓練の不足などである。ロシアの場合、ビジネスに随伴する暴力の問題もある。もうひとつのグループの障碍は、中小企業と国家機関との間の関係にかんするものである。これには重い税負担、急ごしらえの法制度の不備、多様な「行政的障壁」（多数の許認可制度、官僚による賄賂の要求など）がある。特に、「行政的障壁」はロシアにおいて非常に深刻である。

［ロシアの中小企業支援政策］

市場経済移行開始時から、ロシア政府は連邦・地方レベルで小企業の発展を促進するための施策を開始したが、1994年からは、小企業支援の包括的なプログラムが連邦レベルで採択されてきた。そのプログラムには、公的保証融資、低利融資、設備の賃貸、情報提供、コンサルティング、教育訓練などが含まれている。これらのプログラムは、世界銀行、USAID、EBRD、OECD などの国際機関の施策とも連動して行われてきた。連邦政府は小企業・企業家活動支援国家委員会を設置し、地方レベルでも同様の委員会が設置された。また、プログラムの資金を配分するための機関として、小企業支援基金も設立された。1995年には、「小企業への国家支援法」が採択され、ロシアの小企業支援政策の法的基礎となった。1998年に小企業・企業家活動支援国家委員会は廃止されたが、その機能は MAP（反独占政策・企業家

活動支援省）に移行された。

　だが、連邦・地方レベルでの小企業支援政策は、あまり効果をあげてこなかった。その原因としては、実際に配分された資金が少なかったこと、MAPが不足した人員で小企業支援のほかにも多数の重要な課題を抱えていたこと、配分された資金のかなりの部分が、プログラムのあいまいさ、汚職、官僚主義の犠牲になったこと、などが指摘されている。

　プーチン政権は2000年に成立して以後、これまでとは異なる小企業支援戦略を実施してきた。それは、規制緩和、脱官僚制化である。2001年8月に、これに関連した3つの法律―「国家査察の実施のさいの法人ならびに個人企業家の権利の保護について」（2001年8月施行）、「各種事業の許可制について」（2002年2月施行）、「法人の国家登記について」（2002年7月施行）―が制定された。これらは、企業登記を簡略化し、許認可権限リスト、査察手続きを法制化するものであった（http://www.maprf.ru; OECD, 2002b, pp.99-103; Radaev, 2003, pp.124-126）。この結果、2002年後半と2002年前半を比べると、中小企業は恣意的な官僚的介入を受けることが少なくなったと言われる（EIU, 2003, p.27）。

4－6－4－2　ポーランド
［中小企業の発展過程］

　ポーランドでは、社会主義時代にもかなりの規模の民間部門が存在していた。特に、農業、小売業、手工業においてそうであった。さらに、1980年代に政府は、市場志向の改革措置（企業の独立採算制と相対的自立、ならびに部分的な価格自由化）を採用し、1988年憲法では、民間営利企業の創設を認めた。1989年末までに、約50万の民間企業が農業部門以外ですでに存在していた。

　1989年に政府は急速な市場経済化政策を開始した。その過程で実施された国有企業の解体・閉鎖は、多数の民間小企業の開業・発展をもたらした。すなわち、国有企業の解体後、各部門・事業部が民間企業に改組されたり、国有企業の人的・物的資産が有利な条件で民間企業に引き渡されたり、国有

企業の補助サービス部門（警備、売店など）が合理化されて民間企業に活動の場を与えた。

1989年以後にはまた、ポーランドはEU諸国との貿易を自由化し、他の諸国との貿易障壁を低くした。それに伴い、海外製品の輸入に従事する民間貿易会社のビジネスチャンスが広がった。それらの会社の多くは中小企業であった。

市場経済化後しばらくするとポーランドは、外国投資家にとって魅力的な国と見られるようになり、外国直接投資の累積額は膨らんでいき、その結果、1999年には外資参加企業による輸出額、輸入額は、ポーランドの総輸出額、総輸入額の過半を占めるようになった。外資系小企業の役割に関する統計は存在しないが、すべてのポーランドの都市のサービス業（レストランなど）で外資系小企業が活動しているようである。

1990－1991年には中小企業数はほとんど増えなかったが、1992－1993年には激増し、1993年に199万件に達した。その後も漸増傾向が続き、1999年には301万件であった。

市場経済化初期には投資率はきわめて低かったが、その後、上昇した。1992年は0.4％、1999年は25.7％となったが、2000年にはまた下がった（Surdej, 2003, pp.98-103）。

[中小企業の現状の特徴]

「第3章」で見たように、ポーランドの中小企業は、企業総数、就業者総数、生産総額等に占める比率では、すでにEU平均に近い。

業種別に見てみよう。中小企業が当該業種において占める雇用比率は、商業・修理業で90％、ホテル・レストラン業で88.2％、ビジネス・不動産サービス業で80.3％、建設業で76.7％、工業全体で48.7％である。その他の業種での中小企業の比重は小さい。GDPへの寄与率でも同じ傾向が見られる。すなわち、商業・修理業で95％、ホテル・レストラン業で87.8％、ビジネス・不動産サービス業で79.5％、建設業で74.7％、工業では36.5％である。

これらの数字は、資本や技能を比較的必要としない業種ほど中小企業のプレゼンスが高いという一般的な法則がポーランドにも通じることの証左と見られている。だがポーランドの場合それにとどまらず、中小企業が「発展」よりむしろ「生き残り」を志向しており、そのような中小企業の最も重要な機能は失業のクッションとしての機能であるとされる。「革新性に乏しく、輸出力競争力が少なく、（特にハイテク製品の）生産では取るに足らない地位しか占めていない」とも言われる（Surdej, 2003, pp.103-104）。

［発展の障碍］
　発展の障碍のひとつは市場競争が厳しいことである。ポーランドの中小企業の場合、市場がローカルで、参入障壁が低いため、中小企業同士の競争が厳しく、同時に、小売業などでは大企業（スーパーマーケット、ハイパーマーケットなど）との競争にもさらされる。また、GDPの15-25％を占めるといわれる闇経済は、税金や社会保障関係の支払いをせず、保険・安全基準なども守らずに活動し、中小企業に対する圧力となっている。
　資金調達も中小企業にとって困難な問題である。銀行の融資条件は厳しく、ベンチャー・キャピタルはポーランドに5つしかなく、しかも、これらの会社は主として中規模の企業を支援する。中小企業は意図的な代金不払いによって深刻な打撃をこうむることも多い。そのような場合、裁判に訴えても必ずしも成功しない。
　法制度の不備も中小企業にとって障碍となっている。急速に法制改革が進められたことは、市場経済化という条件の下ではある程度やむをえないことであるが、法律の条文が不明確、複雑であり、行政機関が恣意的な解釈によって法律を運用することも、実業家の不満の種となっている（Surdej, 2003, pp.98-103）。

［政府等の中小企業支援政策］
　政府は次の4種類の中小企業支援政策を展開してきた。
　第1は、法律、規制によるものである。1989年以来、私的所有権の保障、

会社法、破産法等、民間企業活動にとって重要な法律を制定した。

　第2は、資金面での援助である。国立銀行の民営化・改組、インフレの抑制、金融部門の安定化などのマクロ政策を通じて、間接的に、中小企業が銀行融資を得られやすくなるようにした。また、中小企業のための融資保証制度も創設された。12の「地方保証基金」、EUその他の諸国からの資金援助を受けた特別の「地方融資保証基金」が中小企業を含むさまざまな企業への融資に保証を与えてきているほか、「マイクロ・ファンド」と呼ばれる零細企業に小額融資を提供することのみを目的とする機関もある。

　第3は、組織的手段によるものである。各地に設立された「企業家インキュベーター」やテクノロジー・センターが、企業家に必要な現物支援を与えてきた。

　第4は、知識・情報の普及である。各地の訓練・コンサルティングセンターが、企業活動に関する知識・技能・情報の普及を行って、中小企業を支援してきた（Surdej, 2003, pp.98-111）。

4－6－4－3　ハンガリー

[中小企業の発展過程]

　ハンガリーが体制転換により本格的に市場経済化を開始するのは、ポーランドと同様1989年のことであるが、ハンガリーの場合は、1968年以後の改革、特に1980年代の改革のおかげで、中小企業にとって比較的好適な環境がすでに存在していた。

　社会主義政権成立後、所有権は原則的に国家の手に集中されていたが、1957年には農業集団化は放棄され、また協同組合が自由化された。1968年には国有企業にいくらかの自主権が与えられた。1982年の「新しい小経済組織」自由化は、個人と国有企業に中小企業を設立したり、中小企業と契約関係を取り結ぶことを可能にした。この措置により、中小企業ブームが起こった。1984年に国有企業に自主管理が導入された。1987－1989年の法制度の改正の結果、国有企業は営利化され、国有企業から多くの中小企業がスピンアウトし、新しい中小企業が開業し、その中には外国資本の参加するも

のもあった。

 1989年以後、中小企業は急増し、1990年代半ばにいったん増加の足取りが止まったが、1990年代末からまた増加傾向にある（Dallago, 2003, pp.78-82）。

 市場経済移行以前から存在していた中小企業は市場経済下で発展できなかった。市場競争を勝ち抜くのに必要な知識、能力、固定資本、金融手段などを持っていなかったからである。最も有力な中小企業は市場経済移行の結果として生まれた。すなわち、国有企業の最も収益力ある部分の切り離し、ならびに、外国直接投資と結びついて生まれた。また、市場経済移行過程で企業し、国有企業の下請け、外注の仕事を取ることのできた小企業も成功したタイプである。まったくの新規開業企業はあまりない（Dallago, 2003, p.85）。

[中小企業の現状の特徴]
 「第3章」で見たように現在では、ハンガリーにおいて全体として中小企業が占める地位は、EU諸国の平均とほぼ並ぶところまで来ているが、ハンガリーの中小企業の特徴をさらに詳しく見てみよう。

 まず、これまで、所有構造において国家と外資の役割が顕著であった。零細企業や、従業員のいない自営業の場合ですらそうであった。しかし、国家の役割は、とくに自営業の場合、激減してきている。他方、外資の役割は、特に零細企業において激増してきている。

 中小企業は少ない資本額で、伝統的な軽工業と伝統的なサービス業に従事している。垂直統合的な関係を多く利用しており、総費用のなかで、半製品の購入費、下請け業者への手数料の占める比重が相対的に大きい。従業員1人当たりの粗利益、資本1単位当たりの粗利益は、中小企業のほうが大企業よりも高い。

 ただし、近年の傾向としては、これらの粗利益に関する指標の増加率が頭打ちになってきている。また、総輸出額に占める中小企業の比率は1990年代半ばまで増大したがその後、減少してきている。すなわち、1996年には

総輸出額に占める比率は大企業が53.7％、中小企業が46.3％であったが、1999年にはそれぞれ74.7％、25.3％となった。このような中小企業の低落傾向は、中小企業がその「自然発生的」潜在力を使い尽くしたことを意味すると言われている。税金・補助金に関する状況が中小企業に不利になってきて、税金が補助金を上回るようになっている（ただし、大企業と比べて社会保障費負担が少ない）こと、銀行等からの融資が減少していることも、影響しているかもしれない。

とはいえ、中小企業の状況が一様に悪くなっているわけではない。企業と企業家の能力（知識、ネットワーク、交渉能力など）、活動分野、政策、立地、偶然的機会（外国からの投資など）などの要因によって状況・展望が異なる。最も成長している中小企業は、製造業、商業、不動産業、コンピュータ・サービス、建設業などの成長部門に存在する。首都ブダペストでは中小企業は低迷している。最も中小企業が成長しつつある地域は、工業化の進んだ地域で、しかも、外資が進出したり、あるいは国または国際機関の融資プログラムが適用された地域である。

中小企業にとって、企業間ネットワークの形成が重要な意義を持つようになってきている。すなわち、中小企業は、製品種類を減らして専門化を進め、他の企業と棲み分けたり、あるいは大企業の下請け業者となる道を選んでいる。外資系企業とのネットワークも盛んである。企業間ネットワークは株式相互持合いによって支えられている場合も多い。このネットワークは、社会主義時代の企業間関係の延長ではなく、それが切断されたあと、外資系企業をも巻き込んで新たに形成されたものである（Dallago, 2003, pp.83-91）。

［発展の障碍］

税負担が重いこと、中小企業政策がしばしば変更されること、融資条件が中小企業にとって厳しいこと、銀行が中小企業に融資したがらないこと、官僚制の弊害があること、ソフト面──経営者訓練プログラムの提供、市場調査、ビジネスプラン作成などの支援──での支援不足などが、発展の障碍として指摘されている（Dallago, 2003, p.82）。

[政府等の中小企業支援政策]

　政府が中小企業支援のための最初の総合プログラムを決定したのは1997年であった。それ以後、ほぼ類似のプログラムが1999年と2002年にも作成され、実施された。中央政府のほかに、地方自治体、経営者団体、商業会議所、国際機関などがこのプログラムの実施に関与しており、政府は産業・商・観光省に調整の責任を持たせたが、調整の不足、情報伝達・収集の不備、介入の重複、官僚的欠点などのため、実際に支援策を利用することのできた中小企業は非常に少なかった。その上、大部分の資金の配分が商業銀行を通じて行われることになっており、商業銀行は中小企業を重視していなかったので、融資を受けた中小企業は少なかった。

　中央政府の政策が効果的でなかった理由は、2つある。ひとつは、地域、部門その他により非常に多様な中小企業に対して、中央レベルで支援策を立てることが客観的に困難なことである。もうひとつは、政府が民営化や外資導入を優先しており、その結果を見てから中小企業政策を立てようとしていたことである。

　1996年に地方自治改革が始まった。それにより、全国が7つの計画・統計地域に分けられ、それらに地域開発計画を実施する権限が与えられた。地域開発計画の一環として、中小企業政策とそのための資金のかなりの部分が地方に渡された。地方自治体は、好適な環境の創出、インフラの整備、融資・サービスの提供、適切な租税・行政システムの創出により、中小企業を助けてきた。

　2001－2006年の経済発展計画では、中小企業について、雇用創出力の強化、大企業との協力、外国企業との協力、製造・技術革新・情報化の結合の促進を目標に掲げている。また、企業規模別に異なる支援戦略を策定している（Dallago, 2003, pp.91-96）。

4－6－4－4　中　国

[中小企業の発展過程]

　現在、中国の中小企業は、中小国有・公有企業（都市に所在）、郷鎮企業

（かつての社隊企業）、私営企業・個人経営の3種類に分けられる。1978年以後、それらがどのように発展してきたかを見てみよう。

　1978年に「改革開放政策」が開始されると、まず発展したのは農村工業を担う社隊企業であった。1983年に工業部門の社隊企業は74万4000社、就業者は2168万人、工業生産総額に占める社隊企業の比重は11.7%になっていた。建築部門では就業者483万人、交通運輸部門では104万人であった。1985年に始まる第7次5カ年計画では郷鎮企業設立が全面的に奨励され、郷鎮企業は飛躍的に成長した（韓朝華、2002、44-45頁）。1992年には、工業部門の郷鎮企業は794万社、就業者は6336万人であった。建築部門では就業者1541万人、交通運輸部門では797万人であった（戒殿新、2003、129-130頁）。2002年現在、郷鎮企業数は2133万社、就業者数は1億3288万人である（http://www.china.org.cn）。

　1990年代に中小企業発展の焦点となったのは、私営企業・個人経営である。1988年に憲法が改正され、私営経済に合法的な地位が与えられて以後、その急速な拡大が始まった。1992年以降は年15%以上のスピードで成長し、その生産額はGDPの30%を占め、特に東部沿海の各省・市ではその比率は60%以上にも達している（唐元愷、2003）。2001年の就業者統計を見ると、都市部の私営企業就業者は1527万人（都市部就業者総数の6.4%）、個人経営者は2131万人（同8.9%）、農村部の私営企業就業者は1187万人（農村部就業者総数の2.4%）、個人経営者は2629万人（同5.4%）である（http://www.china.org.cn）。

　以上のような郷鎮企業、私営企業・個人経営の発展は、中小国有・公有企業に危機をもたらした。すなわち、中小国有・公有企業は、資本・労働比率が高い割に労働生産性が低いという国有企業に共通の傾向を有しており、しかも国有大企業と比べて郷鎮企業・民間企業との競争にさらされやすい。そこで、1980年代半ば以降、競争激化の結果、著しく業績を悪化させた（今井健一、2002、15-18頁）。

[中小企業の現状の特徴]

　中国の中小企業の現状において特徴的なのは異なる所有形態の企業が並存していることである。すなわち、中小企業の中にはまず国有・公有企業が大量にある。郷鎮企業も元来、農村の集団所有制企業、すなわち一種の公有企業である。実際には、「赤い帽子をかぶった企業」と呼ばれる民間の郷鎮企業があり、1990年の時点でもすでに、郷鎮企業総数に占める民間企業の割合は92.2％に達している。しかし、この時点では、従業員数では50.4％、付加価値生産額では34.8％にとどまっていた。さらに「赤い帽子」は単なる飾り物ではなく、民間企業の財産権を不明確にし、自治体の企業経営への干渉、企業の権益への侵害をもたらしていた（韓朝華、2002、49-50、53-54頁）。純粋な民間企業と言えるのは私営企業と個人経営だけであり、その比重は相対的に低い。

　しかし、このような状況は現在、大きく変わりつつある。

　前項の末尾で述べたように、中小国有・公有企業は転換を迫られていた。このような状況の中で1993年に党中央が社会主義市場経済路線を決定すると、一部の地方で、地方行政主導の中小国有・公有企業の民営化が始まった。1995年になると、党中央は「抓大放小」、すなわち中小国有企業民営化の方針を打ち出したので、さらに民営化の動きが強まった。1998年の国有企業調査では、6割弱の企業が所有関係の変革を伴う改革をすでに実施または計画していることが明らかとなった。国有企業数の推移を見ると、1995年から2000年の間に4割近く減少しており、これは民営化の結果と推定される（今井健一、2002、15-24頁）。

　郷鎮企業もまた、行政と企業の間の権利・義務関係の不明確さに伴う弊害に直面している。かつては、農村は物不足であり、郷鎮企業は高い利益率を上げることができたが、1980年代後半から郷鎮企業間の競争、民営企業・個人経営さらには外資企業との競争が始まると、郷鎮企業の利益率は低下傾向を示し、経営効率化を必要とするようになった。このころ始まった郷鎮企業改革は大きな成果を挙げなかったが、1990年代後半になると、郷鎮企業民営化の動きが始まった。1998年に、郷鎮企業総数に占める民間企業の割

合はさらに上がって95.5％となり、従業員数で65.6％、付加価値額で60.2％と、集団所有企業を上回るようになった（韓朝華、2002、63-64頁）。株式制郷鎮企業も増え、しかもその株式資本総額に占める国家株と集団所有株の比率が合計でも36％（1998年）まで低下している。

このように、中国の中小企業は現在、全体として民営化過程にある。

［発展の障碍］

中国中小企業の発展の障碍としては、以下のようなことが指摘されている（塚本、2003、74-76頁）。

① 融資を受けにくい。所有形態による差別もある。
② 郷鎮企業、国有・公有企業の場合、社会関連の負担が大きい。
③ 優秀な経営管理者、技術者が不足している。
④ 情報収集・処理能力、技術力に劣る。
⑤ 国家はこれまで大企業に注意を集中していたため、中小企業支援制度が不備である。
⑥ 中小国有・公有企業は、大企業と同様の社会関連負担を負いながら、大企業より弱い地位にあるために大企業から不当な経営上の圧迫を受けている。
⑦ 国が企業に与えるさまざまなサービスは主として大企業向けであり、中小企業には利用できない。中小企業に関する全国的なデータベースも作られていない。
⑧ 中小国有・公有企業は社会関連負担を負い、その地方の社会的安定に貢献しているので、業績が悪くても地方政府に保護されている。そのため、中小国有・公有企業は市場的な行動様式を獲得しにくい。
⑨ 地方政府はしばしば中小企業改革に熱心でなく、地方政府と企業の間の財産関係が明確化されていない。
⑩ 中小国有・公有企業や郷鎮企業の民営化に際しては、企業資産が分散・消失する場合がしばしば見られ、また、民営化後のコーポレート・ガヴァナンスにも問題がある。

⑪社会に悪影響をもたらすような企業活動を行うものがある。コピー商品の販売、詐欺、環境問題の軽視などである。

　以上のように、中国の中小企業も、多くの国で普遍的に見られる障碍と、移行経済特有の障碍の両方に出会っている。

[政府等による中小企業支援政策]
　従来、中小企業は所有制別に異なった管理制度の下に置かれており、統一的な中小企業支援政策は存在しなかった。しかし、上述のとおり、中小国有・公有企業と郷鎮企業の民営化の過程が本格化するとともに、統一的支援策も始まり、2002年には、中小企業支援のための基本法規として、「中小企業促進法」が成立・施行された。その趣旨は次の7項目にまとめられる（凌星光、2003、141-154頁）。

①　産業構造調整の推進。中小企業を「専、精、特、新」（専業性、高質性、特殊性、清新性）の方向で発展させる。

②　「科学技術創新メカニズム」の確立。テクノパーク、ハイテク基金などを作って、ハイテク中小企業の発展を促進する。

③　財政・税制面での支援強化。「中小企業発展基金」を創設する。

④　融資ルートの拡大。融資手続きの簡素化、株式市場への上場や社債発行の許可をおこない、ベンチャー・キャピタルの設立を促進する。

⑤　中小企業信用保証システムの確立。

⑥　中小企業向けサービス体系の確立。創業指導、企業診断、情報コンサルティングなどのサービスを提供するために、政府出資の「中小企業サービスセンター」を設立すると同時に、民間会社によるサービス提供を促す。

⑦　公平な競争環境の提供。政府調達、輸出ローンや輸出信用保証の提供などのさいに中小企業に配慮する。

4－6－5　移行経済における中小企業の比較

　ロシア、中東欧（ポーランド、ハンガリー）、中国の中小企業を比較してみると、次のようなことが言えよう。

ハンガリーでは、長く「社会主義市場経済」への取り組みが行われており、さらに1980年代初めに大量の中小企業が現れていたため、1990年代半ばには中小企業セクターの「自然発生的」潜在力は枯渇し、中小企業ごとの業績の差が大きくなっている。大企業、外資企業を含む他の企業との間の企業間ネットワークの形成によってイノベーションの担い手、「柔軟な専門化」の担い手となる中小企業が登場してきている。

　ポーランドでも、社会主義時代にもかなりの規模の民間部門が存在していたことの影響で、中小企業セクターが量的にはEU平均に近いところまですでに発展している。問題は、これら中小企業が「失業の受け皿」、さらにはニッチ市場の穴埋め役とはなっていても、イノベーションの担い手、「柔軟な専門化」の担い手となっていないことである。すなわち、競争力ある工業製品の生産などに関与していない。

　中国では、1980年代には農村の郷鎮企業が、1990年代には私営企業・個人経営が、特別の支援も受けずに自然発生的に成長し、中小国有・公有企業とともに巨大な中小企業セクターを形成してきた。中小企業はこれまで、物不足経済に生活必需品を提供し、農村の失業予備軍に職を与える、という役割を主として果たしてきたが、現在では所有関係の不明確さ、技術・情報力の不足などが発展の障碍となっている。これらの障碍を除去するために、郷鎮企業、中小国有・公有企業は民営化されつつあり、また、大企業、外資企業などとのネットワークを形成しつつある。

　ロシアでも、市場経済移行とともに民間中小企業セクターが自然発生的に成立してきた。しかし、ハンガリーと違い、社会主義時代に経済のあらゆる分野を国有大企業が独占していたこと、また中国と違い、市場経済化の歴史が短く、しかも大量の余剰労働力の滞留する農村を持たないことのため、中小企業の自然発生的発展の余地は大きくなかった。そのうえ、とくに「行政的障碍」など、その発展を阻止する土壌があるので、いまや発展は足踏み状態に陥っている。結局のところロシアの現状は、中小企業支援よりもむしろ市場経済システムそのものの正常化が中小企業発展に不可欠という状況である。

4－7　ユーコス事件

　1997年末時点で最有力であったロシアの10大企業グループ（資料2）のなかに、ホドルコーフスキー「帝国」があった。その中核企業は石油会社「ユーコス」であり、グループ総帥のホドルコーフスキーは1997年からフォーブズ長者番付に顔を出しており、2003年にはロシア第1位、世界第26位、2004年にはロシア第1位、世界第16位にランクされていた。しかし、2003年10月にホドルコーフスキーは横領・脱税容疑で逮捕・起訴され、2005年5月にモスクワの地区裁判所で自由剥奪9年の判決を受けている（『日本経済新聞』2003年10月26日号、2005年6月1日号）。「ユーコス」社も税務当局から脱税で訴えられ、2004年7月までに、総額68億ドルの支払いを命じられて債務不履行に陥り、さらに銀行口座や子会社の株の売却を禁止されて納税ができず、主力の石油子会社「ユガンスクネフテガス」の株式を差し押さえられて、2004年12月に競売にかけられ、「ユーコス」グループは解体した（2004年7月2日号、8月27日号、12月20日号）。
　これが「ユーコス」事件である。
　以上の経過だけを見ると、この事件はエリツィン時代の「ノーメンクラツーラ・マフィア資本主義」、「オリガルヒ資本主義」の否定的な側面を体現する財閥と財閥総帥がプーチン政権の「法の独裁」によって罰せられ、退場させられたように思われ、実際にそのような側面も持っているが、それだけではない。
　「ユーコス」事件の原因について、ラドゥイギン（Радыгин, 2004, стр. 49-55）は5つの説を挙げて、概略次のように述べている。第1の説は、「純粋政治説」といわれるものであり、次のような政治的諸要因が原因になったとする。まず、「ユーコス」事件の一連の事態が始まったのは、2003年12月の下院選挙、2004年3月の大統領選挙を控えた時期であった。また、大統領府内には対立する2つのグループ（エリツィン政権時代の生き残りグループと、プーチン大統領の出身地サンクトペテルブルクとゆかりのある治

安機関関係者グループ）があり、それぞれは異なる石油会社（前者は「ユーコス」と「シブネフチ」、後者は「ロスネフチ」）を資金源にしていた。また、ホドルコーフスキーは政治的野心を隠さず、反プーチンの政治勢力に資金を提供していた。しかし、これらの政治的諸要因だけでは事件の説明にならない。

　第2の説は、「資産再分割」説である。すなわち、石油企業をはじめとするソ連時代の最も価値ある国有資産が民営化により財閥に分け取りされていたが、その資産の再分割をプーチン政権が狙ったというものである。

　第3の説は、税務当局、検察当局が指摘するとおり、「ユーコス」の脱税が正当にも摘発されたという説である。しかし、「第3章」で述べたように、エリツィン時代には企業の税滞納は広範かつ巨額に行われており、これを解消するために1998－2000年にはさまざまな税金納入スキームが実施されたのであり、「ユーコス」は例外ではなかった。また、それ以外にも「ユーコス」は税法の欠陥を利用して（あるいは議会でのロビー活動によってこのような欠陥を作り出して）巧妙に税額を最小化したと推測されているが、これは「世界中の大規模な営利組織が普通に行っている」（ラドゥイギン）ことである。

　第4の説は「グローバル企業化阻止」説というべきものであり、もっと「根拠のある」ものである。2000年初めから活発に行われている巨大民間グループ（持ち株会社）による再編は、それらグループの所有と所得の構造を複雑だが法的に問題のないもの、透明なものにした。そのさい、ロシアでの重税を合法的に逃れるためにオフショア持株会社が利用された。「ユーコス」は実際上、このように「文明的な」企業発展した最初のロシア企業となった。このような「文明的な」企業になると、官僚との特別な癒着の必要性が低下した。国家ならびに司法制度からの独立性も著しく向上した。さらに、良い企業イメージをつくりだし、資本調達を人工的に「強化」するという政策は、特に売却または対等な国際合併への準備が行われていることを示していた。「ユーコス」社はすでに2002年に、宣言のレベルでは自社をロシア企業として位置付けていなかった。

2003年に発表された「ユーコス」と「シブネフチ」の（後に中止された）合併（実質的には「シブネフチ」の吸収）は、世界の石油企業の4－6位を目指す新しいキャンペーンの開始となりうるものであった。しかし、新会社に課せられた課題は、「グローバルなエネルギー・リーダー」になることであり、その課題は、その会社が多国籍企業に変わらなければ達成困難であろう。実際に2003年2月に英国メジャーBPがこの新会社に67億5000万ドル出資すると発表していた。（ロシアに採掘・加工の拠点をおき、実際上、東シベリアを支配する）このような会社の影響力のレベルとロシアの権力からの独立度は、おそらく容認されないものになった。

　第5の説は、2003年夏・秋に展開された「反オリガルヒ・キャンペーン」の一環であったという説である。この時期に、さまざまな世論調査を行うなどの方法で、「民営化の結果に対する国民の嫌悪」によるヒステリーが刺激された。「おそらくこれは、他の社会経済的諸課題をごまかすためのものにすぎない」（ラドゥイギン）。

　ラドゥイギンは、これら5つの説のどれもがある程度あたっているが、少なくとも第3の説（脱税摘発）は主要な要因ではなく、そこで言われる「法の独裁」は法の「選択的適用」になってしまっているとする。

　以上のような「ユーコス」事件についての見方は、ほとんど常識化しているといってよい（たとえば、坂口、2005）。

　世論調査の結果によれば、「ユーコス」事件におけるプーチン政権の態度は大多数の国民によって支持されている。しかし、このような法の「選択的適用」は、企業が再び国家への従属を強いるものといわざるをえない。

4－8　まとめ─再び国家への依存か？─

　プーチン時代に入ってから起こったロシア企業の変化をまとめると次のようである。

　まず、マクロ経済状況が好転し、企業の投資意欲も高まり、市場経済化以後、衰退を続けていた製造業の一部で活性化の動きが見られる。未払いも減

少し、失業率も下がり、温存されていた不採算企業の整理の過程が始まっている。これは、ひとつには、1998年金融危機後のルーブル安による国内産業の復活、原油国際価格の高騰、ならびに遊休設備の再稼動、長期に渡って行われなかった投資への需要の回復などの一時的または外的な要因によるものであるが、同時に、政治の安定化、市場経済に対応した法制度その他のインフラの整備といった長期的または国内的な要因によるものでもある。

この過程で、政権と財閥の関係の再編成が起こっている。メディア・資源関連産業に足場をおき、プーチン政権に対抗的な姿勢をとった財閥が攻撃のターゲットとされて解体に追いこまれた。近年では、資源関連産業を政府が支配下に置こうとする傾向が見られる。同時に、政権・財閥関係の制度化の試み、企業行動の変化、企業の社会的責任への関心の高まりなどが一定程度、見られる。

政府はまた、WTO加盟の準備を進め、加盟に必要な法制度の整備を進め、そのことが市場インフラの整備につながった。これに対して財界は保護主義的政策を求めてロビー活動を展開しつつ、外資との提携等を通じて競争力の向上に努めている。

中小企業発展はむしろ足踏みを続けている。行政的障壁が高く、起業しようとする人々の間にも法人化を避けて自営業の形態をとろうとする傾向がある。

2003年に端を発する「ユーコス」事件は、エリツィン時代の「ノーメンクラツーラ・マフィア資本主義」、「オリガルヒ資本主義」の否定的な側面を体現する財閥と財閥総帥がプーチン政権の「法の独裁」によって罰せられ、退場させられたという側面も持っているが、むしろ、プーチン政権による法の「選択的適用」の側面のほうが主要である。これは、企業が再び国家への従属を強いられていることを示すといってよい。

以上のことを踏まえて、本章の3つの課題を検討してみよう。

① 上のようなプーチン政権下での企業システムの変貌の過程において、社会主義企業の歴史はどのような影響を与えたか？

エリツィン政権時代に経済の分野から退場した国家が再び企業活動に直接

介入し、資源産業を直接支配下におこうとしたとき、財閥は抵抗したが、世論はプーチン政権の味方をした。エリツィン政権時代の企業システムのはらんだ問題性、資源産業のロシア経済にとっての圧倒的な重要性を考慮に入れると、プーチン政権の政策と、それに対する世論の肯定的反応には合理性がある。しかし、それらは市場経済下の企業システムの性格をゆがめることも否定できない。西側諸国の政財界からも批判の声があがっており、西側資本にロシアのビジネス環境への疑念が高まっている。

② 市場経済化のいっそうの進展は企業の効率化を保障しているか?

企業は徐々に市場経済に適応しつつあり、適応できない企業の破産も増大しつつある。その意味では企業の効率化が進んでいるといえる。しかし、資源産業以外に競争力ある産業は形成されておらず、中小企業の成長も遅滞しており、より自由な市場競争環境のもとで国民経済のバランスある発展を保障するような企業活動の効率化が進んでいるとはいえない。

③ 変貌したロシア企業システムの展望はどうか?

このまま国が資源産業を支配下において資源産業偏重の産業構造を維持しようとし、他の産業の発展には支援を与えず、民間企業の活動に対して法の「選択的適用」を辞さない姿勢をとり続ければ、資源産業以外の産業の発展も、民間企業の健全な発展も進まないと考えられる。そのことは、ロシア経済にもロシア企業システムにも発展の展望を閉ざすものである。

結　論

　本書の課題は、社会主義計画経済体制から市場経済体制への移行期において、ソ連・ロシアの企業がどのように変化してきたかを全体的に明らかにし、そのことを通じて、次の3つの問題を検討することであった。
　［問題1］ソ連社会主義企業はどのような構造と機能を持っていたのか？
　［問題2］市場経済化はロシア企業の効率化を保障したのか？
　［問題3］ロシア企業の現状と展望はどうなのか？
　まず、これらの問題に関連して、各章で得た結論を整理しよう。

問題1に関連して
　ソ連社会主義企業システムは、① 活動の国家志向性、② 至上命題としての生産計画達成、③ 国家（または「勤労者」・「全人民」）主権を基本的特徴としたが、そのままで企業を効率的に活動させることは困難であり、実際にはこれらの基本的特徴と背反するような派生的諸特徴を獲得していった。それがパターナリズム、バーゲニング、闇経済の浸透である。
　ゴルバチョフ改革の中で、ソ連企業は全体として、国家経済機関から指令されるだけの組織から、市場を目当てに活動する組織へと変容し始めたが、他面では国家の保護を求める傾向を示した。また、この変容過程において、国有企業の姿勢は初期には受身であった。その後、しだいに国有企業経営者は積極的に変化にコミットしていったが、一般従業員の多くは受身であり続けた。積極的に変化にコミットする国有企業経営者以外の個人は民間起業家となっていった。
　そして、「国有企業法」体制で想定されていた、社会主義市場経済（労働者自主管理を組み込んだ「規制される市場経済」）を支える労働者自主管理企業構想は流産した。

企業管理者選挙が実施され、労働集団評議会が選出された企業は、短期間の間に従業員数において国有企業全体の5％程度を占めるにいたった。続いて賃借企業が認められ、これも短期間の間に従業員数において就業者総数の6.4％を占めるようになった。

　しかし、労働者自主管理において一般従業員の管理への参加はほとんど実質化しなかった。その理由はひとつには、社会主義企業システムの特徴にあったろう。すなわち、自主管理の担い手と目された一般従業員は、ソ連社会主義企業システムのもとでは企業管理への意欲も能力も持つ機会がなかった。また、ソ連社会主義企業システムのもとでの企業管理にとっては、人脈（コネ）、非公式情報がきわめて重要であり、それは一般従業員にはないものであった。ゴルバチョフ時代のように、経済制度が常に変化し、マクロ経済状況が徐々に悪化し、社会状況が動揺していく状況の中では、なおさらそうであった。実際に労働者自主管理が企業の経済効率の向上、ひいては国民経済の成長をもたらすことはできず、むしろ経済混乱の原因のひとつと批判されることもあった。

　こうして、労働者自主管理企業というかたちで新たな社会主義企業システムを生き延びさせるという構想は潰えた。

　エリツィン時代の市場経済化過程で、社会主義企業の遺産は多面的な影響を転換過程に与えた。

　ソ連社会主義企業システムの基本特徴である国家による企業指導は意図的に放棄され、むしろ企業は強制的に「自由」にされたが、社会主義企業システムの派生的特徴であった国家・企業・従業員のパターナリズム的な関係、バーゲニング、闇経済的な諸関係の普及は、市場経済化の過程にも強く作用した。否定的な面ではそれは、ビジネスにおけるコネと犯罪の横行として現れた。肯定的な面ではそれは、企業も勤労者も補助金や闇経済に部分的に頼りながら生き延びさせ、移行のショックを和らげることができた。だが、それは同時に移行不況を長引かせたという側面もある。

　企業を国家の指導から離すために企業民営化が行われるさい、企業は勤労者のものという社会主義時代からのイデオロギーにそって、民営化企業は

いったん従業員支配の下に置かれるかにみえたが、それは一時的・形式的であった。多くの勤労者が貧困状態に陥り、労働運動も不活発であった。

プーチン政権下での企業システムのさらなる変容の過程にも、社会主義企業の基本的特徴、派生的特徴の影響が認められる。

エリツィン政権時代に経済の分野から退場した国家が、プーチン時代になって再び企業活動に直接介入し、資源産業を直接支配下におこうとしたとき、財閥は抵抗したが、世論はプーチン政権の味方をした。エリツィン政権時代の「ロシア型企業システム」のはらんだ問題性、資源産業のロシア経済にとっての圧倒的な重要性を考えると、プーチン政権の政策と、それに対する世論の肯定的反応には一定の合理性がある。しかし、それらは市場経済下の企業システムの性格をゆがめるものでもある。西側諸国の政財界からも批判の声があがっており、西側資本にロシアのビジネス環境への疑念が高まっている。

このような、またしてもロシア特殊的な政官財関係の成立は、社会主義時代に国家が経済全体を管理し、企業をも直接的に管理していたという経緯と無縁ではない。国民も、自身の生活困難の打開を国に依存して果たそうとしている。

問題2に関連して

1965年改革以後の経済改革は、管理における「経済的方法」の利用を志向したという意味で、市場経済的な要素の導入であったといえるが、それは実際には効率化にはつながらず、むしろバーゲニング、闇経済の浸透などをもたらす要因となった。その原因は、基本的に国家指令型の経済システム、企業システムのなかに、この「経済的方法」を組み込むことの失敗あるいは困難性にあった。

ゴルバチョフ時代における市場メカニズムの導入は、1965年改革以後の改革の遅滞の経験を踏まえ、ソ連の社会・経済全体の停滞を克服するために意図されたものであったが、結果的には、1980年代末にソ連経済を危機的情況に追い込む一因となった。また、一部の企業の活動を反社会的なものに

したり、また他の一部の企業の活動を国家支援以外に寄る辺ないものとした。

エリツィン政権下での市場経済化も全体として企業活動の効率化をもたらしはしなかった。マクロ経済統計が示す深く長い移行不況がそのことを明瞭に示している。企業活動はレント・シーキングに異常に傾斜し、ロシアの条件ではそれは経済全体の天然資源依存体質を従来以上に強めることになった。イノベーションの担い手となるべき中小企業の成長も遅滞した。

プーチン政権下では、企業は徐々に市場経済に適応しつつあり、適応できない企業は破産しつつある。その意味では企業の効率化が進んでいるといえる。しかし、資源産業以外に競争力ある産業は形成されておらず、中小企業の成長も遅滞しており、より自由な市場競争環境のもとで国民経済のバランスある発展を保障するような企業活動の効率化が進んでいるとはいえない。

問題3に関連して

ソ連の社会主義企業システムにおいては、一貫して国家主導の性格が極めて強かった。1965年以降の改革は、市場社会主義や自主管理社会主義への移行の契機をはらんでいたとはいえ、実質的な改革の経験をソ連はほとんど積んでいなかった。国家主導の企業システムを補完していたのは、パターナリズム、バーゲニング、闇経済といった非公式的な諸関係であった。国家主導的性格や非公式的な諸関係といった市場経済とは異質な諸特徴は、市場経済化後のロシア企業システムにはっきりとした痕跡を残していくことになる。

ゴルバチョフ時代の企業システムは、市場経済化ならびにそれに伴う困難と結びついており、したがって現在のロシアの企業システムとの関係では、それを市場経済化へと導き、同時に固有の困難性を付与した。

固有の困難性として指摘すべきなのは、次のようなことである。まず、第1に、レント・シーキング、非合法活動に傾斜する企業と、国家の保護に依存する企業の二極化が起こり、正常な企業活動が衰退し始めた。第2に、国有企業では経営陣によるインサイダー支配が広がった。第3に、マフィア、官僚との結合が民間起業の条件であった。

これらの困難性は、エリツィン時代に引き継がれ、「ノーメンクラツーラ・マフィア資本主義」を支える企業システムの特徴を形成していくことになる。

1965年改革からゴルバチョフ時代まで徐々に変容させられてきた社会主義企業システムは、エリツィン時代に市場経済下の企業システムへと本質的に転換したが、「ノーメンクラツーラ・マフィア資本主義」あるいは「オリガルヒ資本主義」を背景とした新たな企業システムにも多くの問題があり、その克服がプーチン政権の課題となった。

プーチン政権下でこのまま国が資源産業を支配下において資源産業偏重の産業構造を維持しようとし、他の産業の発展には支援を与えず、民間企業の活動に対して法の「選択的適用」を辞さない姿勢をとり続ければ、資源産業以外の産業の発展も、民間企業の健全な発展も進まないであろう。そのことは、ロシア経済にもロシア企業システムにも発展の展望を閉ざすものである。

以上のことから、本書の結論は以下のとおりである。

［結論1］ ソ連社会主義企業システムは、公式に認められていたような基本的特徴を1930年代以来有していたが、実際にはそれらと反するような派生的特徴をも有する矛盾したシステムであった。その矛盾を克服して社会主義企業システムの再生を図ったゴルバチョフ改革、市場経済に適合した企業システムへの大転換を図ったエリツィン改革、そして、エリツィン改革の否定的側面を克服しようとしたプーチン改革の過程で、ソ連社会主義企業システムの基本的特徴と派生的特徴は多面的な影響をソ連・ロシアの企業システムに刻印してきたが、それらの影響は全体として、マルクスが資本主義的生産様式の決定的な問題として指摘した労働疎外を抑制するようなものというには程遠い。むしろ、ソ連社会主義企業システムのゆがみと脆弱さの反映と思われるような現象が目立っている。ここには、20世紀社会主義の限界が明瞭に示されているということができよう。

［結論2］ 一般的に現代経済における市場メカニズムのもつ効率性は明ら

かであり、ゴルバチョフ政権の選択にも示されているように、市場メカニズムを使わずに企業の効率性を維持・向上することは、ほとんど無理といってよかろう。しかし、現実の社会にいつでも無制限に市場メカニズムを導入すればよいわけではない。エリツィン政権下のロシア企業システムの状況が示すように、国家の経済からの退場がただちに企業活動を効率化させるわけではない。この点については、とくに新制度派経済学の立場からの諸研究が移行経済全般に関連して論じてきたところである（青木・奥野，1996）が、本書は企業の変容過程を具体的に跡付けることによって、同様の結論に達した。

［結論3］市場経済化を経てもなお、ロシアの企業システムにはソ連型社会主義企業システムの基本的特徴、派生的特徴が残存しており、そのことがロシアの経済と企業システムの発展の展望に懸念をもたらしている。それは社会主義時代の慣習がまだ払拭されていないというだけの問題ではない。市場経済が正常に機能するためには、市場のルールが法その他一般に承認されている規範に即して定められ、遵守されねばならず、その遵守は最終的には国家の手によって強制されねばならないが、ロシアの場合、その国家の性格に問題がある。すなわち、国家が「法」を企業に強制しても、国家そのものが「法」を尊重しなければ、企業は遵法的ではありえない。その意味では、オレイニク（Олейник, 2002）が述べているように、民主的な国家なしに、市場経済と、市場経済に適合した企業の行動様式は確立しえないといえそうである。

ソ連・ロシア企業に関する実証研究としての本書から導き出せる結論は以上であるが、より幅広い関心にこたえるためには、さらに2つの問題に、仮説的にでも答えておくことが必要かもしれない。

(1) 上記の結論は、ロシアだけでなく移行経済諸国すべてに当てはまるのか？

結論1と結論2はほぼ当てはまると思われるが、結論3についてはそうではない。たとえばM. ウォーナーらの研究によれば、中東欧諸国（特にEU

加盟諸国）では、西側スタイルの市場経済が根付いており、「新しい経済的動機付けの体系が出来上がっており、今後いっそうの経済効率の向上が期待できる」。中国は「改革・開放」により目覚しい経済成長を遂げてきたが、政府・共産党により「社会主義市場経済」という理念で改革が規制されており、西側スタイルの市場経済に向かうかどうか定かでなく、社会主義計画経済時代からの負の遺産を含む諸問題（銀行部門の弱体、多くの不採算国有企業の温存、経済格差の拡大、社会不安など）を抱えている（Warner and others, 2005, pp.156-161）。

このような差異は、経済的要因（経済改革の「ビッグバン」か、漸進主義かなど）、政治的要因（共産主義政党の崩壊か、存続かなど）、社会的要因（所得水準、価値観など）から説明されている（Warner and others, 2005, pp.161-162）。

筆者はこのような差異を、社会主義の経験の深さと長さ、社会主義以前の経済・社会制度など、歴史的要因で説明したことがあるが（加藤、2001c、24頁）、それはウォーナーらのいう社会的要因に反映されていると言うことができる。だが、プーチン政権下のロシアを見ると、さらに天然資源の有無も要因として無視しえないように思われる（栖原、2004）。

(2) 上記の結論を、経営学一般に適応可能なようにあえて敷衍すると何が言えるのか？

本書が明らかにしたことから、次のように述べることが可能であろう。すなわち、市場的規律によって動く資本主義企業に対するアンチテーゼとして構想されたソ連社会主義計画経済下の企業は、社会的規律のみによって動かされようとした。ゴルバチョフ政権下での改革の試みを経たのちのエリツィン・ロシアでは、企業は社会的規律を免れ市場的規律のみに従うことを求められた。プーチン政権下の企業は、再び国家から社会的規律を与えられ始めたが、市場的規律と社会的規律の棲み分けは不明確で、企業は2つの規律の間で動揺している。

このような整理が許容されるとすれば、そこからわれわれは次の2つの教訓を導くことができよう。① 企業が利潤追求とは無関係に崇高な理念を追

求しうると考えたり、逆に、利潤しか考えない企業の活動の総体が「見えざる手」により社会の福利向上をもたらすというような想定は非現実的であること、そして ② 企業を市場的規律と社会的規律の両方で適切に規律づける方法を粘り強く模索することが重要であること。

　これらの教訓は、経営学全体にとっても意味のあるものであろう。

資　料

1　ロシアの企業家 …………………………………………………………………276
2　ロシアの10大企業グループ ……………………………………………………279
3　『フォーブズ』長者番付に登場するロシア人 …………………………………283
4　ロシア工業家・企業家同盟活動原則宣言 ……………………………………288
5　ロシア企業倫理憲章 ……………………………………………………………290

資料1　ロシアの企業家[1]

◎アレクペーロフ　V. Yu.（Алекперов, Вагит Юсфович 1950－　）
　アゼルバイジャン石油・化学大学卒業。1984－　石油・ガス採掘合同「コガルィムネフテガス」合同長。1990－1991　ソ連石油・天然ガス工業相副大臣。石油コンツェルン「ルークオイル」創設に参加し、民営化後に「ルークオイル」社長。

◎ヴィノグラードフ　V. V.（Виноградов, Владимир Викторович 1955－　）
　1979　モスクワ航空大学（MAI）卒業。1985－1988　ソ連建設銀行の経済専門家。1988　ソ連工業建設銀行の上級経済専門家。1988年10月－1998年11月　「インコムバンク」頭取。

◎ヴャーヒレフ　R. I.（Вяхирев, Рэм Иванович 1934－　）
　クイブイシェフ石油・ガス大学卒業。1983－1989　ソ連ガス工業省副大臣、1989－1992　国家ガスコンツェルン「ガスプロム」理事会副議長、1992－2001年「ガスプロム」理事会議長（加藤、2002a）。

◎エフトゥシェンコフ　V. P.（Евтушенков, Владимир Петрович 1948－　）
　1973　МХТИ（モスクワ化学技術大学）卒業、1980　モスクワ大学経済学部卒業、経済学修士。1982－　ソ連化学工業省の科学生産合同「ポリメールブイト」の技師長、のちに副合同長。1987　モスクワ市執行委員会の技術管理部長、1988－　モスクワ市執行委員会科学技術管理総局長。1990　株式会社МКNT（モスクワ市科学技術委員会）社長。

---

[1]　主として、«Современная политическая история России（1985－1998 годы)» том 2 による。◎は1997年末の10大企業グループ総帥。

1993　金融・産業にまたがる他部門の持株会社「システム」の創設に参加し、会長（プレジデント）に就任。

◎グーシンスキー　V. A.（Гусинский, Владимир Александрович 1952－　）
　1973　モスクワ石油化学・ガス工業大学、1981　国立劇場芸術大学卒業。トゥーラ市で劇場監督として勤務。1986　生産協同組合「メタル」を設立。1988　コンサルティング・情報サービス協同組合「インフェクス」設立。1989　合弁企業「モスト」の設立者の一人。1989年10月「モスト銀行」頭取（プレジデント）。1992　株式会社「モストグループ」社長。1997－　持株会社「メディアモスト」会長。2000年11月　詐欺容疑で検察庁から出頭を求められ、海外逃避（加藤、2002）。

ブカート　V. I.（Букат, Виктор Шванович 1939－　）
　1966　ソ連ゴスバンク会計・信用専門学校、レニングラード金融経済大学卒業。1979－1987　ソ連建設銀行理事会副議長、第1副議長。1987－1990　「ジルソツバンク」（住宅・公共経営・社会発展銀行）理事会議長。1990－1991　「ソツバンク」（社会発展株式商業銀行）理事会議長。1991－1998　「モスビジネスバンク」（企業活動支援モスクワ株式銀行）取締役会議長。経済学博士。

フョードロフ　S. N.（Федоров, Святослав Николаевич 1927－2000）
　1952　ロストーフ医科大学卒業。1979－1986　眼科微細手術研究所長。1986－　MNTK（部門間科学技術コンプレクス）「眼科微細手術」会長。1989　ソ連共産党枠でソ連人民代議員に当選し、「地域間代議員グループ」に所属。1992－　「ロシア賃借企業家・企業家同盟」共同議長。1991－1993　ロシア大統領最高顧問会議メンバー。1995－　「勤労者自主管理党」最高会議議長。1995－　下院議員。医学博士（http://www.mntk.spb.ru/1a.shtml）。

◎フリードマン　M. M.（Фридман, Михаил Маратович 1964－　）
　モスクワ鉄鋼・合金大学を卒業し、鉄鋼工場で技師（constructor）として勤務。1988年に協同組合「アルファ・フォト」で企業活動に従事。1991年から「アルファ銀行」取締役会議長、その後、「アルファ」グループ取締役会議長。

ベフ　N. I.（Бех, Николай Иванович 1946－　）
　1969　キエフ工科大学卒業。1984－1986　建設中であった「カマ・トラクター工場」（エラブガ市）の工場長。1987－　生産合同「カマス」（カマ自動車工場）の合同長。1989－1991　ソ連人民代議員。1991　ソ連大統領直属の「企業家会議」会員。1991－1997　株式会社「カマス」会長（プレジデント）、社長。1992－1994　ロシア政府「産業政策会議」副議長。1992－　ロシア工業家・企業家同盟副総裁、「国民発展銀行」監事会員、「ロシア財界円卓会議」調整会議会員、社会・政治クラブ「レアリスト」会員。1995－1998　「カマス」と「アフト・ヴァス」（ヴォルガ自動車工場）をまとめる「ヴォルガ・カマ金融・

産業グループ」の共同議長。1997－　モスクワ市長ならびにモスクワ市政府の産業政策担当顧問。1997－　「カマス」取締役会議長。1998－　株式会社「ジル」（「リハチョーフ記念工場」）監査役会員。2000－　モスクワ政府付属「産業政策合同会議」副議長。2001－　公開型株式会社「モスクワ管理金融会社」社長。2001－2002　株式会社「シブール」（「シベリア・ウラル石油・ガス化学会社」）副社長。2002－2003　公開型株式会社「クルガン機械工場」取締役会議長。2003－　公開型株式会社「ズヴェズダー・エネルゲーチカ」（エネルギー産業用機械製造企業）社長。工学博士候補（http://www.energostar.com/news08-2003.html）。

◎ベレゾーフスキー B. A.（Березовский, Борис Абрамович 1946－　）
　1967　モスクワ林業化学大学電子工学・計算・意思決定技術学部卒業。1970－　科学アカデミー管理問題研究所研究員。1989－　協同組合のちに株式会社「ロゴVAZ」社長。1994－　株式会社「AVVA」（「全ロシア自動車アライアンス」）社長。1995－　株式会社「ロシア公共テレビ」（ORT）取締役会議長。1996　株式会社「シブネフチ」（石油会社）の民営化に伴い、これを支配下に収め、取締役就任。1996－1997　ロシア保安会議副書記。1997－1998　ロシア大統領相談役。1998－1999　CIS執行書記。1999　最高検察庁から、「アエロフロート事件」に関連して「不正な企業活動」と「マネー・ロンダリング」の嫌疑で召喚状。1999－2000　下院議員。2000　「ロシア公共テレビ」の持株売却、海外逃避。2001　「アエロフロート事件」で最高検察庁から指名手配される。2002　最高検察庁、「アフトVAZ」（自動車製造企業）での詐欺の嫌疑で逮捕状を出し、イギリス政府に強制送還を要請。（Hoffman, 2002, pp. 141-145. http://www.aksnews.ru/oligarh/3/3642.html. 加藤、2002、108頁。http://www.kompromat.flb.ru/name.phtml?fam=9. http://www.kompromat.flb.ru/material1.phtml?id=3199 ）。

◎ポターニン V. O.（Потанин, Владимир Олегович 1961－　）
　1983　モスクワ国際関係大学卒業。1983－　ソ連貿易省の貿易公団「ソユースヒムエクスポルト」勤務。1990－1991　コメコン銀行勤務。1991－　貿易協会＝公開型株式会社「インテルロス」（1994－　金融産業グループ「インテルロス」）会長（президент）。1993－　「オネクシム銀行」頭取。1996－1997　ロシア連邦第一副首相。

◎ホドルコーフスキー M. B.（Ходорковский, Михаил Борисович 1963－　）
　1986　モスクワ化学技術大学卒業。1988　国民経済大学卒業。1986－1987　モスクワ市コムソモールのフルンゼ地区副書記。1987－1989　青年科学技術創造センター（NTTM）と青年イニシャチブ基金の指導者。1989－1990　住宅・社会発展銀行の支援を受けてNTTMによって設立された「科学技術進歩のための商業イノベーション銀行」頭取。1990－1991　NTTMと「科学技術進歩のための商業イノベーション銀行」を基礎に設立された銀行連合「メナテプ」（部門間科学技術プログラム）社長。1991－　金融・信用企業連合「メナテプ」取締役会議長。1993　ロシア連邦燃料・エネルギー省副大臣。1996－　石油会社「ユコス」取締役会議長。1997－　「ロスプロム・ユコス」社合同理事会議長。

2003年10月、脱税で逮捕、2005年2月、実業界から引退を宣言（『朝日新聞』2004年12月20日号、2005年2月5日号）。

◎マルキン　V. B.（Малкин, Виталий Борисович 1952－　）
　ウラル総合技術大学卒業。工学修士。モスクワ交通大学（MIIT）付属研究所勤務。1989年　計算機開発のコーペラチーフを設立。1990－　「ロシースキー・クレジット銀行」設立者の一人で、頭取。

マンツーロフ　V. N.（Мантулов, Вадим Николаевич）
　10年生中学卒業後、運転手等。1987　ハバロフスク市で協同組合を設立して議長。1989　国有企業「ダリエネルゴマーシ」（エネルギー機械製造企業、ハバロフスク市）の木材加工職場を賃借。1994－1998　公開型株式会社「ダリエネルゴマーシ」社長。経営学修士（MBA）（1994年7月21日同氏より聞き取り。«Тихоокеанская звезда» 22 августа 200г.）

ミローノフ　A.（Миронов, Александр ,?－1995）
　1980年、モスクワの党地区委員会指導者。1987－　国有企業「MOVEN」（モスクワ換気扇工場）企業長。1988　従業員とともに協同組合を設立し、（1989？）省と買取権付賃貸契約を締結。1990年ごろ　閉鎖型株式会社に改組。1990年代初め、最も成功したロシア企業家50人の一人に数えられる。1995　殺害される（会社幹部を首謀者とする契約殺人）（Tikhonov (1995). http://www.mega.kemerovo.su/WEB/HTML/8910.HTM）。

資料2　ロシアの10大企業グループ（1997年末時点で最有力）[2]

「ガスプロム」
［特徴］：1a型。産業・金融グループ。中核は天然ガス採掘・輸送・販売企業「ガスプロム」。グループ内に「ガスプロム銀行」等の金融機関がある。
［1997年末まで］：1989年8月、天然ガス工業省の管轄下にあった諸企業をベースに国有コンツェルン「ガスプロム」が設立された。1992年11月に「ガスプロム」は、ロシア株式会社「ガスプロム」という名称で公開型株式会社となった。1997年末時点で、40％の株式が国家に帰属。ロシアの天然ガス部門をほぼ独占し、「ガスプロム」社は世界最大の天然ガス採掘企業。
［金融危機後］：ヨーロッパ、トルコへの天然ガス輸出のプロジェクトを進展させ、化学、鉄鋼、冶金の有力企業を獲得。ロシア第1位の経済力を有する。

[2]　情報源は、主としてПаппэ, 2000. Паппэ, 2000にはほかに、各企業集団の傘下企業リスト（1997年末と1999年末、邦訳266-269頁）、ロシア各産業における地位（邦訳276頁）、中央政界との関係（277-278頁）などを示す具体的データが挙げられている。

［経営者］：1989年に国有コンツェルン「ガスプロム」の理事会（правление）議長となったのは、天然ガス工業相であったチェルノムィルジン（В. С. Черномырдин, 1992−1998 首相）。1992年にヴャーヒレフに交替、さらに2001年5月からミレル（Алексей Миллер）。

「ルクオイル」
［特徴］：1a型。産業・金融グループ。同名の石油会社を中心として形成されている。グループ内に「インペリアル銀行」（1999年破産）、「ソブイン銀行」などがある。
［1997年末まで］：1991年にソ連石油工業省管轄下の7つの石油関連企業を含む国有コンツェルンとして「ルクオイル」が設立された。1994年から民営化され、その結果、国家の手には26.6％のブロック株が残った。石油採掘量を拡大すると同時に、旧ソ連諸国、その他の諸外国でのガソリンスタンド網の構築、石油パイプライン敷設などの事業を進めた。
［金融危機後］：石油関連事業を引き続き拡大し、石油採掘規模で世界屈指。ロシア第2位の経済力。
［経営者］：社長はアレクペーロフ。

「インテルロス＝オネクシム」
［特徴］：1b型。金融・産業グループ。グループの中心は1998年春までは「オネクシム銀行」、その後は持株会社「インテルロス」である。グループ内に、石油会社「シダンコ」、「ノリリスク・ニッケル」など資源関連企業がある。
［1997年末まで］：「オネクシム銀行」は1993年4月に登記された。30以上の外国貿易公団が短期間のうちに同行の株主および顧客となった。グループは、1995年末の「担保競売」プロジェクトに参加し、その結果、「シダンコ」、「ノリリスク・ニッケル」、「ノヴォリペーツク冶金コンビナート」などを支配下におさめた。
［金融危機後］：「オネクシム銀行」は活動を停止したが、「ロス銀行」が設立され、それが「オネクシム銀行」の資産と業務を引き継いだ。「シダンコ」は1999年1月に破産手続き開始。
［経営者］：「インテルロス」会長はポターニン。

ホドルコーフスキー「帝国」
［特徴］：1b型。元々「メナテップ銀行」を中心に形成されており、金融・産業グループであったが、1997年に石油会社「ユコス」がグループの中核企業となり、産業・金融グループへ転換した。
［1997年末まで］：1988年に「メナテップ銀行」設立。1995年の「担保競売」では石油会社「ユコス」を獲得、1997年の民営化入札で「東方石油会社」を獲得した。民営化過程で石油産業以外でも多数の工業企業を獲得し、1995年に傘下工業企業の管理を行う会社として「ロスプロム」を設立。公開型株式会社「アパチト」（燐灰石）を中心とする鉱物肥料生産が有力。

［金融危機後］:「メナテップ銀行」は活動を停止し、「メナテップ・サンクトペテルブルク銀行」と「信託投資銀行」が「メナテップ銀行」の支店網と業務の多くを引き継いだ。2003年10月、脱税を指摘されて巨額追徴課税を受け、2004年12月にグループ解体(『朝日新聞』2004年12月20日号、2005年1月24日号)。
［経営者］「ロスプロム・ユコス」合同理事会議長はホドルコーフスキー。

「インコム銀行グループ」
［特徴］: 2b型。グループの中心は「インコム銀行」であり、このグループは金融・産業グループである。グループ内に「サメコ」(アルミニウム製造企業)がある。
［1997年末まで］: 1988年11月にインコム銀行登記。1994年から金融危機まで、民間銀行の中では資産規模で第1位か第2位。金属、ハイテク機械工業、食品工業などの大企業に資本参加。
［金融危機後］:「インコム銀行」は破産。グループ解体。
［経営者］「インコム銀行」頭取はヴィノグラードフ。

ベレゾーフスキー=スモレーンスキー「帝国」
［特徴］: 2d型。グループの中心はB.ベレゾーフスキー(自然人)である。金融・産業・メディアグループであり、中核企業は、「オブエジニョンヌィ・バンク」、「SBSアグロ銀行」、石油会社「シブネフチ」、「アエロフロート」、「ORT」(ロシア公共テレビ)など。
［1997年末まで］: このグループは、「ロゴVAZ」グループ、銀行グループ「SBS－アグロ」、石油会社「シブネフチ」の3つの構成要素から成っている。
　「ロゴVAZ」グループは、1989年ベレゾーフスキーが「VAZ」(「ヴォルガ自動車工場」)製の自動車販売会社として「ロゴVAZ」社を設立したことに始まる。グループは多角化し、「オブエジニョンヌィ・バンク」、「アエロフロート」、「ORT」などを傘下におさめた。
　1996年ごろから、スモレーンスキーの率いる「SBS銀行」(のちに「SBSアグロ銀行」)がグループに加わった。1996年、担保競売により、「シブネフチ」の支配株がR.アラーモヴィチとベレゾーフスキーによって買い取られた。
［金融危機後］:「SBSアグロ銀行」破産。「ロゴVAZ」グループはメディアに特化。ベレゾーフスキーのメディア・グループとアブラーモヴィチの「シブネフチ」が残ったが、両者の関係は希薄化。ベレゾーフスキーが2000年11月に海外逃避、2001年「ORT」株を売却して、この企業グループは消滅した(加藤、2002、108頁)。

「ロシースキー・クレジット銀行グループ」
［特徴］: 1b型。グループの中心は「ロシースキー・クレジット銀行」であり、グループは金融・産業グループである。「トゥーラチェルメット」(製鉄会社)などを傘下に持つ。
［1997年末まで］: 1990年「ロシースキー・クレジット銀行」設立。国有企業民営化過程で、主として鉄鋼業の有力企業を傘下に収めた。
［金融危機後］:「ロシースキー・クレジット銀行」はARKO(金融機関再建庁)の管理下

に入った。「トゥーラチェルメット」は売却された。
[経営者]：「ロシースキー・クレジット銀行」頭取はマルキン。

「アルファ・グループ・コンソーシアム」

[特徴]：1b型。グループの中心は「アルファ銀行」であり、グループは金融・産業グループである。「チュメニ石油会社」を傘下に持つ。
[1997年末まで]：1988年、商社「アルファエコー」設立。その後「アルファ銀行」、投資会社「アルファキャピタル」も設立され、1997年夏までは金融と流通がグループの主要な事業であった。1997年夏に投資入札でチュメニ石油会社（TNK）を支配下におさめ、石油部門への進出に成功した。
[金融危機後]：グループの地位向上。
[経営者]：「コンソーシアム」の取締役会議長はフリードマン。

「モスト・グループ」

[特徴]：1b型。1997年までグループの中心はモスト銀行であり、グループは金融・メディアグループであった。1997年にグループの中心が「メディア・モスト」持株会社に移行し、メディア・金融グループとなった。「メディア・モスト」は、テレビ局「NTV」や「セヴォードニャ」紙をもつ。
[1997年末まで]：1990年、有限会社「モスト・グループ」設立。1991年の時点では、有力な卸売業者として有名。1991年、モスト銀行登記。1993年、ロシア初の全国ネットの民間テレビ会社「NTV」設立。1995年、出版社「セーミ・ドゥネイ」（新聞『セヴォードニャ』、雑誌『イトーギ』など）設立。1997年、持株会社「メディアモスト」設立。
[金融危機後]：金融危機直後に「モスト銀行」が経営困難に陥ったが、中央銀行の融資獲得に成功。2000年、連邦政府との関係が悪化し、「モスト銀行」の破産手続き開始、NTVは「ガスプロム」の所有へ。グループ消滅。
[経営者]：グーシンスキー（1991－1997年「モスト銀行」頭取、1997－2000年「メディアモスト」取締役会議長）。

「金融株式会社『システム』」

[特徴]：1b型。産業・金融グループである。中心は明確でない。筆頭企業は株式金融会社「システム」であり、ガソリンスタンド・チェーン「ケードルM」、MGTS（モスクワ市電話網）などが傘下にある。
[1997年末まで]：1993年、金融・産業にまたがる多部門の持株会社「システム」設立。モスクワ市政府の支援を受けていると見られる。
[金融危機後]：金融危機で被害をこうむらなかった。携帯電話会社MTSの獲得に成功し、電子産業への進出も進んでいる。
[経営者]「システム」の取締役会議長はエフトゥーシェンコフ。

資料3　フォーブズ長者番付に登場するロシア人（1997－2005）

1997年		
順位	氏名	財産（100万ドル）
102	B. ベレゾーフスキー	3,000
141	M. ホドルコーフスキー	2,400
201	V. アレクペーロフ	1,400
224	R. ヴャーヒレフ	1,100
231	V. ポターニン	700
243	V. グーシンスキー	400

（出典）　*Forbes*, July 28, 1997. http://www.forbes.com

1998年		
順位	氏名	財産（100万ドル）
195	V. ポターニン	1,600

（出典）　*Forbes*, July 6, 1998. http://www.forbes.com

1999年、2000年
該当者なし

（出典）　*Forbes*, July 5, 1999; July 3, 2000. http://www.forbes.com

2001年		
順位	氏名	財産（100万ドル）
194	M. ホドルコーフスキー	2,400
272	V. ポターニン	1,800
312	V. ボグダーノフ	1,600
336	R. ヴャーヒレフ	1,500
363	R. アブラーモヴィッチ	1,400
387	V. アレクペーロフ	1,300
387	M. フリードマン	1,300
452	V. チェルノムィルジン	1,100

（出典）　*Forbes*, July 9, 2001. http://www.forbes.com

2002年		
順位	氏名	財産（100万ドル）
101	M. ホドルコーフスキー	3,700
127	R. アブラーモヴィッチ	3,000
191	M. フリードマン	2,200

234	V. ポターニン	1,800
277	V. ボグダーノフ	1,600
327	V. アレクペーロフ	1,400
413	O. デリパスカ	1,100

（出典）　*Forbes*, March 18, 2002. http://www.forbes.com

2003 年		
順位	氏名	財産（100 万ドル）
26	M. ホドルコーフスキー	8,000
49	R. アブラーモヴィッチ	5,700
68	M. フリードマン	4,300
147	V. ヴェークセリベルク	2,500
222	V. ポターニン	1,800
256	M. プローホロフ	1,600
278	O. デリパスカ	1,500
278	V. エフトゥシェーンコフ	1,500
329	V. アレクペーロフ	1,300
348	A. モルダショーフ	1,200
386	L. ネヴズリン	1,100
386	E. シュヴィードレル	1,100
427	V. ボグダーノフ	1,000
427	M. ブルードノ	1,000
427	V. ドゥーボフ	1,000
427	P. レーベデフ	1,000
427	V. シャフノーフスキー	1,000

（出典）　*Forbes*, March 17, 2003. http://www.forbes.com

2004 年		
順位	氏名	財産（100 万ドル）
16	M. ホドルコーフスキー	15,000
25	R. アブラーモヴィッチ	10,600
73	M. フリードマン	5,600
85	V. ポターニン	4,900
90	M. プローホロフ	4,800
124	V. リーシン	3,800
136	A. モルダショーフ	3,500
143	O. デリパスカ	3,300
143	V. ヴェークセリベルク	3,300

186	V. アレクペーロフ	2,700
277	L. ネヴズリン	2,000
310	M. ブルードノ	1,800
310	V. ドゥーボフ	1,800
310	P. レーベデフ	1,800
310	V. シャフノーフスキー	1,800
342	V. ボグダーノフ	1,700
377	V. エフトゥシェーンコフ	1,500
406	G. ハン	1,400
437	L. フェドゥン	1,300

(出典) *Forbes*, March 15, 2004. http://www.forbes.com

2005年				
順位	氏名	財産（100万ドル）	業界（関係の企業）	年齢
21	R. アブラーモヴィチ	133,000	石油（石油会社「シブネフチ」、英国投資会社「ミルハウス・キャピタル」）	38
60	M. フリードマン	7,000	石油・天然ガス（アルファ・グループ、石油会社TNK）	40
60	V. リーシン	7,000	鉱業、林業（「ノヴォリペーツク鉄鋼会社」）	48
84	O. デリパスカ	5,500	製造業（持株会社「バーゾヴィ・エレメント」、「ロシア・アルミニウム」、自動車会社GAZ、航空機製造企業「アヴィアコル」）	36
94	V. ヴェークセリベルク	5,000	石油・金属（ヴラジーミル・トラクター工場、アルミニウム企業「SUAL持株会社」、石油会社TNK）	47
107	A. モルダショーフ	4,800	製造業（鉄鋼会社「セーヴェルスターリ」）	39
117	V. ポターニン	4,400	鉱業、林業（持株会社「インテルロス」、「ノリリスク・ニッケル」、通信会社「スヴャジ・インヴェスト」、米国プラチナ・パラジウム精錬会社「スティルウォーター・マイニング」）	44

117	M. プローホロフ	4,400	鉱業、林業（持株会社「インテロス」、「ノリリスク・ニッケル」、）	39
122	V. アレクペーロフ	4,300	石油・天然ガス（石油会社「ルクオイル」、米国「ゲッティ」ガソリンスタンドチェーン、）	54
151	V. ラシニコフ	3,600	鉱業、林業（マグニトゴルスク鉄鋼工場、）	56
258	V. エフトゥシェーンコフ	2,400	テクノロジー（持株会社「システム」、携帯電話会社 MTS）	56
272	A. アブラーモフ	2,300	鉱業、林業（持株会社「ユーラスホールディング」、）	46
272	V. ボグダーノフ	2,300	石油・天然ガス（石油・天然ガス会社「スルグトネフテガス」、）	53
292	M. ホドルコーフスキー	2,200	石油・天然ガス（「メナテップ」グループ）	41
306	G. ハン	2,100	石油、銀行業（天然資源輸出会社「アルファエコ」、石油会社 TNK）	43
306	N. ツヴェトコーフ	2,100	石油・天然ガス（投資会社「ニクオイル」、石油会社「ルクオイル」、「ウラルシベリア銀行」）	44
321	L. フェドゥン	2,000	石油・天然ガス（石油会社「ルクオイル」）	48
366	A. ウスマーノフ	1,800	鉱業、林業（ウィリー鉄鋼投資会社、英国 Corus 社、オスコーリスク鉄鋼会社、レベジンスク鉄鉱・精錬会社）	51
413	A. クズミチョーフ	1,600	石油・天然ガス（天然資源輸出会社「アルファエコ」、「アルファ・ファイナンス・ホールディング」、ベンチャーファンド「ロシア・テクノロジー」）	42
413	P. レーベデフ	1,600	金融（「ナショナル・リザーブ銀行」、電力会社「統一エネルギーシステム」、天然ガス会社「ガスプロム」）	45
413	I. マフムードフ	1,600	鉱業、金属（非鉄金属持株会社「UGMK グループ」）	42

資　　料　287

437	V. イオーリッチ	1,500	鉱業、林業（鉄鉱グループ「メチェル」）	46
437	I. ジュージン	1,500	鉱業、林業（鉄鉱グループ「メチェル」）	44
507	E. バトゥーリナ	1,300	エンジニアリング、建設（エンジニアリング・建設会社「インテコ」）	42
548	A. メリニチェーンコ	1,200	多角的（「MDM銀行」）	33
548	S. ポポーフ	1,200	多角的（「MDM銀行」）	33

（出典）　http://www.forbes.com

2005年（日本）

順位	氏名	財産（100万ドル）	業界（役職）
77	佐治信忠と一族	5,800	飲料（サントリー社長）
80	福田吉孝と一族	5,600	金融（アイフル社長）
84	武井保雄と一族	5,500	金融（武富士会長）
103	糸山英太郎	4,900	不動産（新日本観光社長）
111	毒島邦雄と一族	4,700	ギャンブル・レジャー（SANKYO会長）
111	木下恭輔と一族	4,700	金融（アコム会長）
117	岩崎福三	4,400	不動産（岩崎産業）
122	孫正義	4,300	ソフトウェア（ソフトバンク会長）
149	堤義明	3,700	不動産（コクド元会長）
170	森章	3,200	不動産（森トラスト社長）
170	柳井正	3,200	小売（ファーストリテイリング会長）
203	伊藤雅俊	2,900	小売（イトーヨーカドー名誉会長）
228	重田康光	2,600	ソフトウェア（光通信会長）
228	滝崎武光	2,600	製造（キーエンス社長）
272	船井哲良	2,300	製造（船井電機社長）
272	吉田忠裕	2,300	製造（YKK社長）
292	神内良一と一族	2,200	金融（プロミス最高顧問）
366	山内溥	1,800	ソフトウェア（任天堂相談役）
387	岡田和生	1,700	ギャンブル・レジャー（ARUZE会長）
437	福武總一郎と一族	1,500	サービス（ベネッセ会長）
488	大島健伸	1,400	金融（SFCG（商工ファンド）社長）
507	盛田英粮と一族	1,300	メディア・エンターテインメント（盛田グループ総帥）

| 548 | 真淵健一と一族 | 1,200 | 製造（マブチモーター名誉会長） |
| 584 | 韓昌祐 | 1,100 | ギャンブル・レジャー（マルハン会長） |

（出典）http://www.forbes.com

資料4　ロシア工業家・企業家同盟活動原則宣言

2002年10月18日理事会採択
(http://www.rsppr.ru)

ロシア工業家・企業家同盟とは
　ロシア工業家・企業家同盟は、自主性と責任に基づき、すべての者のために平等で透明な行動諸原則に基づく効率的・安定的な市場経済の建設のために、実業界の代表たちの努力を結集する。
　われわれは、発達した市民社会の諸制度を持った強力な民主主義国家の支持者である。
　われわれは、社会に責任を負い、人格・財産の権利を擁護するような権力のパートナーである。
　われわれは、個人のイニシャチヴの発展、個人が自分の事業に従事する可能性を支持する。個人のイニシャチヴの解放と個人の自由こそが、ロシアの未来への突進を保障する。

ロシア工業家・企業家同盟の課題
　われわれの課題は、わが国の経済発展のための諸原則を明確にし、経済改革を行い、ロシアの経済的発展を保障することである。実業界の参加なしには、この課題は実現できない。
　われわれの課題は、実業界を自主的に組織化し、それを連邦・地方のレベルで影響力ある勢力にすることである。
　われわれの課題は、実業界と権力との間の建設的な関係を確保し、ロシア実業界の共通利益を擁護し、ロシアと世界においてロシア企業の肯定的イメージを確立することである。

　課題解決、目的達成のために、われわれは以下のことを行う

権力と協調する
　ロシア工業家・企業家同盟は、財界と権力の間の建設的関係、信頼が、社会の安定、予見可能性、経済成長の確保の条件であると考える。
　われわれは、国家と実業界の協調は同権的基礎の上に築くべきものと確信する。ロシア社会における国家の役割は厳密に範囲を定められるべきである。国家権力は、合法性と法秩序の確保において有能、厳格であることが必要である。権力は対話をいやがらず、世論

を考慮しつつ、すべての人々のための平等な条件を作り出し、保障すべきである。
　われわれは、財産の不法な占有のための権力の利用、汚職、ならびに実業界と国家権力の癒着とたたかうであろう。

　実業界内部の相互関係を変える
　ロシア工業家・企業家同盟は、市場経済下で実業界が正常に発展するためには、すべての企業にとって平等な具体的諸条件、労働の質の向上のための一致した職業要件、賃金労働者との調整された関係、労働組合その他の利害関係組織に対処するための単一の機関が存在せねばならないことを、あらためて確認する。企業倫理、コーポレート・ガヴァナンス、企業活動基準などの概念に関してはわれわれはもっと検討せねばならない。

　社会的パートナーシップを発展させる
　ロシア工業家・企業家同盟は責任ある事業活動を支持する。
　われわれは、すべてのレベルの雇用者、ロシアのすべての地方の大企業・中小企業の経営者、産業別同盟、企業連合を結集する。
　われわれは、労働関係分野では、パートナーシップの原則に基づいて、労働組合連合、執行権力機関との相互関係を打ち立てる。
　われわれは、三者委員会の活動への雇用者、雇用者団体の参加を支持し、この活動を、経済政策の形成、立法活動への実業界の代表者たちの公式な参加の重要な形態であり、労働組合、国家権力機関との相互関係における自己の合法的利益の公然たる主張を可能にするものとみなす。

　他の社会団体と協力する
　ロシア工業家・企業家同盟は、社会の重要問題——教育、年金、住宅・公共事業、環境など——の解決は、市民社会の諸機関の参加なしには不可能であると考える。われわれは、市場経済、世界経済への統合、社会のいっそうの自由化、国家利益に対する人権の優越などを意義あるものと考えており、このような問題関心、価値観を共有する他の社会団体と協力する。
　われわれは社会団体であって、政党ではなく、政治権力を目指さない。同時にわれわれは、ロシアの利益を守ることのできる政治勢力を支持してきたし、今後もそうするであろう。われわれは、多数の産業部門別の工業家同盟、中小企業同盟とパートナーを組んで、わが国の安定した経済発展のための単一の陣地を築くことができるであろう。

　積極的な地方政策を行う
　われわれが経験から知るところによれば、地方権力機関に対する実業界の陣地をモスクワから築くことはできない。それはロシア工業家・企業家同盟地方支部の課題である。それらの支部は、最大限の情報、組織的・政治的支持を得て、地方の経済政策策定のセンター、地方実業界の結集点となるはずである。

国際活動を行う

　ロシアの企業活動の世界経済への統合、ロシア製品販売のための在来市場の維持と新市場の探索、わが国に外国からの投資を引き寄せるための条件の整備は、対外政策のアクチュアルな課題であると、ロシア工業家・企業家同盟は認める。われわれは、ロシア人も外国人も含むすべての企業家のロシアでの活動を支持する。

　われわれは、米国、EU、アジア太平洋地域、CIS、その他の地域の実業界の代表と対話しつつ、自己の路線を推進しており、今後も推進するであろう。

　WTO加盟は祖国の経済のいっそうの発展のための手段であることを、われわれは特に強調する。

資料5　企業倫理憲章

　　　　　　　　　　　2002年10月18日　ロシア工業家・企業家同盟理事会承認
　　　　　　　　　　　2002年10月9日　ロシア工業家・企業家同盟常任理事会採択
　　　　　　　　　　　　　　　　　　　　　（http://www.rsppr.ru）

　ロシア実業界の代表である、われわれロシア工業家・企業家（雇用者）同盟の会員は、

・法治社会の基礎の確立と効率的な市場経済の発展は、同権と公正競争に基づく企業間関係の安定したシステムの樹立なしには不可能であることから出発し、

・ロシアにおける市場経済化の運命に関する自己の責任を認識し、わが国とロシア社会の優先的利害に導かれ、

・自己の行動と決定において、一般に認められた道徳原則と思想規範を遵守しつつ、

　自己の企業活動の実践において、以下のような企業倫理規範に従う義務を自発的に引き受ける。

1．秩序正しさ、公正さ、自己のパートナー・ライバルとの関係における正直さの原則に立脚しつつ、企業活動を行う。

2．所有制度の基礎の強化に協力し、所有制度の諸原則を侵すような行為を行わない。

3．法律の真の意味を尊重し、法規範の精神に合致しないような解釈の適用を避け、企業倫理規範と両立しない目的の追求のために公的な諸手続きを利用しない。

4．社会的緊張を強めるような行為を行わない。

5．自社の企業目的の追求のために、裁判所、司法機関、その他の公的機関の決定に不法な影響力を行使しない。

6．自己のライバル企業とは敬意を持って付き合い、不法な闘争形態に頼らず、企業倫理に合致する正しい方法のみを利用する。

7．自社の倫理的評価、ならびにロシア実業界全体の評価の維持に配慮し、明らかに虚偽の情報や、検証されていない情報を、直接または第三者を通じて流布することを避ける。

8．利害関係者間の紛争が起きた場合には、交渉を通じて紛争を解決し、ロシア工業家・企業家同盟付属企業倫理委員会が提供する裁判所外での紛争解決メカニズムを利用する。ロシア工業家・企業家同盟付属企業倫理委員会の決定を尊重する。

ソ連邦・ロシア略年表

年月	事項
1914年	第1次世界大戦参戦。
1917年3月	二月革命で帝政倒れる。
11月	十月革命でレーニンを首班とする政権誕生。
1918年1月	ロシア・ソビエト連邦社会主義共和国成立。
2月	土地社会化法公布。
3月	ブレスト・リトフスク講和条約締結で、第1次世界大戦から離脱。
6月	内戦・干渉戦開始。工業企業の全面的国有化を決定。
1921年3月	新経済政策(ネップ)への移行決定(第10回ロシア共産党大会)。
1922年12月	ソビエト社会主義共和国連邦(ソ連邦)が成立。
1924年1月	レーニン死去。
1925年12月	社会主義工業化方針を決定(第14回全ソ共産党大会)。
1927年12月	農業集団化を決定(第15回全ソ共産党大会)。反対派を除名し、スターリン独裁体制へ。
1928年10月	第1次5カ年計画開始(〜32年)。
1929年10月	世界大恐慌始まる。
1936年12月	新憲法制定(「スターリン憲法」)。
1939年9月	第2次世界大戦始まる。
1940年7月	バルト三国をソ連邦に併合。
1941年6月	独ソ戦開始。
1945年9月	第2次世界大戦終結。
1949年1月	ソ連邦と東欧5カ国コメコン(経済相互援助会議)創設(〜91年6月解散)。
1953年3月	スターリン死去。
9月	フルシチョフ党第1書記に就任。
1955年5月	ソ連邦と東欧7カ国がワルシャワ条約機構(WTO)を創設(〜91年7月解散)。
1956年2月	ソ連邦共産党第20回大会(フルシチョフがスターリン批判の秘密報告)。
1961年4月	ボストーク1号でガガーリンが人類最初の宇宙飛行。
1962年9月	『プラウダ』にリーベルマン論文「計画・利潤・報奨金」掲載。
1964年10月	フルシチョフ第1書記解任。後任にブレジネフ、首相にコスイギン就任。

1965年9月	党中央委員会総会でコスイギンが経済改革を報告（コスイギン改革）。社会主義国有生産企業規程。
1968年8月	ワルシャワ条約機構5カ国軍チェコスロヴァキアに侵攻（「プラハの春」の弾圧）。
1977年10月	新憲法制定（「ブレジネフ憲法」）。
1982年11月	ブレジネフ死去、後任書記長にアンドロポフ選出。
1983年6月	労働集団法採択。
1984年2月	アンドロポフ死去、後任書記長にチェルネンコ選出。
1985年3月	チェルネンコ死去、後任書記長にゴルバチョフ選出。
4月	党中央委員会総会でゴルバチョフが経済の加速化を主張。
5月	反アルコール・キャンペーン開始。
1986年2月	第27回党大会（「新思考」提唱、綱領新稿・規約を採択）。
4月	チェルノブイリ原発事故。
6月	ソ連最高会議、第12次5カ年計画（1986－1990年）決定。
7月	ゴルバチョフのハバロフスク演説（ペレストロイカ路線への転換）。
8月	党・政府協同決定「貿易管理制度の改善に関する諸措置について」（1987年1月施行）。
11月	「個人労働活動法」制定（1987年5月施行）。
1987年1月	ソ連閣僚会議「合弁企業規定」を採択。
6月	党中央委員会総会決定「経済管理の根本的ペレストロイカの基本命題」。
6月	国有企業法（自主管理、自立性を付与）採択（1988年1月施行）。
1988年5月	協同組合法採択（7月施行）。
9月	ソ連国立銀行新定款制定（二層式銀行制度と銀行設立自由化）。
10月	ソ連閣僚会議決定「企業および機関による有価証券の発行について」。
1989年3月	複数候補制での人民代議員選挙。閣僚会議決定「ソ連国立専門銀行の完全独立採算性および資金自己調達制への移行について」。
10月	ソ連最高会議でのルイシコフ首相報告（経済改革5法案提示）。
11月	「ラディカルな経済改革に関する全ソ学者・実務家会議」。「賃貸借法」採択（1990年1月施行）。「ベルリンの壁」崩壊（東欧諸国で社会主義政権崩壊へ）。
12月	ソ連最高会議でのルイシコフ首相報告（「規制される市場経済」への移行方針）。マルタでの米ソ首脳会談（冷戦の終結と東欧の自主権尊重）。
1990年3月	「所有法」（ソ連）採択（7月施行）。リトアニア最高会議が独立回復宣言。憲法改正（共産党一党独裁条項削除、所有制改革、大統領制導入）。ゴルバチョフが大統領に選出。

	5月	エストニアとラトビアの最高会議が独立回復宣言。ルイシコフソ連邦首相が最高会議で「規制される市場経済への移行構想」を提示。ロシア共和国最高会議議長にエリツィン選出。
	6月	ロシア、ウズベク、モルダビアなどの共和国が主権宣言。「企業法」（ソ連）採択（1991年1月施行）。ソ連閣僚会議「株式会社・有限会社規定」承認。『カマズ』株式会社化。
	7月	ソ連共産党第28回大会（エリツィンらが離党）。
	9月	ロシア共和国最高会議が「500日計画」を採択。
	10月	ソ連最高会議決定「国民経済安定化と市場経済移行の基本方針」。
	12月	ソ連が「国立銀行法」、「銀行法」制定。ロシア共和国が「所有法」（1991年1月施行、1994年11月失効）、「企業・企業活動法」採択（1991年1月施行）、「中央銀行法」、「銀行法」制定。ロシア閣僚会議「株式会社規定」承認。
1991年6月		エリツィンがロシア共和国大統領に就任。コメコン解散。
	7月	ロンドンサミットにゴルバチョフが出席（G7+1）して債務繰り延べと金融支援要請。ソ連邦「脱国有化・民営化法」制定・施行。ロシア「民営化法」制定・施行。
	8月	保守派クーデター失敗。共産党解散。
	9月	ソ連国家評議会がバルト三国の独立を承認。
	11月	ロシア共和国人民代議員大会で急進的自由化の経済改革案採択。
	12月	独立国家共同体（CIS）創設の議定書調印（アルマアタ宣言）。ゴルバチョフ大統領辞任、ソ連邦消滅。
1992年1月		大統領令「価格の自由化について」、大統領令「商業の自由について」。
	6月	ガイダールが首相代行に任命。
	7月	最高会議「1992年度民営化国家計画」を承認。
	8月	大統領令「民営化小切手制度の施行について」。
	12月	ガイダールが辞任、チェルノムイルジンが首相に就任。
1993年4月		国民投票（投票率64％、大統領信任、経済政策支持）。
	6月	GATT加盟申請。
	10月	最高ソビエト派と市民が衝突（軍が議会ビル攻撃）、議会解散・憲法裁判所機能停止（10月事件）。
	12月	連邦会議（上院）・国家会議（下院）選挙で急進改革派が過半数取れず、自民党（ジリノフスキー党首）、共産党などが支持される。国民投票で新憲法が採択される。
1994年1月		ガイダール第1副首相辞任。
	6月	民営化の第1段階の終了（ヴァウチャーの有効期間の満了）。
	10月	ルーブル大暴落（Black Tuesday）。「民法典」第1部制定（1995年1月施行）。

	12月	チェチェンへの軍事侵攻。
1995年6月		「小企業法」制定
	7月	ルーブルの対ドル為替レートを1＄＝4,300～4,900ルーブルに抑える目標相場制度導入を決定。
	12月	株式会社法制定（1996年1月施行）。
1996年4月		有価証券市場法制定・施行。
1998年8-9月		ロシア金融危機。キリエンコ首相辞任、プリマコーフ首相就任。
1999年5月		プリマコーフ首相辞任、ステパーシン首相就任。
	8月	ステパーシン首相辞任、プーチン首相就任。
	12月	エリツィン大統領辞任、プーチン大統領代行就任。
2000年3月		大統領選挙でプーチン当選。
	6月	下院がプーチン大統領の地方自治改革を承認。
	11月	グーシンスキー、ベレゾーフスキー海外逃避。
2001年4月		独立系テレビ会社「NTV」が政府系天然ガス採掘企業「ガスプロム」の支配下に。
	5月	「ガスプロム」社長ヴャーヒレフ解任。
2001年8月		「ロシア法のWTO基準への整合化計画」政府承認。
	9月	米国で同時多発テロ。
2002年1月		政府の統制下にない唯一の全国ネットテレビ局「TV6」閉鎖。
	7月	石油会社「ユーコス」のレーベデフ社長、経済犯罪で逮捕。
	10月	「ユーコス」グループ総帥ホドルコーフスキー、横領・脱税容疑で逮捕・起訴。
	12月	下院選挙で、与党「統一ロシア」が新議会で3分の2の議席を獲得。
2004年3月		プーチン、大統領選挙で70％以上を獲得。
	7月	「ユーコス」グループ債務不履行。
	12月	「ユーコス」グループ解体。

（参考文献）　溝端、1996など。

引用文献

[日本語]
青木昌彦、奥野正寛編（1996）『経済システムの比較制度分析』東京大学出版会。
秋野晶二（1989）「経営構造と組織」（中村瑞穂、丸山恵也、権泰吉編著『現代の企業経営』ミネルヴァ書房）。
アジア経済研究所（2002）『中国の公企業民営化』（アジ研トピックリポート、第47号）。
芦田文夫（1986）「社会主義所有制度」（大崎平八郎編『社会主義経済論』有斐閣）。
荒又重雄編（1994）「極東ロシアにおける企業私有化と労働関係」第1－4冊（科研費報告書）。
糸賀了(1991)『ソ連投資実務法令ガイド』アイピーシー。
稲子恒夫（1987）「ペレストロイカの政治と政治のペレストロイカ」（ソビエト研究所編『ペレストロイカ』）。
今井健一（2002）「中小国有・公有企業の民営化」（アジア経済研究所『中国の公企業民営化』アジ研トピックリポート、第47号）。
今井賢一、伊丹敬之、小池和男（1982）『内部組織の経済学』東洋経済新報社。
今井義夫（1988）『協同組合と社会主義』新評論。
上垣彰（2004）「ロシア経済の回復：その原因と今後の展望」『ロシア・東欧学会年報』第33号）。
エフグラフォア，エレナ（2006）「ロシア・ビジネスの十戒」（『ハーバード・ビジネス・レビュー』2006年5月号）。
大江泰一郎（1978-1980）「『ソ連型』経済管理法システム成立史」（『静岡大学法経研究』第26巻第2号、第3・4号、第28巻第2号）。
大江泰一郎ほか（2003）「経済システムと法」(小森田秋夫編『現代ロシア法』東京大学出版会）。
大津定美（1988）『現代ソ連の労働市場』日本評論社。
大坪祐介（2002）「対外債務問題」（二村秀彦ほか『ロシア経済10年の軌跡』ミネルヴァ書房）。
大坪祐介（2002a）「金融制度」（二村秀彦ほか『ロシア経済10年の軌跡』ミネルヴァ書房）。
大野裕之（2005）『チャップリン再入門』（生活人新書）NHK出版。
大野正和（2003）『過労死・過労自殺の心理と職場』青弓社。
大原盛樹（2001）「中国オートバイ産業のサプライヤー・システム」（『アジア経済』2001年4月号）。

岡田進（1998）『ロシアの体制転換』日本経済評論社。
小川和男、渡部博史（1994）『かわりゆくロシア・東欧経済』中央経済社。
小川和男、岡田邦生（2002）『ロシア・CIS経済ハンドブック』全日出版。
小野一郎（1986）「計画・管理制度」（大崎平八郎編『社会主義経済論』有斐閣）。
戒殿新（2003）「中小企業政策の変遷と問題」（西川博、谷源洋、凌星光編著『中国の中小企業改革の現状と課題』日本図書センター）。
海道進（1983）『社会主義企業論』上・中・下巻、千倉書房。
風間信隆（1999）「企業形態と経営活動」（中村瑞穂、丸山恵也、権泰吉編『新版・現代の企業経営』ミネルヴァ書房）。
加藤志津子（1985）「ソ連における『労働の人間化』」（『賃金と社会保障』第924号）。
加藤志津子（1989）「1970年代ソ連の労働組織化政策」（『経営論集』（明治大学）第36巻第2号）。
加藤志津子（1990）「ソ連におけるノット運動の生成と変容」（原輝史編『科学的管理法の導入と展開』昭和堂）。
加藤志津子（1992）「ペレストロイカのもとでの国有企業における管理者選挙制の帰趨」（『経営論集』（明治大学）第39巻、第3・4号）。
加藤志津子（1992a）「モスクワの企業『ジアパゾーン』」（『ソビエト研究所ビュレティン』1992年12月号）。
加藤志津子（1993a）「新しい経営者像」（大崎平八郎編『混迷のロシア経済最前線』新評論）。
加藤志津子（1993b）「ロシアの民有化と企業管理―だれが企業を支配しているか―」（『社会主義経済研究』第20号）。
加藤志津子（1993c）「ロシアにおける企業民有化の進展と経営管理者―1992年秋から1993年秋―」（『経営論集』（明治大学）第41巻第1号）。
加藤志津子（1993d）「『百万長者になる方法』」（長砂實、木村英亮編『「どん底」のロシア』かもがわ出版）。
加藤志津子（1994a）「旧ソ連諸国の経営管理者―1992年秋の現地調査に基づいて―」（『明治大学社会科学研究所紀要』第32巻第2号）。
加藤志津子（1994b）「ハバロフスク地方における企業の民営化の動向」（『日ソ経済調査資料』第742号）。
加藤志津子（1995）「起業家の登場」、「改革の構図」、「民営化の現状」（大崎平八郎編『体制転換のロシア』新評論）。
加藤志津子（1996a）「ロシアにおける企業民営化の経営者の交替―機械製造企業『E社』の事例を中心として―」（『比較経営学会研究年報』第20号）。
加藤志津子（1996b）「ロシアにおける企業民営化と企業レベルの体制転換―機械製造企業『E社』の事例を中心として―」（『明治大学社会科学研究所紀要』第34巻第2号）。
加藤志津子（1997）「中央アジア諸国の企業」（『経営論集』（明治大学）第44巻第3・4号）。

加藤志津子 (1998)「ソ連社会主義経済システムとは何か」(小野堅、岡本武、溝端佐登史編『ロシア経済』)。
加藤志津子 (2001a)「社会主義企業経営と産業民主主義―ソ連の場合―」(『比較経営学会誌』第 25 号)。
加藤志津子 (2001b)「社会主義企業経営の教訓―産業民主主義との関連において―」(『経営学論集』第 71 集)。
加藤志津子 (2001c)「旧ソ連における企業・経営」(林昭、門脇延行、酒井正三郎編著『体制転換と企業・経営』ミネルヴァ書房)。
加藤志津子 (2001d)「ロシア企業研究の最近の動向」(『同志社商学』第 52 巻第 4・5・6 号)。
加藤志津子 (2002)「プーチン政権とロシア財閥」(『経営論集』(明治大学) 第 50 巻第 1 号)。
加藤志津子 (2002a)「プーチン政権 VS 財閥」(明治大学経営学研究会編『経営学への扉』第 2 版)。
加藤志津子 (2003)「ゴルバチョフ改革前夜のソ連企業―D 社営業報告書の分析から―」(『明大商学論叢』第 85 巻第 2 号)。
加藤志津子 (2004)「ロシア・プーチン政権下での企業と社会―『ロシア型企業システム』の展望―」(『比較経営学会誌』第 28 号)。
加藤志津子 (2004a)「移行経済と中小企業」(『経営論集』第 51 巻第 1 号)。
加藤志津子 (2004b)「ロシアにおける WTO 加盟問題」(『経営論集』第 52 巻第 1・2 号)。
加藤志津子 (2004c)「WTO 加盟がロシア経済に与える影響」(『明治大学社会科学研究所紀要』第 43 巻第 1 号)。
韓朝華 (2002)「郷鎮企業の民営化」(アジア経済研究所『中国の公企業民営化』アジ研トピックリポート、第 47 号)。
清成忠男、田中利見、港徹雄 (1996)『中小企業論』有斐閣。
玄田有史 (2001)『仕事のなかの曖昧な不安―揺れる若年の現在―』中央公論新社。
谷源洋 (2003)「中国中小企業の地位および役割」(西川博、谷源洋、凌星光編著『中国の中小企業改革の現状と課題』日本図書センター)。
小西豊 (2003)「ロシア小企業をめぐる制度改革」(日本国際問題研究所『ロシアにおける企業制度改革の現状』)。
小森田秋夫 (1979)「ソ連国営企業における＜勤労集団＞の法的構造をめぐって」(『北大法学論集』第 30 巻第 1 号)。
小山洋司 (1999)「第 2 次世界大戦後の東欧」(小山洋司編『東欧経済』世界思想社)。
ゴルバチョフ (1987)、ソ連内外政策研究会訳『ゴルバチョフ演説・論文集』II 国際文化出版社。
権泰吉 (1984)『アメリカ経営学の展開』白桃書房。
権泰吉 (1989)「企業経営の性格と経営学の課題」(中村瑞穂、丸山恵也、権泰吉編著『現代の企業経営』ミネルヴァ書房)。
金野雄五 (2002)『ロシアの WTO 加盟をめぐる諸問題』(スラブ研究センター研究報告

シリーズ第 87 号）北海道大学スラブ研究センター。
『ザコーン—ソ連の新しい法律—』（稲子恒夫監修）第 1 − 2 号、1990。
斎藤正（1989）「ソ連の銀行制度改革」（『日ソ経済調査資料』1989 年 12 月号）。
酒井正三郎（2001）「ロシアにおける市場経済化」（林昭、門脇延行、酒井正三郎編著『体制転換と企業・経営』ミネルヴァ書房）。
坂口泉（2003）「ロシア乗用車市場における明と暗」（『ロシア東欧貿易調査月報』2003 年 4 月号）。
坂口泉（2005）「ユコス事件に関する中間報告」（『ロシア東欧貿易調査月報』2005 年 2 月号）。
笹川儀三郎（1972）『ソビエト工業管理史論』ミネルヴァ書房。
塩川伸明（1984）『「社会主義国家」と労働者階級』岩波書店。
塩川伸明（1985）『スターリン体制下の労働者階級』東京大学出版会。
塩川伸明（1997）「『上からの革命』」（『ロシア史』第 3 巻、山川出版社（世界歴史体系））。
塩川伸明（1997a）「盛期スターリン時代」（『ロシア史』第 3 巻、山川出版社（世界歴史体系））。
塩原俊彦（2004）『現代ロシアの経済構造』慶應義塾大学出版会。
重田澄男（2002）『資本主義を見つけたのは誰か』桜井書店。
資源エネルギー庁（2004）『エネルギー白書』。
下斗米伸夫（1990）『ソ連現代政治』（第 2 版）東京大学出版会。
下斗米伸夫（1992）『独立国家共同体への道』時事通信社。
鈴木正（1986）「商業」（大崎平八郎編『社会主義経済論』有斐閣）。
鈴木勇（1991）『市場的社会主義とマルクス主義』学文社。
栖原学（2001）「経済の犯罪化」（中山弘正ほか『現代ロシア経済論』岩波書店）。
栖原学（2004）「天然資源とロシア経済」（『経済研究』第 55 巻第 2 号）。
陶山計介（1982）「経済管理と計画化方式」（長砂實、芦田文夫編『ソ連社会主義論』大月書店）。
『世界政治—論評と資料—』。
武田友加（2000）「ロシア金融危機とその政治経済的要因」（『ロシア・ユーラシア経済調査資料』2000 年 1 月号）。
田中雄三（1969）「工業における経済改革」（木原正雄、長砂實編『現代社会主義経済論』ミネルヴァ書房）。
田中雄三（1986）「価格と価格形成」（大崎平八郎編『社会主義経済論』有斐閣）。
田畑伸一郎（1999）「国民所得と経済成長」（久保庭真彰、田畑伸一郎編『転換期のロシア経済』青木書店）。
田畑伸一郎、塩原俊彦（2004）「ロシア：石油・ガスに依存する粗野な資本主義」（西村可明編『ロシア・東欧経済—市場経済移行の到達点—』日本国際問題研究所）。
塚本隆敏（2003）『現代中国の中小企業』ミネルヴァ書房。
唐元愷（2003）「安心して発展する中国の民営企業」（『北京週報』電子版、2003 年第 8 号）。

徳永昌弘（2005）「ロシア経済のマクロ動向―成果と課題―」（上原一慶編『躍動する中国と回復するロシア』高菅出版）。

富田武（1989）「ペレストロイカの背景」（菊池昌典編『社会主義と現代世界』第3巻、山川出版社）。

長岡貞男、馬成三、S. ブラギンスキー編著（1996）『中国とロシアの産業変革』日本評論社。

中村靖（1992）『計画経済のミクロ分析』日本評論社。

中山弘正（1993）『ロシア擬似資本主義の構造』岩波書店。

西岡俊哲（1985）「ソ連における経済管理の民主化」（関西大学経済・政治研究所経営参加問題研究班『経済民主主義と産業民主主義』）。

西川博、谷源洋、凌星光編著（2003）『中国の中小企業改革の現状と課題』日本図書センター。

西村可明（1977）「ソビエトの社会主義企業」（森章編『社会主義企業論』日本評論社、第2章1－3節）。

西村可明（1986）「社会主義企業」（大崎平八郎編『社会主義経済論』有斐閣）。

西村可明（1995）『社会主義から資本主義へ―ソ連・東欧における市場化政策の展開―』日本評論社。

『日ソ経済調査資料』

『日本経済新聞』

野々村一雄、宮鍋幟、志水速雄編訳（1966）『ソヴェト経済と利潤』日本評論社。

パッペ・ヤコブ、溝端佐登史（2003）『ロシアのビッグビジネス』文理閣。

原盛樹（2001）「中国オートバイ産業のサプライヤー・システム」（『アジア経済』2001年4月号）。

原田實（2000）「日本的経営の変遷」（原田實、安井恒則、黒田兼一編著『新・日本的経営と労務管理』ミネルヴァ書房）。

袴田茂樹（1987）『ソ連―誤解を解く25の視角』（中公新書）。

袴田茂樹（2000）『プーチンのロシア――法独裁への道――』NTT出版。

ハンソン・フィリップ（2002）「移行はいつ終わるのか？」（溝端佐登史、吉井昌彦編『市場経済移行論』世界思想社）。

プーチン（2000）「千年紀のはざまにおけるロシア」（『ロシア・ユーラシア経済調査資料』2000年3月号）。

「プーチン大統領2002年教書演説」（『ロシア・ユーラシア経済調査資料』2002年7月号）。

藤原克美（2001）「ロシアにおける企業破産」（『比較経済体制研究』第8号）。

堀林巧（1986）『ハンガリーにおける改革の軌跡』金沢大学経済学部。

溝端佐登史（1996）『ロシア経済・経営システム研究』法律文化社。

溝端佐登史（2003）「ロシア型企業システムの持続可能性」（『比較経営学会誌』第27号）。

溝端佐登史（2003a）「ロシア企業における所有・支配とコーポレート・ガバナンス」（『ロシアにおける企業制度改革の現状』日本国際問題研究所）。

溝端佐登史（2005）「コーポレート・ロシア」（上原一慶編著『躍動する中国と回復するロシア』高菅出版）。
三代川正次（1981）『ソビエト管理論の基礎』成文堂。
望月清司、内田弘、山田鋭夫、盛田桐郎、花崎皋平（1982）『マルクス―著作と思想―』（有斐閣新書）。
森章（1983）『現代社会主義の会計構造』大月書店。
森章（2002）『ロシア会計の歴史と現代』大月書店。
ユーラシア研究所編（1998）『情報総覧・現代のロシア』大空社。
横手慎二（1997）「大祖国戦争」（『ロシア史』第3巻、山川出版社（世界歴史体系））。
横手慎二（1997a）「戦後のソ連」（『ロシア史』第3巻、山川出版社（世界歴史体系））。
吉井昌彦（2001）「中東欧諸国における中小企業振興政策」（林昭・門脇延行・酒井正三郎編著『体制転換と企業・経営』ミネルヴァ書房）。
凌星光（2003）「『中小企業促進法』制定の背景とその内容」（西川博、谷源洋、凌星光編著『中国の中小企業改革の現状と課題』日本図書センター）。
和田春樹（1997）「フルシチョフ時代」（『ロシア史』第3巻、山川出版社（世界歴史体系））。
『ロシア・ソビエトハンドブック』（1978）三省堂。
『ロシア・ソ連を知る事典』（1989）平凡社。
『ロシア東欧経済速報』
『ロシア東欧貿調査月報』

[英語・ドイツ語]

Acs, Zoltan J. (2003), "The Historical Role of the SME sector in Developing and Developed Capitalist States," in McIntyre, Robert J., and Dallago, Bruno (eds), *Small and Medium Enterprises in Transitional Economies*, New York: Palgrave Macmillan.

Ashrafian, Victoria and Richet, Xavier (2001), "Industrial Cooperation in the Russian Car Industry," *Russian Economic Trends*, 2001, no.3-4.

Ashwin, Sarah and Clark, Simon (2003), *Russian Trade Unions and Industrial Relations in Transition*, New York: Palgrave Macmillan.

Aslund, Anders(1991), *Gorbachev's Struggle for Economic Reform*, London: Pinter Publishers.（1989年版が邦訳されている。中澤孝之訳『瀕死の大国―ソ連・経済闘争の研究』JICC出版局、1991）

Aslund, Anders (1995), *How Russia Became a Market Economy*, Washington, D. C.: The Brookings Institution.

Aslund, Anders (2002), *Building Capitalism-The Transformation of the Former Soviet Bloc*, Cambridge UP.

Berkowitz, Daniel and Holland, Jonathan (2001), "Does Privatization Enhance or Deter Small Enterprise Formation," *Economic Letters*, vol.74.

Bonnel, Victoria E. and Gold, Thomas B. (eds) (2002), *The New Entrepreneurs of Europe and Asia: Patterns of Business Development in Russia, Eastern Europe and China.* New York: M. E. Sharpe.

Clarke, Simon (ed.) (1995), *Management and Industry in Russia,* Cambridge, UK: Edward Elgar.

Dallago, Bruno (2003), "SME Development in Hungary," in McIntyre, Robert J., and Dallago, Bruno (eds), *Small and Medium Enterprises in Transitional Economies,* New York: Palgrave Macmillan.

EBRD, *Transition Report.*

EIU, *Country Profile; Russia.*

EIU (2000), *East European investment prospects.*

EU Commision (2002), *Observatory for European SMEs.* （中小企業総合研究機構訳編『ヨーロッパ中小企業白書』2003)

Gregory, Paul R. and Stuart, Robert C. (1994), *Soviet and Post-Soviet Economic Structure and Performance,* 5th ed., New York: Harper Collins College Publishers.

Grinberg, Ruslan (2004), "Russia on the Threshold of the WTO: Some Problems and Options," Evgeny Gavrilenkov, Paul J. J. Welfens, & Ralf Wiegert, *Economic Opening Up and Growth in Russia,* Berlin: Springer.

Hanson, Philip (2003), "The Russian Economic Recovery: Do Four Years of Growth Tell Us that the Fundamantals have Changed?" *Europe-Asia Studies,* vol.55, no.3.

Hoffman, David E. (2002), *The Oligarchs: Wealth and Power in the New Russia,* New York: Public Affairs.

KATO Shizuko (1997), "Enterprises in the Central Asian Countries of the Former Soviet Union," *The Bulletin of the Institute of Social Sciences* (Meiji University).

Kirby, David A. and Watson, Anna (ed.) (2003), *Small Firms and Economic Development in Developed and Transition Economies: A Reader.* England UK and VT, USA: Ashgate Publishing Company.

Kornai, Janos (1992), *The Socialist System,* Princeton, New Jersey.

Krueger, Gary (2004), *Enterprise Restructuring and the Role of Managers in Russia,* M. New York and London: E. Sharpe.

Kuromiya Hiroaki (1988), *Stalin's Industrial Revolution,* New York: Cambridge UP.

Lane, David and Ross, Cameron (1999), *The Transition from Communism to Capitalism: Ruling Elites from Gorbachev to Yeltin,* Basingstoke: Macmillan. (溝端佐登史ほか訳『ロシアのエリート』窓社、2001年)

Lane, David (2002), "The Evolution of Post-Communist Banking," in: David Lane (ed.), *Russian Banking*, Cheltenham: Edward Elgar Publishing Limited.

Lavigne, Marie (1999), *The Economics of Transition from Socialist Economy to Market Economy*, Basingstoke: Macmillan. (栖原学訳『移行の経済学』日本評論社、2001年)

McIntyre, Robert J. (2003), "Small Enterprises in Transition Economies," in McIntyre, Robert J., and Dallago, Bruno (eds), *Small and Medium Enterprises in Transitional Economies*, New York: Palgrave Macmillan.

McIntyre, Robert J. and Dallago, Bruno (eds) (2003), *Small and Medium Enterprisesin Transitional Economies*, New York: Palgrave Macmillan.

Menshikov, Stanislav (1991), *Catastrophe or Catharsis? The Soviet Economy Today*, London: Inter-Verso. (渡辺敏訳『ソ連経済―破局からの出発―』サイマル出版会、1991)。

Milgrom, Paul and Roberts, John (1992), *Economics, Organization and Management*, Englewood Cliffs, New Jersey: Prentice-Hall. (奥野正寛ほか訳『組織の経済学』NTT出版、1997)

Nove, Alec (1980), *The Soviet Economic System*, London: Allen & Unwin Ltd. (大野喜久之輔、家本博一、吉井昌彦訳『ソ連の経済システム』晃洋書房、1986)

OECD (1995), *OECD Economic Surveys: The Russian Federation*.

OECD (2002), *Small and Medium Enterprise Outlook*.

OECD Economic Surveys 2001-2002: Russian Federation.

Pinto, Brian; Drebentsov, Vladimir; and Morozov, Alexander (2000), "Give Growth and Macroeconomic Stability in Russia a Chance-Harden Budgets by Eliminating Nonpayments" (World Bank Policy Research Working Paper, no.2324).

Radaev, Vladimir (2003), "The Development of Small Enterpeneurship in Russia," in McIntyre, Robert J. and Dallago, Bruno (ed.), *Small and Medium Enterprises in Transitional Economies*, New York: Palgrave Macmillan.

Robertson, D. H. (1923), *The Control of Industry*, Cambridge UP.

The Russian Economic Barometer

Rutland, Peter (2001), "Introduction: Business and the State in Russia," in Peter Rutland (ed.), *Business and the State in Contemporary Russia*, Boulder, Colorado; and Oxford: WestView Press.

Smith, Hedrick (1990), *The New Russians*, New York: Random House Inc. (飯田健一監訳『新・ロシア人』(上・下) 日本放送出版協会、1991)

Surdej, Aleksander (2003), "SME Development in Poland," in McIntyre, Robert J. and Dallago, Bruno (eds), *Small and Medium Enterprises in Transitional Economies*, New York: Palgrave Macmillan.

Tikhonov, Oleg (1995), "It's Time for Us, It's Time for You: The MOVEN Story,"

in John Logue, Sergey Plekhanov and John Simmons (eds.), *Transforming Russian Enterprises,* London: Greenwood Press.
UN Economic Commission for Europe, *Economic Survey of Europe.*
Voslensky, Michael (1987), *Nomenklatura-Die herrschende Klasse der Sowjetunion in Geschichte und Gegenwart,* München. (佐久間穆訳『ノーメンクラツーラ』新訂・増補版、中央公論社、1988)
Warner, Malcolm; Edwards, Vincent; Polonsky, Gennadij; Pucko, Danijel; and Ying Zhu (2005), *Management in Transitional Economies,* London and New York: Routledge Curzon.
Wilhelm, J. (1979), "Does the Soviet Union Have a Planned Economy: A Comment on 'From the Achieved Level'," *Soviet Studies,* vol.31, no.2.
The World Bank, *Russian Economic Report.*

[ロシア語]

«Авангард» (ロシア・ハバロフスク市のエネルギー機械製造企業社内紙)
Андрефф, В. (2004), Российская приватизация: подходы и последствия, «Вопросы экономики» No.6.
Бекляшев А. К. и др., Теневая экономика и экономическая преступность (http://newasp.omskreg.ru/bekryash/ 2005年7月アクセス)
Белоусов, А. Р. (2003), Экономический рост в России (Тезисы доклада на конференции "Beyond Transition to Modernization and Growth," April 10, 2003) (http://www.forecast.ru/Analitics/Analitics.asp)
Бузгалин А. и Колганов А. (1989), Дорога к рабочей демократии, «Социалистический труд» No.12.
«Ведомости верховного совета СССР» М. (国会図書館)
Венедиктов, А. В. (1961), Организация государственной промышленности в СССР.
Герчиков, В. (1990), Самоуправление в промышленности СССР: проблемы и перспективы, «Вопросы экономики» No.12.
Горбачев, М. С. (1987), Перестройка, М. (ゴルバチョフ著、田中直樹訳『ペレストロイカ』講談社、1987)
Госкомстат России, «Народное хозяйство в Российской федерации 1992» М., 1992
Госкомстат России, «Российский статистический ежегодник» М.
Госкомстат России, «Россия в цифрах» М.
Госкомстат РСФСР, «Народное хозяйство РСФСР» М., 1991.
Госкомстат СССР, «Народное хозяйство СССР» М.
Дерябина М. (2001), Реструктуризация российской экономики через передел собственности и контроля, «Вопросы экономики» No.10.
«Директивы КПСС и советского правительства по хозяйственным вопросам»

том 1-4, М, 1957.

Журнал «Эксперт», Европейский деловой клуб, Институт «Восток-Запад», Высший Научно-консультативный совет (2002), Народное хозяйство России в условиях мировой конкуренции, М.

«Законодательство России» М. Май 2004 (CD).

«Известия»

Институт экономических проблем переходного периода, Российская экономика, М.
(http://www.iet.ru/publication.php?folder-id=44&category-id=2083)

Институт экономических проблем переходного периода (1998), Экономика переходного периода: Очерки экономической политики посткоммунистической России 1911-1997, М.

Капелюшников, Р. (2001), Собственность и контроль в российской промышленности, «Вопросы экономики» No.12.

Капелюшников, Р., Демина, Н. (2005), Влияние характеристик собственности на результаты экономической деятельности российских промышленных предприятий, «Вопросы экономики» No.2.

Клейнер, Г. (2000), Эволюция и реформирование промышленных предприятий: 10 лет спустя, «Вопросы экономики», No.5.

Коммунистическая партия Советского Союза в резолюциях и решениях съездов, конференций и племумов ЦК (1898-1988), М.

Конституции СССР

«Курс доллара США за период 1985-1995 гг.» М., 1995.

Латов, Ю. В. (2001), Экономика вне закона (Очерки по теории и истории теневой экономики), М. (http://www.ie.boom.ru)

Медведев, Рой А. (1968), К суду истории, М. (メドヴェーデフ著、石堂清倫訳『共産主義とは何か』上・下巻、三一書房、1973)

«Мировая экономика» (http://literus.oriflame-riga.by.ru/)

«Независьмая газета»

Олейник, А. (2002), Дефицит Права (к критике политической экономии частной защиты), «Вопросы экономики» No.4.

Паппэ, Я. Ш. (2000), «Олигархи»：Экономическая хроника 1992-2000, М. (パッペ・ヤコブ、溝端佐登史 (2003) に邦訳)。

«Планирование социального развития коллектива предприятия. Методологические рекомендации» М., 1971.

«Портфель приватизации и инвестирования» (1992), М.

Радаев, В. (1998), О роли насилия в российских деловых отношениях, «Вопросы экономики» No.10.

Радаев, В. (2002), Российский бизнес: на пути к легализации?, «Вопросы

экономики», No.1.
Радыгин, А. (1999), Перераспределение прав собственности в постприватизационной России, «Вопросы экономики», No.6.
Радыгин, А. (2004), Россия в 2000-2004 годах: На пути к государственному капитализму?, «Вопросы экономики», No.4.
РАН и НИС (Российская академия наук и Национальный инвестиционный совет) (2002), Народнохозяйственные последствия присоединения России к ВТО, М.
«Решения партии и правительства по хозяйственным вопросам» том 1-16, М., 1967-1988,
РЦМП (Ресурсный центр малого предпринимательства) (2002), Российское обозрение малых и средних предприятий 2001, Москва.
РЦМП (2003), Анализ роли и места малых и средних предприятий России, Москва.
«Российские законы: Сборник текстов» М.
Симаков А. (1990), СТК: Кризис или болезнь роста?, «Социалистический труд» No.2.
«Свод законов СССР» М.
«Собрание Законодательства Российской Федерации»
«Современная политическая история России (1985-1998 годы)» том 1-2, М., 1999.
Статистический комитет СНГ «Страны-члены СНГ. Статистичестий ежегодник» М., 1992.
«Съезд Коммунистической Партии Советского Союза: Стенографический отчет» М.
Тимошина, Т. М. (2003), Экономическая история России, М.
«Тихоокеанская звезда»
Торкановский, Е. (1990), Собственность и самоуправление трудового коллектива, «Вопросы экономики» No.9.
Федеральная служба государственной статистики (2004), Социально-экономическое положение России, январь-октябрь 2004 года, М.
Центральное статистическое управление при Совете министров СССР (ЦСУ) (1959), Народное хозяйство СССР в 1958 году, М.
Чубайс, А. Б. (1999), Рождение идеи, в кн.: А. Б. Чубайс. (ред.), Приватизация по-российски, М.
Шпотов, Борис (2002), Деловая этика и менеджмент, «Проблемы теории и практики управления» No.1.
«Экономика и жизнь»
Ясин, Е. Г. (2003), Российская экономика: Истоки и панорама рыночных реформ, М.

引用文献　307

[インターネットのサイト]

http://eyemicrosurgery.nsc.ru　（ロシアMNTK「眼科微細手術」サンクトペテルブルク支部）
http://flb.ru/　（ロシアのオンライン雑誌「FLB」）
http://literus.oriflame-riga.by.ru/　（ロシアのオンライン・ブックサイト）
http://newasp.omskreg.ru/bekryash/　（オムスク国立大学インターネットセンター）
http://www.aksnews.ru/　（ロシアの通信社「ロスバルト」のニュースサイト）
http://www.biograph.ru/index.html　（ロシアの「国際統一伝記センター」）
http://www.businessweek.com　（Business Week Online）
http://www.china.org.cn　（China Internet Information Center）
http://www.cbr.ru　（ロシア中央銀行）
http://www.cityline.ru/politika　（ロシアのオンライン雑誌「ポリチカ」）
http://www.compromat.ru/　（ロシアのオンライン情報誌「コンプロマト」）
http://www.energostar.com　（ロシアのエネルギー関連機械製造企業「ズヴェズダー・エネルゲーチカ」）
http://www.fips.ru　（ロシア特許・商標庁）
http://www.fnpr.org.ru　（ロシア独立労働組合連合）
http://www.fom.ru　（ロシアの世論調査機関「世論」財団）
http://www.forecast.ru　（「モスクワ公共学術基金」）
http://www.gmeurope.com　（GMヨーロッパ）
http://www.gov.ru　（ロシア政府）
http://www.iet.ru　（「移行期経済問題研究所」）
http://www.kamaz.net/　（ロシアの自動車製造企業「カマス」）
http://www.kompromat.flb.ru/　（ロシアのオンライン雑誌「kompromat.ru」）
http://www.krugosvet.ru　（ロシアのインターネット事典「krugosvet」）
http://www.lenta.ru/russia　（ロシアのオンライン新聞「Lenta. Ru」）
http://www.maprf.ru　（ロシア連邦反独占政策・企業家活動支援省のサイト）
http://www.mcdonalds.ru　（ロシアの閉鎖型株式会社「モスクワ・マクドナルド」）
http://www.meo.ru　（ロシア政府付属金融アカデミー国際経済学部）
http://www.mega.kemerovo.su/　（ロシア・ケーメロヴォ市の情報サービス会社「メガ」社）
http://www.minatom.ru/　（ロシア原子力庁）
http://www.mntk.spb.ru　（ロシアMNTK「眼科微細手術」サンクトペテルブルク支部）
http://www.mofa.go.jp/　（日本の外務省）
http://www.pekinshuho.com　（『北京週報』電子版）
http://www.pref.hokkaido.jp/keizai/kz-sykei/russia/houritsu/index.htm　（北海道庁「北海道ロシアビジネス法律データベース」）
http://www.rferl.org　（ラジオ・フリー・ヨーロッパ、ラジオ・リバティ）

http://www.rgwto.com　（「ロシア工業家・企業家同盟のWTO加盟・関税改革ワーキンググループ」）
http://www.rid.ru　（ロシア経営者協会）
http://www.rsppr.biz　（ロシア工業家・企業家同盟）
http://www.russiajournal.ru/weekly　（ロシアのオンライン雑誌『ラッシャン・ジャーナル』）
http://www.rzd.ru/　（ロシアの公開型株式会社「ロシア鉄道」）
http://www.spprinfo.ru　（ロシア政府付属「企業活動家会議」）
http://www.stat.go.jp/　（日本の総務省統計局）
http://www.tpprf.ru　（ロシアの商工会議所）
http://www.wto.org/　（WTO（世界貿易機関））
http://www.wto.ru　（「ロシアのWTO加盟のための情報支援ビューロー」）

あとがき

　本書は、2005年度に明治大学大学院経営学研究科に提出した博士論文に加筆・修正したものである。博士論文ならびに本書は、その作成過程において、個別論文では展開できなかったところまで検討を深めることができた点で、私の研究生活にとっては意義のあるものとなった。

　しかし、それにしても不備な点が少なくない。技術的な不備はできるだけなくすように努めたが、私の現在の力量では及ばない限界を痛感している。読者諸氏からのご叱正を受け、今後の研究活動の新しい出発点としたい。

　拙い小著であるが、これの脱稿までには多くの人々・機関のお世話になった。とりわけ、故山本敏先生（明治大学）、望田幸男先生（同志社大学）、権泰吉先生（明治大学）、門脇彰先生（同志社大学）には、学生、院生時代より、丁寧なご指導をいただいた。また、勤務先の明治大学では、とりわけ経営学部の同僚諸氏の理解を得ることができたおかげで、2年間の在外研究、1年間の国内研究の機会を与えられた。出版にあたっては、明治大学社会科学研究所ならびに文眞堂のお世話になった。さらにはここに名前をすべて挙げることはできない多くの先学、同輩、若い研究者の人々から多くを学ばせていただいた。ここに厚くお礼を申し上げる。

事項索引

【ア行】

IMF　152, 156
赤字企業　110
AvtoVAZ（ヴォルガ自動車工場）　237, 238
アルファ　217, 282
　　──グループ　167
生き残り　185, 253
　　──戦略　175, 176, 177
移行期　7
移行経済　193, 243, 273
移行不況　139, 191
一党独裁　58
インサイダー　174, 183, 184, 271
　　──支配　133
　　──所有　173
インテルロス　167, 217, 218, 280
インフレ　84, 104, 132, 139, 161
ヴァウチャー　148, 170
ウクライナ　93
NTV　205
ORT　205
汚職　186, 193, 223
オネクシム銀行　173
オネクシムバンク　217
オリガルヒ　161, 164, 173, 186, 187, 189, 190, 201, 202, 203, 206, 215, 263, 265, 266, 272

【カ行】

外延的経済発展　24
外延的発展　58
改革・開放　274
改革開放政策　258
外国直接投資　184, 193, 255
価格自由化　139, 251
ガスプロム　116, 147, 167, 204, 205, 206, 219, 220, 279
加速化　57, 58, 62, 68, 106

　　──政策　61
株式会社　88, 96, 100, 103, 127, 157, 158, 170
　　──化　104
　　──法　158, 159, 184
　　──・有限会社規定　127
株主総会　159
貨幣的民営化　121, 160, 161, 168, 171, 174, 187
関税　227
間接的官僚調整　31
管理者全体に選挙制　72
企業家精神　242
企業活動会議　206, 211, 221
企業管理者選挙　133, 269
　　──制　70, 113
企業管理部　39
企業・企業家活動法　95, 96, 98, 123, 158
企業行動基準集　222
企業システム　11, 26, 52, 132, 190, 191, 197, 200, 266, 267, 271, 272, 273
　　──の基本的特徴　39, 47
企業長　38, 39, 98, 170
　　──選挙　113
企業に対する「経済的方法」による指導　28
企業の自立性　23
企業評議会　89, 90, 91
企業法　88, 92, 96, 98, 116, 123, 126, 127
企業民営化　269
企業倫理　222, 223
規制緩和　139, 146
規制される市場経済　56, 84, 85, 92, 131, 133, 268
行政的障壁　160, 250, 266
協同組合　83, 116, 117, 118, 119, 120, 123, 128, 254
　　──法　77, 80, 82, 180, 246
競売　102
銀行　120
　　──改革　83, 100

事項索引　311

――制度の改革　82
金融安定化　161
金融危機　191, 208
グラースノスチ　57
グルジア　93
経営管理者選挙制　89
経営者支配　182
計画経済　121, 136
経済格差　193, 199, 274
経済実験　50
経済自由化　139, 147
経済的管理方法　68
経済的刺激　29, 36
経済的方法　35, 40, 53, 54, 270
経済の計画的指導において行政的形態・方法　28
欠損企業　198, 200
憲法　40, 86, 88, 135
公開型株式会社　102, 148, 159
工業化　24
工業家・企業家同盟　221
合資会社　97, 157
交渉　50
郷鎮企業　258, 262
合弁企業　108, 111, 114, 116, 128
公募販売（競売）　102, 97
合名会社　103, 157, 158
効率化　5, 6, 23, 53, 54, 270
効率性　94
5カ年計画　21
国債　162, 163
国有企業　92, 97, 98, 104, 105, 116, 117, 118, 120, 122, 126, 131, 133
――法　68, 77, 84, 88, 92, 96, 109, 110, 111, 116, 120, 121, 133, 268
個人企業　97
個人労働活動　116, 118, 119
――法　77, 79, 80, 180, 246
国家資材・機械供給委員会（ゴススナブ）　33, 45, 107, 128, 146
国家計画委員会（ゴスプラン）　18, 19, 43
国家検収局　58
国家検収制　58, 106
国家資産委員会　219

国家発注　74, 75, 109, 131
500日計画　94
コーポレート・ガヴァナンス　182, 184, 187, 188, 199, 222, 223
コムソモール　167
ゴルバチョフ改革　54

【サ行】

財政赤字　61, 105, 161
財政緊縮　156
財閥　9, 181, 182, 185, 190, 193, 196, 201, 202, 206, 208, 210, 216, 220, 221, 223, 264
産業部門省　19, 43, 127
CIS　225, 231, 239
資金自己調達制　108, 114
資源採取型産業　191
資源採取業　193
資産管理委員会　101, 148
自主管理　5, 40, 51, 69, 70, 74, 77, 83, 89, 92, 99, 111, 112, 116, 122, 254
――社会主義　40, 53, 54, 271
市場経済　1, 10, 32, 84, 85, 92, 93, 94, 96, 98, 100, 131, 135, 136, 157, 163, 181, 200, 202, 241, 267, 268, 271, 273
――移行　191, 255, 262
――化　105, 106, 139, 190, 243, 253, 268, 269, 271, 273
市場社会主義　32, 35, 40, 53, 54, 271
市場的規律　274, 275
システム　218, 220
自然独占　139
自然発生的民営化　120, 127, 147, 168
シダンコ　173
失業　22, 262, 266
――率　197
ジニ係数　193
シブネフチ　173, 218, 219, 265
資本主義　1, 10
――企業　92
――企業システム　11, 13, 26
――企業システムの基本的特徴　13
――経済システム　12, 52
社会主義企業システム　19, 272
社会主義計画経済　1, 243, 244, 268, 274

――システム　10
――経済体制　131, 136
社会主義経済システム　52
社会主義市場経済　85, 131, 133, 262, 268, 274
社会的規律　274, 275
従業員所有　98
10大企業グループ　109, 164
10大財閥　221
集団企業　122, 123
主権宣言　93, 105
小企業支援法　181, 247
商工会議所　230, 234
商品取引　128
――所　129
小民営化　168, 170
ショック療法　7, 152
所有法　84, 86, 88, 95, 127
「新思考」外交　57
新制度学派　199
新制度派経済学　273
衰退の心理　177, 178, 187, 191
スヴャジインヴェスト　173
スルグトネフチェガス　220
スロバキア　224
スロベニア　224
生産計画　47
生産低下　154, 156
精神的刺激　42
世界大恐慌　25
石油価格　191
1930年代型システム　28
選挙制　70
漸進主義　7, 274
ソフトな予算制約　176
ソ連型社会主義企業システム　273
ソ連型社会主義経済システム　39, 50
ソ連憲法　14
ソ連社会主義企業システム　11, 13, 54, 269, 272
　――の基本的特徴　14
ソ連社会主義経済システム　38

【タ行】

第1次世界大戦　24
対外経済開放　139
対外債務　61, 105, 197
大規模経済実験　50, 59, 107
貸借企業　116
大衆的民営化　149, 168, 171, 173, 174, 184, 187
第2次世界大戦　24
脱国家化（脱国有化）　100, 122
WTO　224, 225, 228, 229, 230, 231, 232, 233, 234, 235, 236, 238, 239, 266
単独責任制　16, 38, 72
担保競売　161, 172, 173
チェコ　224
チェコスロバキア　43, 111
中央集権的計画経済　23
中国　43, 224, 238, 241, 244, 245, 257, 261, 262, 274
中小企業　180, 240, 244
長期経済ノルマチーフ　74, 75, 76
直接的官僚調整　31
貯蓄銀行　219
賃金遅配　179
賃借企業　122, 123
賃貸　173
　――借法　86, 116
強み　23, 24
停滞　47
　――の時代　53
テイラリズム　22
天然資源　188, 199, 231, 274
統一エネルギー・システム　219, 220
統制数字　74, 75
同盟　211
独立国家共同体（CIS）　93
独立採算制　16, 19, 29, 42, 69, 70, 77, 82, 114, 116, 251
取締役会　159

【ナ行】

内部申込　170
内包的経済発展　24, 53
内包的発展　58
農業集団化　24
ノーメンクラツーラ　167, 185, 215
　――・マフィア資本主義　185, 187, 189, 190, 201, 202, 223, 263, 266, 272

事項索引　313

ノリリスク・ニッケル　172, 218
ノルマ　22, 26

【ハ行】

ハイパーインフレーション　139
バーゲニング　47, 53, 54, 176, 188, 268, 269, 270, 271
破産　175, 271
バーター　175, 176, 177
パターナリズム　26, 47, 48, 53, 54, 176, 188, 268, 269, 271
バルト三国　93
反アルコール・キャンペーン　58, 59, 107
ハンガリー　30, 50, 111, 224, 244, 245, 254, 255, 261, 262
犯罪グループ　120
非貨幣的決済　176
非貨幣的取引　162, 163
ビッグバン　274
　　――・アプローチ　7
フォーブズ　166, 187, 211, 218, 220
物質的刺激　42
腐敗　147
プラハの春　43
古いオリガルヒ　208
文化大革命　43
閉鎖型株式会社　97, 158, 159
ペレストロイカ　56, 57, 68, 246
法の独裁　208, 263
補充責任会社　157
補助金　176, 177
ポーランド　111, 224, 244, 245, 251, 252, 253, 261, 262

【マ行】

マクドナルド　114
マクロ経済安定化　139, 152
マネタリズム　152
マフィア　49, 133, 186, 271
未払い　152, 156, 162, 175
民営化　5, 86, 97, 100, 101, 102, 103, 104, 120, 127, 139, 148, 149, 160, 161, 168, 169, 171, 173, 174, 183, 188, 243, 259, 264, 265
民営化企業　185
民営化小切手　148, 160, 170
民営化法　147
民主主義　36, 40, 47, 53, 56, 81, 202
民法典　157, 158, 159
メナテップ　173, 217, 280
　　――銀行　167, 171
目標相場圏制　162
モスト　204, 205, 282
　　――銀行　203
物不足　83, 139
モルダビア　93

【ヤ行】

闇経済　48, 49, 53, 54, 116, 120, 121, 176, 188, 268, 269, 270, 271
有価証券市場法　184, 129
有限会社　157, 158
有限責任会社　97
ユーコス　173, 217, 263, 264, 265, 266
ユーゴスラビア　224
弱み　23, 24, 28

【ラ行】

利潤　19, 30, 32, 33, 34, 35, 38, 42, 69, 73, 75, 76, 91, 92, 96, 108, 110, 274, 275
利潤論争　30, 32, 33
倫理　196
ルクオイル　217, 280
ルーマニア　224
レント・シーキング　133, 185, 187, 188, 190, 193, 201, 271
労働意欲　24, 53
労働組合　37, 39, 74, 90
労働権　22, 23
労働者自主管理　131, 133, 268, 269
　　――型市場経済　92
労働集団　40, 51, 52, 68, 72, 73, 83, 89, 90, 91, 92, 97, 98, 99, 101, 103, 111, 116, 122, 148, 169, 170, 171, 173
　　――総会　73, 90, 91, 148, 169
　　――評議会　73, 90, 91, 111, 113, 122, 133, 269
労働疎外　5, 23, 26, 272
労働に応じた分配　22, 23
ロシア革命　24

ロシア金融危機　163
ロシア工業家・企業家　211
　　——同盟　214, 222, 223, 230, 232, 233, 234
ロシア商工会議所　233
ロシア貯蓄銀行　220
ロシア独立労働組合連合　235
ロビー活動　185

人名索引

【ア行】

アーヴェン　164, 167
アバルキン　85, 121
アブラーモヴィチ　216, 218, 219, 220
アレクペーロフ　130, 167, 216, 217
アンドロポフ　50, 52, 54
ヴィノグラードフ　121, 167, 216
ウェーバー　27
ウォーナー　273
ヴォーリスキー　211, 214, 232
ヴャーヒレフ　167, 206, 216
エフトゥシェーンコフ　130, 167, 217, 218, 220
エリツィン　7, 8, 93, 94, 135, 139, 164, 166, 168, 176, 186, 188, 190, 193, 197, 200, 201, 202, 219, 263, 264, 266, 267, 269, 270, 272, 273, 274
オスルンド　8, 113

【カ行】

カジミーン　216, 218, 219, 220
グーシンスキー　109, 129, 164, 203, 204, 208, 216, 217, 218
クルーガー　8
ケインズ　25
コスイギン　33
ゴルバチョフ　7, 8, 47, 50, 52, 56, 57, 58, 93, 94, 107, 109, 131, 132, 166, 167, 168, 189, 190, 221, 246, 268, 269, 271, 272, 273, 274

【サ行】

シャターリン　94
スターリン　21
スモーレンスキー　164, 167, 203
セイベル　242

【タ行】

チェルネンコ　52, 54

チェルノムィルジン　167
チャップリン　25
チュバイス　127, 215, 216, 218, 219, 220
デリパスカ　215, 219
徳永昌弘　199

【ナ行】

ネムツーノフ　32, 33

【ハ行】

パッペ　164, 167, 203
ピオーレ　242
プガチョフ　216, 218, 219, 220
プーチン　7, 8, 189, 190, 197, 199, 200, 202, 206, 219, 220, 221, 223, 229, 263, 264, 265, 266, 267, 270, 272, 274
フリードマン　121, 129, 164, 215, 216, 217
フルシチョフ　24
ブルス　30
ブレジネフ　28, 47, 50, 54
ベフ　129
ベレゾーフスキー　120, 121, 129, 164, 167, 203, 204, 205, 208, 217, 218, 219, 220, 221
ベンドゥキッゼ　215
ボグダーノフ　220
ポターニン　130, 164, 167, 215, 216, 217
ホドルコーフスキー　109, 129, 164, 167, 216, 217, 263, 264
ボロージン　216, 218, 219, 220, 221

【マ行】

マールキン　121, 129, 216, 217
マルクス　5, 11, 272
マンツーロフ　120, 122
ミレル　206, 216, 218, 219, 220
ミローノフ　120, 122
メンシコフ　120
モルダショーフ　215

【ヤ行】

ヤーシン 8

【ラ行】

ラドゥイギン 263, 264, 265

リーベルマン 32, 34
ルイシコフ 85, 113
レン 129
ロス 129

著者略歴

加藤志津子（かとう　しづこ）
1955 年　島根県生まれ
1978 年　同志社大学文学部卒業
1980 年　同志社大学大学院文学研究科博士前期課程修了
1983 年　同志社大学大学院文学研究科博士後期課程単位取得退学
1989 年　明治大学大学院経営学研究科博士後期課程単位取得退学
1988 年　日本学術振興会特別研究員（1990年まで）
1990 年　明治大学経営学部専任講師
1993 年　明治大学経営学部助教授
1998 年　明治大学経営学部教授
2006 年　経営学博士（明治大学）
現　在　明治大学経営学部教授
主要著書　『体制転換と企業・経営』（共著、ミネルヴァ書房、2000 年）
　　　　　『経営学への扉』（共著、白桃書房、2002 年）
　　　　　『比較経営論―アジア、ヨーロッパ、アメリカの企業と経営―』（共著、税務経理協会、2002 年）
　　　　　「ロシア・プーチン政権下での企業と社会」（『比較経営学会誌』第 28 号、2004 年）
　　　　　「ロシアにおける WTO 加盟問題」（『経営論集』（明治大学）第 52 巻第 1・2 号、2004 年）
専門分野　ロシア・東欧企業論、現代企業論

明治大学社会科学研究所叢書
市場経済移行期のロシア企業
―ゴルバチョフ、エリツィン、プーチンの時代―

2006 年 6 月 30 日　第 1 版第 1 刷発行　　　　　　　　検印省略
2011 年 3 月 30 日　第 1 版第 3 刷発行

著　者　　加　藤　志津子
発行者　　前　野　　　弘

発行所　　東京都新宿区早稲田鶴巻町 533
　　　　　株式会社　文　眞　堂
　　　　　電話　03（3202）8480
　　　　　FAX　03（3203）2638
　　　　　http://www.bunshin-do.co.jp
　　　　　郵便番号 (162-0041) 振替 00120-2-96437

組版・モリモト印刷／印刷・モリモト印刷／製本・イマキ製本
Ⓒ 2006
定価はカバー裏に表示してあります
ISBN978-4-8309-4553-3　C3034